智慧应急
原理与方法

邹逸江　著

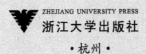

ZHEJIANG UNIVERSITY PRESS
浙江大学出版社
·杭州·

图书在版编目(CIP)数据

智慧应急原理与方法 / 邹逸江著. —杭州：浙江
大学出版社，2023.11
ISBN 978-7-308-24291-2

Ⅰ．①智… Ⅱ．①邹… Ⅲ．①智能技术－应用－突发
事件－公共管理 Ⅳ．①D035.29-39

中国国家版本馆 CIP 数据核字(2023)第 194683 号

智慧应急原理与方法

邹逸江　著

责任编辑	伍秀芳　潘晶晶
责任校对	林汉枫
封面设计	周　灵
出版发行	浙江大学出版社
	（杭州市天目山路 148 号　邮政编码 310007）
	（网址：http://www.zjupress.com）
排　　版	杭州晨特广告设计有限公司
印　　刷	广东虎彩云印刷有限公司绍兴分公司
开　　本	710mm×1000mm　1/16
印　　张	18
字　　数	333 千
版 印 次	2023 年 11 月第 1 版　2023 年 11 月第 1 次印刷
书　　号	ISBN 978-7-308-24291-2
定　　价	89.00 元

前言

  智慧应急建设是构建新时代大国应急管理体系的基础工程,也是提升现代应急保障能力的必由之路。我们要始终把智慧应急建设工作当作一项全局性、系统性、战略性的工作来抓,坚持把智慧化与应急事业发展一体规划、同步推进。

  为了满足我国智慧应急建设的需求,有序指导智慧应急建设,本书尝试从信息化和智慧化的新理论、新技术、新标准以及实践应用等方面,设计出智慧应急技术框架及技术实现方案,旨在促进我国智慧应急平台建设的顶层化、系统化、规范化、标准化,同时丰富和发展智慧应急理论和技术体系,为我国智慧应急建设提供借鉴和支持。

  本书共分 17 章,系统阐述了智慧应急平台总体技术架构。该架构由"十一大层、六大接口、二大体系"组成。其中,"十一大层"包括应急基础设施层、应急网络通信层、应急接入感知层、应急数据管理层、应急技术支撑层、应急通用功能层、应急业务应用层、应急成果展现层、应急操作终端层、应急服务用户层、应急统一门户层;"六大接口"包括与政府级、建制级、专业级等智慧应急平台的接口,以及与智慧城市平台、政务业务系统、专业应用系统的接口;"二大体系"包括应急标准规范体系和应急安全保障体系。

  本书具有五大特色:①明确辨析智慧应急基本概念、显著特征、运行模式、平台分类,使得智慧应急概念定义清晰、边界可控;②将互联网＋、云计算、物联网、大数据、人工智能、5G 通信、地理空间、3S(GIS、RS、GNSS)集成、三维实景、数据挖掘、VR/AR/MR、智能视频、无人机、机器人、决策支持、社交媒体、微服务、云计算、物联网、大数据、移动测量、时空地理、人工智能、数据挖掘、决策支持、VR/AR/MR 等现代信息技术,应用于智慧应急,使得智慧应急总体设计理念超前、技术先进;③将当前最为先进的现代信息平台分层设计技术应用于智慧应急,使得智慧应急分层设计层次分明、边界清晰;④将目前最为先进的现代信息平台接口设计技术应用于智慧应急,使得智慧应急的接口对外统一、资源共享;⑤将当前最为先进的标准规范技术应用于智慧应急,使得智慧应急建设标准规范。

本书基于国家重大科技支撑计划项目子课题(城市脆弱性分析与综合风险评估技术与系统——宁波应用示范,项目号:2011BAK07B02-05)、浙江省公益项目(城市重大突发公共事件应急救援系统效能理论框架与评价模型研究,项目号:LGF19D010001)、浙江省社科联新型智库研究选题项目(浙江省综合应急救援能力提升路径及内容研究)、浙江省高校重大人文社科攻关计划项目(浙江省综合应急救援能力提升路径理论架构及内容研究,项目号:2021GH014)等研究成果,提炼总结而成。

本书适合从事应急管理的各级政府领导、机关干部,以及企事业单位、社区、农村等应急管理的人员使用;可作为高校应急管理、公共管理专业的高年级本科学生及硕士和博士研究生的教材;也可供从事智慧城市研究、设计与建设的管理部门、教学科研单位、企事业单位参考。

本书撰写过程中得到了宁波市应急管理局、宁波大学土木工程与地理环境学院众多领导、老师和同学们的大力支持,在此一一表示感谢!

由于智慧应急的研究内容广泛,涉及领域众多,加之时间仓促,错误和不妥之处在所难免,恳请广大读者批评指正!

目录

第1章 概 述

我国是世界上自然灾害、事故灾难等最为严重的国家之一，灾害种类多，分布地域广，发生频率高，造成的损失非常严重。国家面临的安全挑战日趋严峻。

2019年11月29日，中共中央政治局就我国应急管理体系和能力建设专门进行第十九次集体学习。中共中央总书记习近平在主持学习时强调，应急管理是国家治理体系和治理能力的重要组成部分，承担防范化解重大安全风险、及时应对处置各类灾害事故的重要职责，担负保护人民群众生命财产安全和维护社会稳定的重要使命[①]。我们要充分发挥我国应急管理体系的特色和优势，积极推进我国应急管理体系和能力现代化建设，要适应科技信息化发展大势，以信息化推进应急管理现代化，提高监测预警能力、监管执法能力、辅助指挥决策能力、救援实战能力和社会动员能力。以数字化、网络化、智能化融合发展为契机，充分发挥信息化的关键作用，推进应急管理能力现代化，为构建与大国应急管理能力相适应的中国现代应急体系提供了有力支撑。提高国家应急管理水平，提升防灾减灾救灾能力，是实现"两个一百年"奋斗目标、实现中华民族伟大复兴中国梦的必然要求，是关系人民群众生命财产安全和国家安全的大事，是我们党治国理政的一项重大任务。

伴随着现代信息技术的发展、更迭，新一代信息技术的发展为智慧应急建设提供了历史机遇，智慧应急建设自然就成为我国当前最为重要的战略任务之一。智慧应急是构建新时代大国应急管理体系的基础工程，也是提升应急保障能力的必由之路，我们要始终把智慧应急建设工作当作一项全局性、系统性、战略性的工作来抓，坚持把信息化、智慧化与应急管理事业发展一体规划、同步推进。

2021年12月24日，中央网络安全和信息化委员会印发了《"十四五"国家信息化规划》，对我国"十四五"时期信息化发展做出了部署安排。该规划明确提出，要显著增强对自然灾害、事故灾难、公共卫生、社会安全等领域重大突发事件的应急处置能力和安全保障能力，要提高应急管理现代化水平，优化完善应急通

---

① 积极推进我国应急管理体系和能力现代化.中国政府网,www.gov.cn,2022-02-14.

信网络,深化应急管理大数据平台应用,提升应急监督管理、应急监测预警、应急指挥救援、应急水文监测、应急通信保障、应急社会动员等业务的应用水平,提升突发公共事件的安全风险综合预测、预警分析能力。

2021年12月30日,应急管理部印发的《"十四五"国家应急体系规划》提出了总体发展目标,即"到2035年,要建立与基本实现现代化相适应的中国特色大国应急体系,全面实现依法应急、科学应急、智慧应急,形成共建共治共享的应急管理新格局"。该规划明确提出,我国将持续推进信息技术与应急管理业务的有效融合、深度应用,形成规模,以信息化推进应急管理能力现代化;完善灾害事故监测预警网络,实施自然灾害监测预警信息化工程,建设国家风险监测感知与预警平台,完善自然灾害监测站网,完善应急卫星观测星座,开发应急减灾卫星综合应用系统和自主运行管理平台;升级覆盖安全生产重点企业的监测预警网络;加快完善城乡安全风险监测预警公共信息平台,实现城乡安全风险监测预警"一网统管";将系统推进智慧应急建设,实施智慧应急大数据工程,升级应急管理云计算平台;建立符合大数据发展的应急数据治理体系,强化应急管理应用系统开发和智能化改造,完善应急监督管理、应急监测预警、应急指挥救援、应急灾情管理、应急统计分析、应急信息发布、应急灾后评估和应急社会动员等功能;推动应急管理专用网、电子政务外网和外部互联网融合试点,构建"智慧应急大脑"。

2022年6月23日,国务院印发的《关于加强数字政府建设的指导意见》再次提到,要推进智慧应急建设,优化完善应急指挥通信网络,全面提升应急监督管理、应急指挥救援、应急物资保障、应急社会动员的数字化、智能化水平。

众所周知,智慧应急的本质是利用现代信息技术来实现应急管理工作的数字化、信息化、智慧化转型,核心是要构筑集智慧连接、智慧交互、智慧中枢、智慧应用为一体的多功能应急生态体系,打造具备日常智慧应急管理、智慧感知、智慧预警、智慧决策、智慧应用等全方位服务能力的智慧应急平台。支撑智慧应急宏观决策、预警分析和各类智能应用,从而将当前应急管理中的经验决策模式升级为数据驱动的智慧应急指挥决策模式,使得应急监督管理更精准、应急指挥更智能、应急公共服务更便捷。现代信息技术的发展为智慧应急建设提供了最好的历史机遇。

从2012年国家智慧城市试点工作开始,智慧应急经历了"智慧管理与服务"子项、"应急管理相关部门"专项、"应急管理部统一"构建三个阶段,形成了一定的智慧应急指挥基础、响应基础和数据基础。2018年3月,应急管理部的成立解决了应急管理由谁做、做什么、怎么做等根本问题。总体来看,我国智慧应急建设虽然经历了不同寻常的建设过程,但时间短、基础弱、底子薄,目前仍然处在由数字化、信息化向智慧化转型阶段,存在诸多短板。①顶层设计亟待加强;

②缺少风险隐患"防"的手段:风险隐患多,防范重大风险的风险监控手段单一,有效监管更难以实现;③存在部门之间"隔"的障碍:应急管理需要部门协同、信息联通、流程再造,但突发事件应对的协同机制不完善,微观具体的协同应对机制不顺;④存在基层应急"弱"的现状:基层应急管理的财力、能力、精力、社会基础都不给力;⑤智慧应急建设最为突出的问题是目前"各自为政"的应急信息系统模型完全不能满足智慧应急建设的需求。

这些方面的"痛点"和"堵点"制约着智慧应急建设的现代化进程。针对目前"各自为政"的应急信息系统模型,迫切需要运用云计算、大数据、物联网、人工智能等一系列现代信息新技术,建设全面支撑具有系统化、扁平化、立体化、智能化、人性化特征,与大国应急管理能力相适应的中国现代智慧应急。

第 2 章　概念辨析

2.1　现代信息技术概念辨析

智慧应急建设需要当今一系列最新的现代信息技术作为技术支撑,包括互联网、互联网＋、云计算、物联网、大数据、人工智能、元宇宙、数字孪生、5G 通信、地理信息系统 GIS、遥感 RS、全球卫星定位 GNSS、3S(GIS 、RS、GNSS)集成、三维实景、数据挖掘、虚拟现实/增强现实/混合现实(VR/AR/MR)、智能视频、3D 打印、无人机、机器人、决策支持、社交媒体等技术。这些技术的概念辨析请参考相关书籍和文献,在此不一一阐述。

2.2　智慧应急概念辨析

2.2.1　智慧应急基本概念

智慧应急是指智慧型应急管理,其"智"体现在智能化、自动化、多谋化,为管理的智商;其"慧"体现在灵性、人文化、创造力,为管理的情商。可以说,智慧应急不完全等于"应急＋智慧",而是需要将智慧技术与应急专业技术方法深度融合。

2.2.2　智慧应急显著特征

●全面透彻的感知。智慧应急利用各类随时随地的感知设备和智能化系统,智能识别和立体感知灾害环境、状态、位置等信息的全方位变化,对感知数据进行融合、分析和处理,并能与业务流程智能化集成,继而主动做出响应和预警。

●宽带泛在的互联。宽带泛在网络作为智慧应急的"神经网络",极大地增强了智慧应急作为自适应系统的信息获取、实时反馈、随时随地智能服务的能力。

●智能融合的应用。基于云计算,应用智能融合技术,实现对应急海量数据的存储、计算与分析,并引入综合集成法,通过人的"智慧"参与,大大提升了应急决策支持的能力。基于云计算平台的大成智慧工程将构成智慧应急的"大脑"。

●以人为本的可持续创新。注重从人民需求出发,并通过维基、微博、微信、QQ 等社交媒体工具和方法强化用户的参与,汇聚公众智慧,不断推动用户创新、开放创新、大众创新、协同创新。

2.2.3 智慧应急运行流程

目前,我国的智慧应急运行模式可以归纳为四种,即集权模式、授权模式、代理模式、协同模式。因此,智慧应急在业务上也出现了各具特色的应用流程。

●"分布接警、分布处警、大警协同"流程。一般或较大突发事件的应对,可由负有相应职责的各委、办、局等部门应急指挥调度中心(二级)指挥处置。重大或特别重大突发事件则由政府建立相应的应急指挥调度中心(一级)来协同应对,再由被授权部门牵头进行协同处置。

●"统一接警、分布处警、大警协同、资源共享"流程。由政府成立统一的应急接警中心,或由政府授权某二级中心,负责统一受理突发事件的接警工作。一旦事件发生,由接警中心根据突发事件的类型或级别加以区分:一般或较大突发事件的应对,可根据事件性质,确定不同的处警部门负责决策处置;重大或特别重大突发事件以及需要跨警种、跨部门协调应对的突发事件,则由政府建立相应的应急指挥调度中心。

●"统一接警、分布处警"流程。由政府成立统一的应急接警中心,或由政府授权某部门,负责统一受理突发事件的接警工作;生成事件后,再由接警中心根据事发类型,将接警记录分配给一个或多个二级应急指挥调度中心进行应急决策并作出相应处置。

●"统一接警、统一处警"流程。政府建立统一的应急指挥调度中心(或授权给某二级指挥中心),负责统一受理突发事件,统一进行应急响应和处置救援。

2.2.4 智慧应急平台分类

(1)按政府行政级别划分

●国家级智慧应急平台:包括应急管理部、国务院各部门等建立的智慧应急平台。

●省级智慧应急平台:包括各省、自治区、直辖市、特别行政区等建立的智慧应急平台。

●市级智慧应急平台:包括各省会城市、计划单列城市、地级城市等建立的智慧应急平台。

●县级智慧应急平台:包括各县级行政区划等建立的智慧应急平台。

（2）按建制单位划分

●军队智慧应急平台：包括陆军、海军、空军、火箭军等智慧应急平台。

●武警智慧应急平台：包括内卫部队、黄金部队、水电部队、交通部队、森林部队、边防部队等智慧应急平台。

●公安智慧应急平台：包括人民警察和武装警察等智慧应急平台。

●消防智慧应急平台：包括专职消防、企事业单位专职消防等智慧应急平台。

●预备役智慧应急平台：包括陆军、海军、空军预备役等智慧应急平台。

（3）按专业单位划分

按专业单位划分包括公安、消防、规划、国土、气象、环保、生态、卫生、安监、住建、交通、民航、海事、农业、水利、城管、人防、民政、人力、发改、物流、旅游、民宗、统计等专业单位智慧应急平台。

（4）按固定或移动划分

●固定场所智慧应急平台：具有固定场所的智慧应急平台。

●运载工具智慧应急平台：车载、船载、机载等智慧应急平台。

●移动智慧应急平台：单兵式、穿戴式、智能手机等智慧应急平台。

第3章 智慧应急平台总体设计

3.1 总体技术架构

基于平台分类定位、平台种类定位、信息技术定位、数据范围定位、应用领域定位、对外接口定位,设计出智慧应急平台总体技术架构,如图 3-1 所示。

3.2 总体内容组成

基于智慧应急平台建设的总体指导思想、总体设计原则、总体建设定位、总体技术架构,智慧应急平台总体内容组成概括为"十一大层、六大接口、二大体系"。

3.2.1 十一大层

●应急基础设施层:包括计算机设施、存储设施、输入设施、输出设施、软件设施、网络设施、通信设施、容错设施、安全设施、机房设施等十类基础设施。

●应急网络通信层:包括互联网、有线通信网、无线通信网、移动通信网、政务通信网、卫星通信网、紧急通信网等七类网络通信。

●应急接入感知层:包括社交感知、群智感知、视频感知、传感器感知、车(船)载感知、航空感知、航天感知等七类接入感知。

●应急数据管理层:包括地理空间数据库、地理实体数据库、地名地址数据库、四大基础数据库、应急感知数据库、多源专业数据库、多源应急数据库、应急实体数据库等八类数据管理。

●应急技术支撑层:包括微服务技术、云计算技术、物联网技术、大数据技术、移动测量技术、时空地理技术、人工智能技术、数据挖掘技术、决策支持技术、VR/AR/MR 技术等十类技术支撑。

●应急通用功能层:包括应急实体操作、应急实体量算、应急实体查询、应急

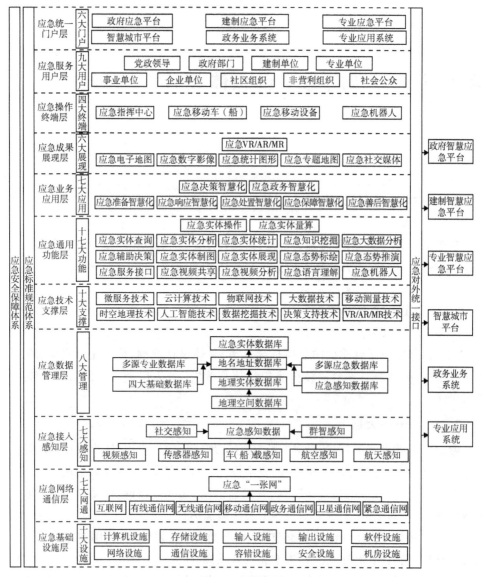

图 3-1 智慧应急平台总体技术架构

实体分析、应急实体统计、应急知识挖掘、应急大数据分析、应急辅助决策、应急实体制图、应急实体展现、应急态势标绘、应急态势推演、应急服务接口、应急视频共享、应急视频分析、应急语言理解、应急机器人等十七类通用功能。

●应急业务应用层：包括应急准备智慧化、应急响应智慧化、应急处置智慧化、应急保障智慧化、应急善后智慧化、应急决策智慧化、应急政务智慧化等七类业务应用。

●应急成果展现层：包括应急电子地图、应急数字影像、应急统计图形、应急专题地图、应急社交媒体、应急 VR/AR/MR 等六类成果展现。

●应急操作终端层：包括应急指挥中心、应急移动车（船）、应急移动设备、应急机器人等四类操作终端。

●应急服务用户层：包括党政领导、政府部门、建制单位、专业单位、事业单位、企业单位、社区组织、非营利组织、社会公众等九类服务用户。

●应急统一门户层：包括政府应急平台、建制应急平台、专业应急平台、智慧城市平台、政务业务系统、专业应用系统等六类统一门户。

3.2.2　六大接口

●与政府智慧应急平台接口：实现本级智慧应急平台与国家级、省级、市级、县级智慧应急平台接口。

●与建制智慧应急平台接口：实现本级智慧应急平台与建制单位（军队、武警、公安、消防、预备役等）智慧应急平台接口。

●与专业智慧应急平台接口：实现本级智慧应急平台与各专业单位智慧应急平台接口。

●与智慧城市平台接口：实现本级智慧应急平台与各智慧城市平台接口。

●与政务业务系统接口：实现本级智慧应急平台与各政务业务系统接口。

●与专业应用系统接口：实现本级智慧应急平台与各专业应用系统接口。

3.2.3　二大体系

●应急标准规范体系：包括基础设施标准、网络通信标准、接入感知标准、数据管理标准、技术支撑标准、通用功能标准、业务应用标准、成果展现标准、终端操作标准、服务用户标准、统一门户标准、对外接口标准、安全保障标准、运维管理标准等。

●应急安全保障体系：包括物理安全、主机安全、网络安全、数据安全、应用安全、安全管理措施等。

第4章 应急基础设施层技术方案及实现

4.1 功能层次架构

基于智慧应急平台总体技术架构，设计出应急基础设施层的功能层次架构，如图4-1所示。

机房设施层	机房配电设备	机房防雷设备	机房空调设备	机房消防设备	机房监控设备
安全设施层	物理安全设施	网络安全设施	主机安全设施	应用安全设施	数据安全设施
容错设施层	单机容错设备		双机热备份设备		服务器集群备份设备
通信设施层	有线通信设备	无线通信设备	移动通信设备	卫星通信设备	电台通信设备
网络设施层	网络服务器	网络适配器	网络传输介质	网络交换机	网络中继器
	网桥	网关	路由器	防火墙	调制解调器
软件设施层	操作系统软件	数据库管理软件	地理信息软件	遥感处理软件	编程语言软件
	二次开发软件	网络监控软件	运维监控软件	安全管理软件	容错备份软件
输出设施层	液晶大屏幕	DLP大屏幕	LED大屏幕	OLED大屏幕	数字头盔	智能手机
	智能手表	智能眼镜	平板电脑	电子纸	VR/AR驾驶舱	喷墨绘图机
	矢量绘图机	3D打印机	裸眼3D屏幕	全息投影	桌面智能终端	数字投影仪
输入设施层	彩色扫描仪	激光扫描仪	测绘仪器	摄影测量站	GNSS接收机	视频摄像头
	可穿戴设备	手写输入笔	智能手机	智能眼镜	3D数字笔	数码相机
存储设施层	磁盘及阵列	光盘及阵列	磁光盘	磁带	内存	USB盘	SD存储卡
计算机设施层	iPAD	智能手机	PC机/笔记本	工作站	小/中/大型计算机

图4-1 平台应急基础设施层功能层次架构

4.2 计算机设施

智慧应急平台建设使用的计算机设施包括平板电脑、智能手机、台式电脑/笔记本电脑、工作站等。

4.3 存储设施

智慧应急平台建设使用的存储设施包括磁盘及阵列、光盘及阵列、磁光盘、磁带、内存、USB 盘、SD 存储卡等。

4.4 输入设施

智慧应急平台建设使用的输入设施包括彩色扫描仪、激光扫描仪、测绘仪器、摄影测量站、全球导航卫星系统(GNSS)接收机、视频摄像头、可穿戴设备、手写输入笔、智能手机、智能眼镜、3D 数字笔、数码相机等。

4.5 输出设施

智慧应急平台建设使用的输出设施包括液晶大屏幕、DLP 大屏幕、LED 大屏幕、OLED 大屏幕、数字头盔、智能手机、智能手表、智能眼镜、平板电脑、电子纸、VR/AR 驾驶舱、喷墨绘图机、矢量绘图机、3D 打印机、裸眼 3D 屏幕、全息投影、桌面智能终端、数字投影仪等。

4.6 软件设施

智慧应急平台建设使用的软件设施包括操作系统软件、数据库管理软件、地理信息软件、遥感处理软件、编程语言软件、二次开发软件、网络监控软件、运维监控软件、安全管理软件、容错备份软件等。

4.7 网络设施

智慧应急平台建设使用的网络设施包括网络服务器、网络适配器、网络传输介质、网络交换机、网络中继器、网桥、网关、路由器、防火墙、调制解调器等。

4.8　通信设施

智慧应急平台建设使用的通信设施包括有线通信设备、无线通信设备、移动通信设备、卫星通信设备、电台通信设备等。

4.9　容错设施

智慧应急平台建设使用的容错设施包括单机备份容错设备、双机热备份容错设备、服务器集群备份容错设备等。

4.10　安全设施

智慧应急平台建设使用的安全设施包括物理安全设施、网络安全设施、主机安全设施、应用安全设施、数据安全设施等。

4.11　机房设施

智慧应急平台建设使用的机房设施包括机房配电设备、机房防雷设备、机房空调设备、机房消防设备、机房监控设备等。

第5章 应急网络通信层技术方案及实现

5.1 功能层次架构

基于智慧应急平台总体技术架构,设计出应急网络通信层的功能层次架构,如图 5-1 所示。

紧急通信网层	监测预测通信网	现场指挥通信网	现场抢救通信网	现场保障通信网
	现场直播通信网	现场地下通信网	灾区对内/外通信网	灾民呼救通信网
卫星通信网层	固定卫星通信	移动卫星通信	高通量卫星通信	低轨道卫星通信	北斗卫星通信
政务通信网层	政务外网		政务内网		政务专网
移动通信网层	4G 移动通信		5G 移动通信		6G 移动通信
无线通信网层	HomeRF 通信	HiperLAN 通信	WiFi 通信	超宽带 UWB 通信	近场 NFC 通信
	蓝牙通信	红外 IrDA 通信	ZigBee 通信	电台通信	对讲机通信
有线通信网层	电话通信	电力线通信	电视通信	双绞线通信	光纤通信
互联网层	互联网		互联网+		移动互联网

图 5-1 平台应急网络通信层功能层次架构

5.2 互联网

智慧应急平台建设使用的互联网包括互联网、互联网+、移动互联网等。

5.3　有线通信网

智慧应急平台建设使用的有线通信网包括电话通信、电力线通信、电视通信、双绞线通信、光纤通信等。

5.4　无线通信网

智慧应急平台建设使用的无线通信网包括 HomeRF 通信、HiperLAN 通信、WiFi 通信、超宽带 UWB 通信、近场 NFC 通信、蓝牙通信、红外 IrDA 通信、ZigBee 通信、电台通信、对讲机通信等。

5.5　移动通信网

智慧应急平台建设使用的移动通信网包括 4G 移动通信、5G 移动通信、6G 移动通信等。

5.6　政务通信网

智慧应急平台建设使用的政务通信网包括政务外网、政务内网、政务专网等。

5.7　卫星通信网

智慧应急平台建设使用的卫星通信网包括固定卫星通信、移动卫星通信、高通量卫星通信、低轨道卫星通信、北斗卫星通信等。

5.8　紧急通信网

智慧应急平台建设使用的紧急通信网包括监测预测通信网、现场指挥通信网、现场抢救通信网、现场保障通信网、现场直播通信网、现场地下通信网、灾区对内/外通信网、灾民呼救通信网等。

第6章 应急接入感知层技术方案及实现

6.1 功能层次架构

基于智慧应急平台总体技术架构,设计出应急接入感知层的功能层次架构,如图 6-1 所示。

航天感知层	对地卫星遥感	气象卫星遥感	环境卫星遥感	海洋卫星遥感
	宇宙飞船遥感	航天飞机遥感	航天空间站遥感	其他

航空感知层	航摄飞机遥感	直升机遥感	无人机遥感	探空火箭遥感	飞艇/气球遥感

车(船)载感知层	应急指挥车(船)	消防指挥车(船)	公安指挥车(船)	交通指挥车(船)	城市执法车(船)
	移动测量车(船)	卫生检测车(船)	环境监测车(船)	气象保障车(船)	核监测车(船)

传感器感知层	热敏传感器	光敏传感器	气敏传感器	力敏传感器	磁敏传感器
	湿敏传感器	声敏传感器	色敏传感器	放射敏传感器	其他

视频感知层	模拟视频	数字视频	网络视频	智能视频	其他

群智感知层	智能手机	智能手表	智能眼镜	智能穿戴	平板电脑

社交感知层	固定/移动电话	短信	QQ	微信	微博
	博客	论坛	邮件	网站	维基百科
	大众点评	第三方评价	知乎	MSN	其他

图 6-1 平台应急接入感知层功能层次架构

6.2 社交感知

6.2.1 社交感知基本概念

社交感知是指通过人们已有的固定/移动电话、短信、QQ、微信、微博、博客、论坛、邮件、网站、维基百科、大众点评、第三方评价、知乎、MSN 等社交媒体,形成一个交互式和参与式的巨大社会感知网络,从而收集到大量社会公众产生的结构化、非结构化、半结构化多媒体数据。

6.2.2 应急社交感知应用

(1)应急社交感知内涵

灾害是人类生活不可避免的一部分,社交感知嵌入应急管理已成为全球趋势,并在近年频频出现的突发紧急事件中扮演了越来越重要的角色。①社交感知在应急管理中的重要性已成为全球共识,是当代应急管理不可或缺的重要组成部分。②民众通过社交感知接收、发送或转发应急管理信息,为其参与应急管理提供了前所未有的机会。③在社交感知时代,应急管理者也可从民众中获取巨量信息,社交感知为应急管理者与民众提供了快速有效的双向信息交流渠道。④如果科学与谨慎地使用社交感知,它将成为应急管理创新的有力工具;如果使用不当,则可能导致许多负面后果。

(2)应急社交感知应用

社交感知数据中丰富的感知信息可以为灾害应急管理中致灾、灾情和救助信息的提取提供支持,具有传统观测调查数据无可比拟的大数据信息特征。社交感知数据反映的致灾信息常常是实时的,可初步反映致灾因子的强度和分布,还可以辅助修正灾害致灾强度分布图;社交感知数据反映的及时灾情信息,是灾害应急管理响应阶段的重要参考,能修正和提高灾情统计上报结果的准确度;社交感知数据可以在应急救援中发挥重要作用,决策者可以分析受灾群众的情绪和舆情走向,进而调整相关应急管理计划,提高应急管理效率。

1)灾前预防:新信息源与预警网络

随着社交感知无处不在,每天产生巨量社交感知大数据,已成为灾前预防新的信息来源。社交感知丰富了预警网络体系信息的收集手段及监测工具,因为社交感知是民众交流的主要媒介,它可以提供危机预防的基础信息,如地理位置、网络关系与危机言论等,进而提供及时与全面的风险分析、评估与判断。任何组织与个人都能在社交感知上发布异常情况或潜在风险,同时分析社交感知上的这些信息以发现危机征兆与危机行为,为风险预防提供了重要的辅助决策支持。尤其是社交感知与地理位置的结合,有助于尽快发现与确定风险源,建立更为有效的预警网络体系。

2)灾前准备:应对计划与新兴备灾

在灾前利用社交感知大数据可以制定有效的灾害应对计划,主要包括灾害应对规划、应急演练与物资准备等,它能有效提高备灾沟通、风险监控与备灾网络的有效性。社交感知开创了个人与家庭新兴备灾方式,其备灾计划可能包括:将有用的电话号码存储于电话中、在手机上为紧急联系人创建社交群组,了解地方政府使用哪些社交感知工具以便在紧急情况下快速访问,当灾害发生后只需简单说"我很好"即可更新社交感知,让朋友与家人了解自己安全状况。对于政府而言,灾前在社交感知上建立自己的应急渠道非常重要,它可以帮助社区居民在灾中应急与灾后恢复阶段寻找到有效信息。在非灾害时期,政府需要探索通过社交感知渠道传递信息以进行有效的备灾,也可以通过社交感知定期进行应急培训与模拟演练。

3)应急响应:传播载体与身体传感

在危机爆发后的黄金 X 小时内,有关危机的最新信息对于应急响应非常重要,社交感知具有强大的信息传播能力,它作为有效的传播载体在应急管理中发挥了重要作用,这在危机爆发初期表现尤为明显。社交感知能在极端条件下仍然保持有效的通信功能,比传统传播工具更能抵御灾害冲击。民众通过社交感知成为紧急信息的身体传感器,帮助政府与应急救援人员获取详细的第一手信息,这对于提高态势感知与应急救援具有重要意义。在社会舆情监测方面,通过对社交感知大数据及时抓取、快速分类与智能分析,可以有效监测社会舆情以及时发现与控制社会风险,从而防止次生与衍生危机的发生。

4)应急处置:态势感知与提高时效

就应急态势感知而言,灾中应急很大程度上取决于获取灾害及时动态、周围环境和受影响人员等的及时准确信息,从而减少任何可能的损害,社交感知数据为灾中应急处置提供了新手段。就应急时效而言,通过分析关键字、时间和地点信息,应急人员可以发现特定区域行动模式及更好了解当地情况,从而缩短响应时间并将救援工作集中在最需要的地方。在现场的第一响应者通过社交感知实时发布第一手信息,可以大大增强应急时效;就信息传播而言,社交感知为信息快速传播发挥了重要作用,灾中信息分析可以提高决策者与民众的态势感知,从而在更短时间内将新闻和警报传达给更多受众;就决策者而言,可以根据灾中大数据分析监控公共活动与应急协调,还可以从社交感知获得直接与有价值的见解,提醒官员注意受灾地区情况,如道路封闭与停电等;就灾民而言,社交感知不仅可以收集巨量数据,还可以允许灾民在发生危机时标记自己的地理位置或留下时间,从而使救援者实时了解与准确掌握人员救援信息。

5)灾后恢复:社会资本与信息共鸣

社交感知在灾后重建阶段的应用领域主要在恢复重建方面,民众通过社交感知分享照片、视频与个人经历,应急管理者通过分析其中的情感诉求、非正式语气、文本与视觉等信息,能更加真实了解民众重建需求。社交感知不仅可作为政府与民众灾后重建的沟通桥梁,也可以与直接受影响的民众产生强烈共鸣。同时,社交感知还可以促进民众交流、采取利他主义行动及避免未来灾难做好准备等,这有利于激励与发动民众参与灾后重建。此外,社交感知也具有链接社会资源的功能,能有效链接灾区、民众和救援机构为灾民提供物资与心理服务等,尤其在慈善募捐方面,社交感知打破了时空局限,实现了云捐款创新。社交感知也有利于受灾民众寻找失散的亲朋好友,有效传播社会支持,促使邻里关系得到加强,进而增强民众参与灾后重建的意愿。除此之外,社交感知可以鼓励民众支持灾后重建工作,它促进了民众参与,从而对灾后重建产生了积极影响。

6.3　群智感知

6.3.1　群智感知基本概念

群智感知指的是一种利用智能移动设备获取数据的新模式,是指大规模的普通用户通过其自身携带的智能移动设备,如智能手机、智能手表、智能眼镜、平板电脑等,利用它们的内置传感器(如加速计、陀螺仪、摄像头、指南针、GNSS、麦克风、录音、车载电话等)来采集感知数据,进而可以分析提取出有用信息。现有智能移动设备都可以成为一个新的获取数据点,遍布全球的智能移动设备终端构筑起了庞大的智能网络,能快速、动态获取所需的各种信息,从而生成较高的应用价值,能准确解决用户的各种问题。

6.3.2　应急群智感知应用

基于群智感知的应急管理特点是"以人为中心",由人直接参与灾害现场环境数据的感知和灾害现场工作数据的采集,将普通搜救者的移动设备作为基本感知单元,由搜救者之间不断移动并通过携带的便携式无线路由器或发起的移动热点网络进行机会式数据转发。搜救者通过进行有意识或无意识的协作,实现了面向应急搜救的灾害数据的采集、传输。

(1)应急群智感知数据采集

主要的工作是采集灾害现场的数据,包括灾害现场环境数据(如声音、亮度、方位、图片等)和灾害现场工作数据(如灾害速报、现场医疗处置、工作现场评估等),为灾害数据传输和灾害现场指挥与决策提供了依据。

(2)应急群智感知数据传输

●移动智能终端机会传输方法。采用热点组网或无线便携式路由器组网相结合的方式,在没有任何通信基础设施的条件下,以透明的方式实现幸存者信息的快速收集以及搜救者信息的共享。通过定义网络接入优先级优先收集幸存者信息,为快速定位营救幸存者提供了条件。

●基于分簇的数据传输方法。主要包括搜救区域初始化方法和搜救者选举方法,先将搜救区域划分为若干固定大小方形单元格,每个单元格对应为一个簇,在每个簇中按地理位置初始化一个簇头(即为搜救者),簇内节点每隔周期 T 结合自身能量、方向和移动速度来竞选下一个簇头。

6.4　视频感知

6.4.1　视频感知基本概念

视频感知就是使用计算机图像视觉分析技术,通过分离场景中的背景和目标,进而分析并追踪在摄像机场景内出现目标的技术,包括:①模拟视频感知;②数字视频感知;③网络视频感知;④智能视频感知。

6.4.2　应急视频感知应用

由模拟视频感知、数字视频感知、网络视频感知、智能视频感知构成的应急视频感知系统,就是采用图像处理、模式识别和计算机视觉技术,通过在监控系统中增加智能视频分析模块,借助计算机强大的数据处理能力过滤掉视频画面无用的或干扰信息,自动识别不同物体,分析抽取视频源中关键有用信息,快速准确地定位突发事件事故现场,判断监控画面中的异常情况,并以最快和最佳的方式发出警报或触发其他动作,从而有效进行突发事件事前预警、事中处理、事后及时取证的全自动、全天候、实时监控的智能视频系统。

(1)重要目标视频感知

1)重要部位

●政府部门。

●学校。

●科研机构。

●新闻广播机构。

●国防目标。

●公众聚集场所。

●金融机构。

●重要场所。

●监测台站。

●野生动物保护管理场所。

●重要生态安全区。

●在建工程施工现场。

2）关键基础设施

●通信系统。

●公路基础设施。

●铁路基础设施。

●水运交基础设施。

●民航交通设施。

●水利设施。

●电力基础设施。

●石油天然气设施。

●城市基础设施。

3）运输车辆

车辆的描述信息，包括车辆号牌、车牌颜色、车辆品牌、车辆类型、车身颜色等；车型信息，包括车辆品牌标识、尾翼、车门、车窗、颜色、尾灯形状、刹车灯位置等；车辆二次分析信息，包括安全带、年检标、遮阳板、挂件、摆件、司乘人员等。

4）人脸特征

人脸特征辨识以视频监控为基础，开拓了"从像到像""从像到人"的全新辨别模式。能对画面中的行人及其属性进行结构化，让机器识别人的一些基本属性，如性别、年龄范围等特征，还可以对人的衣着、运动、背包、拎包、打伞、是否骑车等信息进行结构化描述。

5）行为事件

对于行为事件的描述信息包括：车辆行为，如违反交通信号指示灯、超速行驶、违反行车标识、礼让行人、交通流量统计等行为特征；人体行为，如越界、区域、徘徊、聚集、人流量统计等行为特征；物体行为，如丢失、位移等行为特征。

6）红外热成像

红外热成像技术通过感知物体发射出来的红外辐射，能够快速精准地探测到发热物品（如火源），并提示报警，通知安保人员赶到现场控制携带热源的可疑人员。针对人流密集的公共场所，如汽车站、火车站、飞机场等，通过红外热像仪的检查和监控能有效地预警，从而防止安全事件的发生。

（2）应急态势视频感知

1）安全生产领域

●危险化学品重大危险源。

●烟花爆竹。

●工矿商贸。

2）自然灾害领域

●森林火灾。

●地质灾害。

●旱涝灾害。

●地震灾害。

●气象灾害。

3）城市运行安全领域

●大型建筑。

●大型公用设施。

●地下管网及综合管廊。

●公共空间。

●城市轨道交通。

●重大活动保障。

●消防重点单位。

4）应急处置现场

通过事发地周边的固定感知设备和移动感知设备等，建立应急处置现场视频感知网络，实时监测汇集现场感知数据，实现灾害现场看得见、看得准、听得见、听得清，为灾害事故应急处置现场指挥调度、分析研判、辅助决策等应急工作开展提供数据支撑。

●灾害现场环境。

●灾害应急处置现场。

●灾害现场工作。

6.5　传感器感知

6.5.1　传感器感知基本概念

传感器是一种检测装置，能感受到被测量的信息，并能将感受到的信息按一定规律变换成为电信号或其他所需形式的信息输出，以满足信息的传输、处理、存储、显示、记录和控制等要求。通常据其基本感知功能可分为：

- ●热敏传感器。
- ●光敏传感器。
- ●气敏传感器。
- ●力敏传感器。
- ●磁敏传感器。
- ●湿敏传感器。
- ●声敏传感器。
- ●放射线敏传感器。
- ●色彩传感器。

6.5.2　应急传感器感知应用

(1)无线传感器网络

无线传感器网络无须预先架设固定的基础设施，并且具有易于部署、灵活性高、抗毁性适应性强等特点，它借助节点中内置的形式多样的传感器(温度、湿度、压力、振动、光照、气体、噪声、土壤分析、红外，移动物体的大小、速度、方向等)，实时监测、感知和采集灾害现场各种环境特征、生物特征和工作特征信息。

- ●灾害现场环境特征信息。
- ●灾害现场生物特征信息。
- ●灾害现场工作特征信息。

(2)应急传感器感知应用

1)安全生产领域感知网络数据采集

- ●危险化学品重大危险源。
- ●烟花爆竹。
- ●工矿商贸。

2)自然灾害领域感知网络数据采集

- ●森林火灾。
- ●地质灾害。
- ●旱涝灾害。
- ●地震灾害。
- ●气象灾害。

3)城市运行安全领域感知网络数据采集

- ●城市地下综合管廊。
- ●特殊建设工程。

●消防重点单位。

4）应急处置现场感知网络数据采集

包含施救人员和被救人员的生命体征在线监测和救援装备的感知监测，实时在线监测现场感知数据，为现场的科学指挥与精准救援提供数据支撑。

6.6　车(船)载感知

车(船)载感知指的是各专业车辆或船只通过自身携带的各种传感器设备（即热敏传感器、光敏传感器、气敏传感器、力敏传感器、磁敏传感器、湿敏传感器、声敏传感器、放射线敏传感器、色敏传感器和味敏传感器等）中的若干种，以及加速计、陀螺仪、摄像头、指南针、无线定位系统、GNSS、麦克风、RFID、条码识别、车载电话、视觉标签等其他设备，自动化感知各种车(船)运行轨迹及两旁的灾区数据。这些数据除了传统数字形式的数据外，越来越多地以声音、图像和文字等多种形式呈现，从这些数据中可以分析提取许多有助于应急管理的信息。

6.6.1　应急指挥车(船)

应急指挥车(船)集成了计算机集中控制、无线通信、音(视)频传输与处理、数据通信、无线视频传输、卫星通信、各种传感器设备等技术，构建出基于应急数据感知采集的移动应急指挥平台，实时进行灾情信息感知数据采集。

●灾害事件数据。

●灾损数据。

●暴露数据。

●专题数据。

6.6.2　消防指挥车(船)

消防指挥车(船)集成了有线通信、无线通信、视频通信、卫星通信、广播扩音、各种传感器（温度、湿度、烟雾、气体、水位水压、智能视频监控等传感器）等设备，能在灾害事故现场迅速建立消防应急指挥中心，实现灾害现场实时的温度、湿度、烟雾、气体、水位水压等感知数据采集，并与后方消防应急指挥中心保持实时的通信联络和感知数据传递，为智慧应急平台提供强有力和全方位的支持。

6.6.3　公安指挥车(船)

公安指挥车(船)集成了卫星、5G 通信、超短波通信、微波通信、LTE 专网通信、MESH 通信等功能，同时集成各种传感器设备，达到如下功能：①采集灾区现场数据，即借助无人机、MESH、水下机器人等各种传感器设备，可以全方位、多角度采集应急现场人像、车辆、视频、WiFi 和电子围栏等感知数据；②建立移动应急指挥平台,即基于灾害现场感知数据进行人像抓拍分析、人体特征分析、车辆特征分析、视频结构化识别、车辆驾乘人员关联分析、车辆人员同行关联分析等,进行公安机关现场执法执勤、治安防范、卡点巡防,以及重点部位的布控,实现现场实时应急指挥调度,为智慧应急平台提供强有力和全方位的支持。

6.6.4 交通指挥车(船)

交通指挥车(船)集成了海事卫星通信、无线通信、图像采集、单兵通信、高速移动数据传送、远程视频会议系统、各种传感器设备等,完全具备灾害现场采集感知数据并实时进行分析的功能。现场采集感知数据包括路网基础数据、路况数据、动态交通事件检测数据、呼叫中心数据、收费站拥堵与监测预警数据、路面养护施工数据、气象数据、路政数据等;现场路网运行分析包括路网综合分析、特殊时段流量分析、异常流量分析、交通拥堵分析、交通事故分析、恶劣天气分析、行车轨迹分析;路网调度分析包括路网流量预测、交通影响评估、交通诱导分析等。这些强大功能对交通指挥中心及时掌握灾害现场情况、与有关人员沟通信息、协调各方力量参与救助、高效指挥抢险作业、提高反应能力等帮助极大,为智慧应急平台提供强有力和全方位的支持。

6.6.5 城市执法车(船)

城市执法车(船)配备全景行车记录仪、红外夜视仪,同时还加载了高清视频、5G通信、北斗定位、沿街秩序监督等各种传感器设备,能主动识别城市交通信号和道路标志标线,集广播、抓拍、监控、预警等功能于一体。它不仅可以对市容管理中常见的共享单车乱停放、超出门窗外墙经营、无证占道设摊经营、乱堆物、乱贴小广告等多种违法现象进行全时段智能监控,还可以收集沿街各种信息,锁定各类违法目标证据。在灾害发生时,它能实时进行下列灾区设施感知数据采集。

● 通信设施。
● 公路基础设施。
● 铁路基础设施。
● 水运交基础设施。
● 民航交通基础设施。
● 水利设施。
● 电力基础设施。
● 石油天然气设施。
● 城市基础设施。

基于上述应急感知数据,通过智能分析,辅助管理决策,为智慧应急平台提供强有力和全方位的支持。

6.6.6　移动测量车(船)

移动测量车(船)是在机动车(船)上装配组合导航系统(GNSS/INS)、CCD相机(影像系统)、POS(定位定姿系统)、全景相机、激光雷达、里程计、控制系统、存储器、电池等先进的传感器设备,在车(船)高速行进之中,快速采集行进路径及两旁地物的空间位置数据和属性数据,并同步存储在车(船)载计算机中,经专门软件编辑处理,形成各种有用的专题数据成果,是最佳的电子地图测制、地图修测及实景三维 GIS 数据采集工具,可完成矢量地图、三维地理数据制作和街景数据生产等任务,为智慧应急平台提供强有力和全方位的支持。

6.6.7　卫生检测车(船)

卫生检测车(船)能够通过物理、化学、生物学等检测方法,利用各种感知传感器,对灾害场所、设施、环境、从业人员等进行卫生学检测和感知数据采集,具体数据内容包括如下所列。

● 生态环境数据。

● 水源污染数据。

● 食品安全数据。

● 病媒生物滋生数据。

该车(船)集应急指挥与现场快速检测于一体,既可作为突发事件的指挥中心,又可对公共卫生致害因素实施现场快速检测和感知数据采集,为智慧应急平台提供强有力和全方位的支持。

6.6.8　环境监测车(船)

环境监测车(船)可搭载颗粒物激光雷达、傅里叶气体分析仪等各种感知传感器,主要获取的感知数据包括水环境监测、大气环境监测、土壤污染物监测、固体废物监测、生物污染监测、生态环境监测、物理污染监测等数据。

基于上述应急环境感知数据,可以快速定位污染源位置、监测污染物排放浓度、准确掌握环境态势,从而确定环境污染状况和环境质量的高低,为智慧应急平台提供强有力和全方位的支持。

6.6.9　气象保障车(船)

气象保障车(船)相当于一个"移动气象台",配有先进的气象监测等各种感知传感器及通信配套设施,集气象探测、信息产品加工、气象预报服务为一体,可以现场采集包括风速、风向、土壤温度、土壤水分、土壤 EC、土壤 pH、空气温度、空气湿度、噪声、二氧化碳、大气压力、光照、雨雪状态、紫外线、总辐射、一氧化碳、臭氧、二氧化氮、二氧化硫、硫化氢、氧气、PM2.5、PM10、负氧离子、氨气、TVOC、雨量、土壤氮磷钾等 28 种气象数据。它能与后方应急指挥中心进行观测资料和气象信息的实时交换，实现现场应急服务的指挥调度，为智慧应急平台提供强有力和全方位的支持。

6.6.10　核监测车(船)

核监测车(船)是集常规环境辐射监测、放射性事故应急监测、数据采集及分析评估于一体的高度集成化、信息化移动核应急监测平台，内部装备空气取样检测系统、伽马射线探测系统以及监测、分析设备，对灾后核设施周边环境辐射水平进行监测。监测方式有连续测量和定期测量，除了环境 γ 辐射水平外，还有与核设施运行有关的关键核素辐射数据，如氢-3、碳-14、锶-90、铯-137 等。采样样品和感知数据包括以下内容。

- ●环境辐射。
- ●空气辐射。
- ●水辐射。
- ●水生生物辐射。
- ●陆生生物辐射。
- ●土壤及岸边沉积物等辐射。

6.7　航空感知

航空感知就是低空航空遥感，是在各种低空航空飞行器上搭载可见光摄影机、多光谱摄影机、高光谱摄影机、红外摄影机、SAR 或 InSAR 雷达、微波、激光测高仪、重力仪等各种传感器设备，进行对地观测，获得灾区相应的单色、多色、高光谱、红外、SAR 或 InSAR 雷达、微波、激光测高、重力等遥感影像。

航空遥感成为灾害应急救援的先锋，它具有获取快速、覆盖面积大、应用周期短、影像清晰度高(精度可达到厘米级)、便于解析、受自然环境约束小、成本低、操作易行、运行和维护成本低等特点，既能弥补航天遥感的卫星因天气、时间无法实时获取灾区遥感影像的空缺，又能克服航天遥感的卫星空间分辨率低、受制于长航时、大机动、恶劣气象条件、危险环境等影响，为地面灾情解译提供丰富的数据源。

6.7.1　航摄飞机遥感

航摄飞机遥感就是以固定翼航摄飞机作为主要遥感平台，通常是在机腹设置不同的窗口，装载各种传感器，获得灾区遥感影像，用于制作灾区中、大比例尺地形图。固定翼航摄飞机一般在中、低空飞行,航摄作业面积大、航摄效率高,影像质量好,通常没有镜头畸变差,缺点是航摄成本太高。

6.7.2　直升机遥感

直升机遥感就是以旋转翼航摄直升机主要作为遥感平台,通常是在机腹设置不同的窗口装载各种传感器,获得灾区遥感影像,用于制作灾区大比例尺地形图。旋转翼航摄直升机一般在低空飞行,航摄作业面积中等、航摄效率高,影像质量好。

6.7.3　无人机遥感

无人机遥感就是以航摄无人机主要作为遥感平台,通常是在机头装载各种传感器,获得灾区遥感影像,用于制作灾区大比例尺地形图。航摄无人机一般在低空飞行,航摄作业面积中等、航摄效率高,影像质量好,目前是低空航空遥感的主要手段。缺点是航摄效率低,不适用大面积的航摄。无人机遥感具有的明显优势如下:

● 极高的精确度。
● 具有很高的灵活性以及安全性。
● 效率高。
● 成本低。

6.7.4　探空火箭遥感

探空火箭比探空气球飞得高、比低轨道运行的人造地球卫星飞得低,是30~200km高空的有效探测工具。通常装载各种传感器,获得灾区遥感影像,用于制作灾区中比例尺地形图。探空火箭一般为无控制火箭,具有结构简单、成本低廉、发射方便等优点。

6.7.5　飞艇/气球遥感

飞艇/气球遥感就是以飞艇/气球作为遥感平台,通常是在飞艇/气球下方装载各种传感器,获得灾区遥感影像,用于制作灾区大比例尺地形图。飞艇/气球一般在低空飞行,对于其他飞行器来说最大的优势就是它具有保持无与伦比的滞空时间。其他飞行器在空中飞行的时间是以小时为基本单位来计算的,而飞艇/气球则是以天来计算。

6.8　航天感知

航天感知就是在各种卫星、宇宙飞船、航天飞机、空间站上搭载可见光摄影机、多光谱摄影机、高光谱摄影机、红外摄影机、SAR 或 InSAR 雷达、微波、激光测高仪、重力仪等各种传感器设备进行对地观测，获得灾区相应的单色、多色、高光谱、红外、SAR 或 InSAR 雷达、微波、激光测高、重力等航天遥感影像，用于灾区的应急管理。凭借其观测空域不受限制、观测范围广、探测手段多样、多尺度动态连续监测能力强等优势，航天遥感影像在应急管理过程中发挥了重要作用，是防灾、减灾、救灾重要的技术支撑手段之一。

● 灾害风险调查。

● 安全隐患监测。

● 灾情数据获取。

● 灾害范围监测。

● 次生衍生灾害监测。

● 灾区遥感制图。

● 事故安全生产。

● 应急救援应用。

● 应急救助监测。

● 灾害综合评估。

● 恢复重建监测。

6.8.1　对地卫星遥感

对地卫星遥感就是在人造卫星上装载科学仪器，借助电子扫描或光学摄影，从遥远的太空来观察地球。

● 传感器设备。包括可见光遥感、多光谱遥感、高光谱遥感、雷达遥感、微波遥感、热红外遥感、紫外遥感、夜光遥感、激光遥感、重力遥感、视频遥感等。

● 遥感影像种类。获得单色、多色、高光谱、红外、SAR 或 InSAR 雷达、微波、激光测高、重力等灾区遥感影像。

6.8.2　气象卫星遥感

气象卫星是以搜集气象数据为主要任务的遥感卫星，可以为灾区气象预报、台风形成和运动过程监测、冰雪覆盖监测和大气与空间物理研究等提供大量实时数据。气象卫星观测范围广、观测次数多、观测时效快、观测数据质量高，不受自然条件和地域条件限制，它所提供的气象信息广泛应用于防灾减灾等。

6.8.3　环境卫星遥感

环境卫星拥有光学、红外、高光谱等不同探测方法，具有大范围、全天候、全天时、动态的环境监测能力，主要用于对灾区生态环境进行大范围、全天候动态监测，及时反映生态环境及其发生、发展过程，对生态环境发展变化趋势进行监测。它既可宏观观测灾区空气、土壤、植被和水质状况，为应急管理提供决策依据,也可实时快速跟踪和监测灾区突发环境污染事件的发生、发展,及时制订处理措施,减少污染损失。

6.8.4　海洋卫星遥感

海洋卫星指装载了电视摄像、雷达、无线电侦测机、红外探测器、高灵敏度红外相机等侦察设备,以搜集海洋资源及其环境信息为主要任务的遥感卫星,按照功能可分为海洋动力环境卫星、海洋水色卫星和海洋监视监测卫星。

6.8.5　宇宙飞船遥感

宇宙飞船是一种运送航天员、货物到达太空并安全返回的航天器,飞船上可安装多模态微波遥感器,由微波辐射计、散射计和雷达高度计 3 种测量模态组成,对地观测的主要对象是大海、大气和大地。它可以获取灾区海面水色、水温、海冰和海岸带等遥感图像,以及灾区海面风速和风向、降水、大气云和植被等遥感图像数据。此外,它还可安装大气成分探测器、大气密度探测器、径迹探测器,用以监视空间环境的变化,为灾区空间环境预报和警报提供实时监测遥感图像。

6.8.6　航天飞机遥感

航天飞机是一种往返于近地轨道和地面间的、可重复使用的运载工具,利用航天飞机搭载的成像雷达 InSAR 对地进行观测,具有全天候、全天时对地表成像与测绘的能力并具有一定的穿透能力。通过航天飞机的两个天线可以接收从灾区地球表面各城市、田野、山脉、森林以及其他地形反射传回的雷达信号,信号能够被合成为像三维立体电影或图片一样清晰逼真的灾区地形图,实现基于 InSAR 技术的、真正意义上的灾区地形三维地图测绘。

6.8.7　航天空间站遥感

航天空间站是运行在外层空间的人造飞船,是一种在近地轨道长时间运行、可供多名航天员巡访、长期工作和生活的载人航天器。在对地观测方面,空间站比遥感卫星要优越:它能搭载多个新一代对地观测遥感器和地球科学研究仪器,如宽波段成像光谱仪、三维成像微波高度计、多波段紫外临边成像光谱仪等。当地球上发生地震、海啸或火山喷发等事件时,在空间站上的航天员可以及时调整遥感器的各种参数,以获得最佳观测效果。

第7章 应急数据管理层技术方案及实现

7.1 功能层次架构

基于智慧应急平台总体技术架构,设计出应急数据管理层的功能层次架构,如图7-1所示。

7.2 地理空间数据库

7.2.1 矢量地图数据库

(1)矢量地图概念

矢量地图就是以矢量方式存储在计算机中的各种地图数据,其特点如下。

● 地理要素包括水系、交通、地貌、居民地、境界、植被、土质、独立地物、管线、测量控制点等地表自然和人文要素。

● 地理要素是用点、线、面、体(体在本书中不描述,下同)等几何方式抽象表示的,为DLG(数字线划地图)矢量数据。

● 地理要素是地球表面的抽象反映。

● 地理要素表达具有比例尺。

● 地理要素具有空间坐标(X,Y)、空间属性、空间关系。

● 地理要素能进行单个或整体的处理操作。

为适应智慧应急平台建设的需要,综合系列比例尺数字矢量地形图、海图、航空图所有地理要素,在统计、分析、归类的基础上,提出矢量地图中地理要素分类的三层次原则:地理门类、地理分类、地理分级,即地理要素分为若干地理门类,每一地理门类分为若干地理分类,每一地理分类又分为若干地理分级。它们组成树状结构,其分类如图7-2所示。

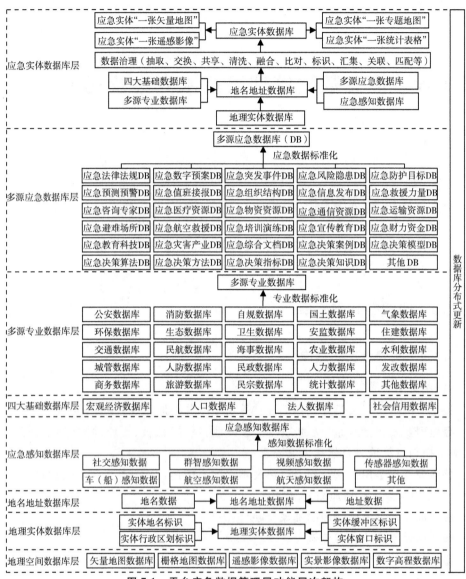

图 7-1 平台应急数据管理层功能层次架构

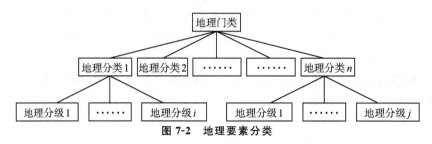

图 7-2 地理要素分类

基于相应的基础地理信息分类国家和行业标准,再结合智慧应急平台建设的具体需求,将地理要素划分为 18 个地理门类,如图 7-3 所示。

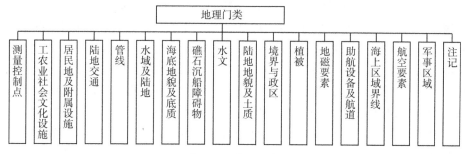

图 7-3　地理门类

地理要素由 18 个地理门类、89 个地理分类、791 个地理分级的组成,具体描述请参考相关资料和文献。

(2)矢量地图数据结构

1)地理要素抽象描述

地理要素经抽象归纳可分为三类,分别为地理属性信息、地理空间信息和地理时间信息。虽然它们同是描述地理要素,但描述的性质不同,地理属性信息和地理时间信息的数据描述特点为定长,地理空间信息的数据描述特点为变长。

地理属性信息指对地理要素进行分类特征、定性特征、定量特征、地名特征描述的信息,它由下列子属性信息组成:

● 地理分类信息。即地理门类、地理分类、地理分级描述。

● 地理定性信息。每一地理分级要素有质量特征的不同,如水系有咸水河、淡水河之分。

● 地理定量信息。每一地理分级要素有数量特征的不同,如桥的桥长、桥宽、载重吨数,河流的河宽、河深、流速等。

● 地理地名信息。每一地理分级要素有地名特征的不同,如行政区划、居民地、自然地理实体和其他人工设施的名称。

地理空间信息表示地理分级要素的分布位置(X,Y)以及它们间的相互关系描述的信息,它由下列子空间信息组成:

● 地理定位信息。每一地理分级要素由点、线、面抽象而成,其中点用(X,Y)坐标来描述,线用一连串点的坐标来描述,面由若干条线的坐标组合而成。

● 地理拓扑信息。每一地理分级要素的另一个重要特点就是含有拓扑关系,即要素中的点、线、面相互之间的邻接关系、关联关系、包含关系,这些关系的空间逻辑意义重于其几何意义。

地理时间信息是指对每一地理分级要素进行时间特征标识的信息。

2)地理要素逻辑层次结构

地理要素按大小可归纳其逻辑分层为类、几何、目标和数据。

●类。对应地理门类、地理分类、地理分级描述,类是矢量地图数据库的基本管理单位,是内外存交换数据的基本单元。

●几何。每一地理分级要素可划分为点状、线状和面状几何要素。点状几何要素由单一坐标表示,其整个界线或形状太小,以至于不能表现为一个线状或面状要素;线状几何要素由一组有序坐标串联表示,连接起来表示线状要素,它们太窄而不能显示为一个面状要素;面状几何要素由一组有序坐标封闭界线表示,其界线包围一个同类型面区域。

●目标。是点状、线状和面状几何要素分解后的最小描述单元,也是数据化的一个单位,如一个点目标、线目标、面目标,它是矢量地图数据库中直接操纵的对象。

●数据。是点目标、线目标、面目标的地理属性信息、地理空间信息、地理时间信息的物理表示。

3)地理要素概念模型

为了有效地管理地理要素数据,必须设计出一个面向对象的地理要素概念模型,其概念模型表示如下:

目标号	地理属性信息	地理空间信息	地理时间信息

将地理要素概念模型展开,即得到如下详细地理要素概念模型:

目标号	地理分类信息	地理定性信息	地理定量信息	地理地名信息	地理定位信息	地理拓扑信息	地理时间信息

4)地理要素数据结构

将地理要素概念模型转化成数据结构,即得到如下详细地理要素数据结构:

目标号	地理门类描述	地理分类描述	地理分级描述	地理定性描述	地理定量描述	地理地名描述	地理定位描述	地理拓扑描述	地理时间描述

其中:

目标号——地理要素的点、线、面几何目标号。

地理门类——几何目标号的地理门类描述。

地理分类——几何目标号的地理分类描述。

地理分级——几何目标号的地理分级描述。

定性描述——几何目标号的质量特征(无法用数量描述的特征)描述,定性描述是变长的,不同的目标具有不同数量的质量性质描述。

定量描述——几何目标号的数量特征描述,定量描述是变长的,不同的目标具有不同数量的数量特征描述。

地名描述——几何目标的地名特征描述。

定位描述——几何目标的坐标(X,Y)描述。

拓扑描述——几何目标相互之间的拓扑空间关系的描述。

时间描述——几何目标的时间信息描述。

基于上述地理要素的数据结构描述,任何一个点、线、面目标的数据结构都可用树状层次结构表示,如图 7-4 所示。

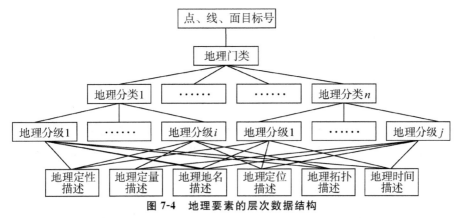

图 7-4　地理要素的层次数据结构

(3)矢量地图数据库管理

矢量地图数据库管理就是按照上述矢量地图数据结构,以地图图幅为单位矢量方式,存储在计算机中的各种矢量地图数据及相应数据管理系统的集合,采用的是关系型数据库管理系统。目前,按照上述数据结构建立完毕的国家系列比例尺矢量地图数据库包括 1∶500、1∶1000、1∶2000、1∶5000、1∶1 万、1∶2.5 万、1∶5 万、1∶10 万、1∶25 万、1∶50 万、1∶100 万。这些比例尺的矢量地图数据库已在全国各级基础地理数据中心得到建立,都可为智慧应急平台所用。

7.2.2　栅格地图数据库

(1)栅格地图概念

栅格地图是以图像方式存储在计算机中的各种纸质地图扫描数据,其特点如下。

● 地理要素包括水系、交通、地貌、居民地、境界、植被、土质、独立地物、管线、测量控制点等地表自然和人文要素。

● 地理要素是用点阵像素方式表示的,为 DRG(数字栅格图)图像数据。

●地理要素是纸质地图的扫描图像反映。

●地理要素表达具有分辨率。

●地理要素具有空间坐标(X,Y)。

●地理要素只能进行整体的处理操作。

(2)栅格地图数据结构

栅格地图数据结构如下：

地图图幅编号	图廓左上角地理经纬度	图廓右下角地理经纬度

其中：

地图图幅编号——国家系列比例尺地图图幅编号。

图廓左上角地理经纬度——地图图幅图廓左上角的地理经纬度。

图廓右下角地理经纬度——地图图幅图廓右下角的地理经纬度。

(3)栅格地图数据库管理

栅格地图数据库管理就是按照上述栅格地图数据结构,以地图图幅为单位图像方式,存储在计算机中的各种栅格地图数据及相应数据管理系统的集合,采用的是关系型数据库管理系统。目前,按照上述数据结构建立完毕的国家系列比例尺栅格地图数据库包括 1∶500、1∶1000、1∶2000、1∶5000、1∶1 万、1∶2.5 万、1∶5 万、1∶10 万、1∶25 万、1∶50 万、1∶100 万。这些比例尺的矢量地图数据库已在全国各级基础地理数据中心得到建立,都可为智慧应急平台所用。

7.2.3 遥感影像数据库

(1)遥感影像概念

遥感影像就是以图像方式存储在计算机中的各种正射遥感影像数据,其特点如下。

●地理要素包括水系、交通、地貌、居民地、境界、植被、土质、独立地物、管线、测量控制点等地表自然和人文要素。

●地理要素是用点阵像素方式表示的,为 DOM(数字正射影像图)数据。

●地理要素是地球表面的真实反映。

●地理要素表达具有分辨率。

●地理要素具有空间坐标(X,Y)。

●地理要素只能进行整体的采集、处理、管理、查询、分析、可视化等处理操作。

（2）　遥感影像数据结构

遥感影像数据结构如下：

遥感影像帧编号	帧影像左上角地理经纬度	帧影像右下角地理经纬度

其中：

遥感影像帧编号——遥感影像的系列帧号。

帧影像左上角地理经纬度——每帧遥感影像左上角的地理经纬度。

帧影像右下角地理经纬度——每帧遥感影像右下角的地理经纬度。

（3）遥感影像数据库管理

遥感影像数据库管理就是按照上述遥感影像数据结构，以一帧遥感图像为单位图像方式，存储在计算机中的各种遥感影像数据及相应数据管理系统的集合，采用的是关系型数据库管理系统。目前，按照上述数据结构建立完毕的全国各级遥感影像数据库，包括所有航天、航空平台获取的正射遥感影像数据，都可为智慧应急平台所用。

7.2.4　实景影像数据库

（1）实景影像概念

实景影像就是以图像方式存储在计算机中的可量测实景影像（DMI）影像数据，其特点如下：

●地理要素包括水系、交通、地貌、居民地、境界、植被、土质、独立地物、管线、测量控制点等地表自然和人文要素。

●地理要素是用点阵像素方式表示的，为 DMI（可量测实景影像）数据。

●地理要素是地球表面的真实反映。

●地理要素表达具有分辨率。

●地理要素具有空间坐标(X,Y,Z)。

●地理要素只能进行整体的处理操作。

（2）实景影像数据结构

实景影像数据结构如下：

实景影像帧编号	帧影像左上角地理经纬度	帧影像右下角地理经纬度

其中：

实景影像帧编号——实景影像的帧号。

帧影像左上角地理经纬度——每帧实景影像左上角的地理经纬度。

帧影像右下角地理经纬度——每帧实景影像右下角的地理经纬度。

（3）实景影像数据库管理

实景影像数据库管理就是按照上述实景影像数据结构,以一幅实景图像为单位图像,存储在计算机中的各种实景影像数据及相应数据管理系统的集合,采用的是关系型数据库管理系统。目前,按照上述数据结构建立完毕的全国各级实景影像数据库包括所有车载平台获取的实景影像数据,都可为智慧应急平台所用。

7.2.5　数字高程数据库

（1）数字高程概念

数字高程是以矩阵格网或三角网方式存储在计算机中的地表海拔高程数据,其特点如下。

●地理要素只包括地面海拔高程。

●地理要素海拔高程是用矩形格网或三角网几何方式抽象表示的,为 DEM（数字高程模型）矢量数据。

●地理要素是地球表面的抽象反映。

●地理要素表达具有比例尺。

●地理要素具有空间坐标(X,Y,Z)。

●地理要素只能进行单个或整体的处理操作。

（2）数字高程数据结构

1）矩形格网数据结构

数字高程的矩形格网数据结构如图 7-5 所示。

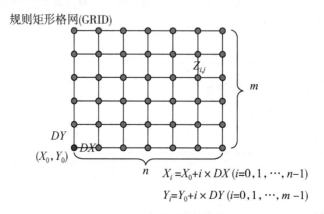

$$X_i = X_0 + i \times DX\,(i=0,1,\cdots,n-1)$$

$$Y_i = Y_0 + i \times DY\,(i=0,1,\cdots,m-1)$$

图 7-5　数字高程矩形格网

数字高程的矩形格网数据结构如下：

矩形格网点标识号	矩形格网点高程值	矩形格网点坐标

其中：

　　矩形格网点标识号——规则矩形格网点的标识号。

　　矩形格网点高程值——规则矩形格网点的海拔高程 Z。

　　矩形格网点坐标——规则矩形格网点坐标 (X,Y)。

　　2）三角网数据结构

　　数字高程的三角网数据结构如图 7-6 所示。

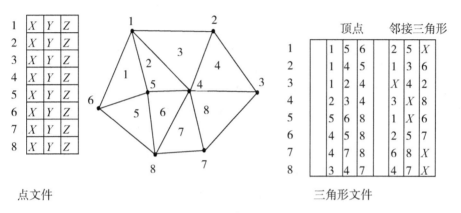

图 7-6　数字高程三角网

数字高程的三角网数据结构如下：

三角形标识号	三角形顶点标识号1	三角形顶点标识号2	三角形顶点标识号3	邻接三角形标识号1	邻接三角形标识号2	邻接三角形标识号3	X,Y,Z

其中：

　　三角形标识号——三角形的唯一标识号。

　　三角形顶点标识号——三角形三个顶点的标识号。

　　邻接三角形标识号——三角形相邻三个三角形的标识号。

　　X,Y,Z ——三角形顶点坐标 (X,Y,Z)。

　　（3）数字高程数据库管理

　　数字高程数据库管理就是按照上述数字高程数据结构,以地图图幅为单位矢量方式,存储在计算机中的矩形网格或三角网数字高程数据及相应数据管理系统的集合,采用的是关系型数据库管理系统。目前,按照上述数据结构建立完毕的国家系列比例尺数字高程数据库包括 1：500、1：1000、1：2000、1：5000、

1∶1万、1∶2.5万、1∶5万、1∶10万、1∶25万、1∶50万、1∶100万。这些比例尺的数字高程数据库已在全国各级基础地理数据中心得到建立,都可为智慧应急平台所用。

7.3 地理实体数据库

7.3.1 地理实体概念

地理实体是现实世界中独立存在、可唯一性标识的自然或人工地物,如:在城市领域,城市、街道、社区以及建筑物、道路、河流等都是地理实体;在自然资源领域,山、水、林、田、湖、草等也都是地理实体。

传统矢量地图中的地理要素都是采用点、线、面等几何目标描述各类自然和人文要素,便于在计算机中处理矢量地图。由于这种点、线、面等几何目标表达方式的限制,一个完整的地理实体在计算机中可能被切割为若干个点、线、面等几何目标。而正是由于这种"矢量地图"定位的局限性,这些表达同一地理实体的点、线、面等几何目标间并未建立唯一、可维护的地理实体标识,因而导致难以按某一地理实体标识提取所有组成它的相关点、线、面等几何目标集合,即生成地理实体。另外,现实中绝大多数专题数据都是与地理实体进行关联的,而目前这一切均是无法实现的。因此,在目前矢量地图数据基础之上,迫切需要在点、线、面等几何目标表达的矢量地图基础上,抽象出统一的地理实体标识。通过该地理实体标识,即可生成地理实体,以及建立起地理实体与专题数据之间的关联关系,实现地理实体与专题数据的集成。

综上所述,抽象和设计出地理实体标识是实现上述的关键所在。从地理实体构建角度,地理实体标识应该包括地名标识、行政区划标识、缓冲区标识、窗口标识、事件标识等五种。

(1)地名标识地理实体

矢量地图中有些点、线、面等几何目标都具有一个相同的地名,基于该地名即可提取出与地名关联的所有点、线、面等几何目标集合,这些目标集合就生成了地名标识地理实体,即通过地名标识这唯一关键字就可提取出一个地理实体,如自然地理实体:海域、陆地、河流、湖泊、其他等地理要素中的地名标识描述;人文地理实体:城市、居民点、道路、铁路、交通运输设施、水利水电通信设施、旅游胜地、建筑物、单位等地理要素中的地名标识描述。

(2)行政区划标识地理实体

矢量地图中有些点、线、面等几何目标都具有相同的行政区划,基于该行政区划即可提取出被行政区划包含的所有点、线、面等几何目标集合,这些目标集合就生成了行政区划标识地理实体,即通过行政区划标识这唯一关键字就可提取出一个地理实体,如自然地理实体和人文地理实体中的国家级、省级、地(市)级、区(县)级、街道(镇)级、社区(村)级等行政区划标识描述。

(3)缓冲区标识地理实体

矢量地图中的点、线、面等几何目标都可自动生成一个缓冲区,包括生成以点状目标为中心、R 为半径的圆状缓冲区,以线状目标中心线为中心、R 为带宽的带状缓冲区,以面状目标几何中心为中心、R 为半径的环状缓冲区,当然也包括生成以点群、线群、面群等几何目标集群生成的缓冲区。这些缓冲区都属于面几何目标。基于这些缓冲区即可提取出被缓冲区包含的所有点、线、面等几何目标集合,这些目标集合就生成了缓冲区标识地理实体,即通过缓冲区标识这唯一关键字就可提取出一个地理实体,如自然地理实体和人文地理实体中的点或点集合、线或线集合、面或面集合等缓冲区标识描述。

(4)窗口标识地理实体

矢量地图中有些点、线、面等几何目标都具有一个相同的窗口,包括矩形、圆、椭圆、任意多边形等窗口,基于该窗口即可提取出被窗口包含的所有点、线、面等几何目标集合。这些目标集合就生成了窗口标识地理实体,即通过窗口标识这唯一关键字就可提取出一个地理实体,如自然地理实体和人文地理实体中的矩形、圆、椭圆、任意多边形等窗口标识描述。

(5)时间标识地理实体

矢量地图中点、线、面等几何目标都具有一个共同的时间信息描述,基于某一时间信息即可提取出所有的点、线、面等几何目标集合。这些目标集合就生成了时间标识地理实体,即通过时间信息标识这唯一关键字就可提取出一个地理实体,如自然地理实体和人文地理实体中的某年某月某日等时间标识描述。

7.3.2 地理实体数据结构

地理实体采用空间无缝、内容分层的方式进行逻辑组织,在逻辑上分为"几何目标"与"地理实体"两个层次。其中,几何目标描述矢量地图中地理要素的点、线、面几何目标,地理实体是由地理实体标识作为唯一关键字提取的点、线、面几何目标集合,并能够与相关专题信息进行挂接。

基于前面的描述,矢量地图中的点、线、面几何目标数据结构描述如下:

目标号	地理门类	地理分类	地理分级	地理定性描述	地理定量描述	地理地名描述	地理定位描述	地理拓扑描述	地理时间描述

（1）地名标识地理实体数据结构

以上述数据结构中的"地理地名描述"作为地理实体标识的唯一关键字，将具有相同地名描述的点、线、面几何目标结合在一起，就生成了具有地名标识的地理实体数据结构：

地名标识地理实体	点目标号集合，线目标号集合，面目标号集合

点目标号	地理门类	地理分类	地理分级	地理定性描述	地理定量描述	地理地名描述	地理定位描述	地理拓扑描述	地理时间描述

线目标号	地理门类	地理分类	地理分级	地理定性描述	地理定量描述	地理地名描述	地理定位描述	地理拓扑描述	地理时间描述

面目标号	地理门类	地理分类	地理分级	地理定性描述	地理定量描述	地理地名描述	地理定位描述	地理拓扑描述	地理时间描述

（2）行政区划标识地理实体数据结构

行政区划实际上就是一个面几何目标，以上述数据结构中的"面目标号（行政区划）"作为唯一关键字，计算出被包含在该面目标号（行政区划）中的所有点、线、面几何目标号集合，就生成了行政区划标识地理实体的数据结构：

行政区划标识地理实体	点目标号集合，线目标号集合，面目标号集合

其中，点目标号、线目标号、面目标号的数据结构描述同上。

（3）缓冲区标识地理实体数据结构

缓冲区实际上就是一个面几何目标，以上述数据结构中的"面目标号（缓冲区）"作为唯一关键字，计算出被包含在该面目标号（缓冲区）中的所有点、线、面几何目标号集合，就生成了缓冲区标识地理实体的数据结构：

缓冲区标识地理实体	点目标号集合，线目标号集合，面目标号集合

其中，点目标号、线目标号、面目标号的数据结构描述同上。

（4）窗口标识地理实体数据结构

窗口实际上就是一个面几何目标，以上述数据结构中的"面目标号（窗口）"作为唯一关键字，计算出被包含在该面目标号（窗口）中的所有点、线、面几何目标号集合，就生成了窗口标识地理实体的数据结构：

窗口标识地理实体	点目标号集合，线目标号集合，面目标号集合

其中,点目标号、线目标号、面目标号的数据结构描述同上。

7.3.3　地理实体数据库管理

地理实体数据库就是按照上述地名标识、行政区划标识、缓冲区标识、窗口标识的地理实体数据结构,以矢量方式存储在计算机中的地理实体数据及相应数据管理系统的集合,采用的是关系型数据库管理系统。

7.4　地名地址数据库

7.4.1　地名地址概念

地名就是人们对某个地理实体的专有名称描述,也是区别某一个特定地理实体与其他地理实体的一种标识符号,是人们赋予宇宙中某特定地理实体的相关代号。

现实中,许多地理实体的地理位置无法用地理坐标表示,而是用地址来表示。地址就是地理实体的地理位置属性结构化描述。通常情况下,可以认为地址是用来描述某一个确定地理位置的一个句子或者代号。该句子或者代号由一串用以表示某一确定的地理实体准确地理方位的字符串组成,字符串包括了行政区划名、街巷名、小区名(自然村名)、门(楼)址牌号、兴趣点名、标志物名等描述。当然,每一个有效的地址字符串组成都是独一无二的,有效的地址可以帮助准确地找到某一个地理实体。具体地址组成如下:

地址	行政区划名	街巷名	小区名(自然村名)	门(楼)址牌号	兴趣点名	标志物名

●行政区划名。主要用于表示地址的行政级别,描述了地址所属于的五级行政区划范围:省级、地(市)级、区(县)级、街道(镇)级、社区(村)级。

●街巷名。主要指在城、乡、镇上的街道、道路等通行的区域名称的文字描述,以便确定街道、道路等范围,街巷的常用名称比较多:路、大道、道、大街、巷、胡同、条、里等。

●小区名(自然村名)。主要是对住宅小区、社区等规范名称文字描述,常用名有区、园、庄、墅、小区、社区、公寓、公馆等,或自然村名,主要是对村的规范名称文字描述。

●门(楼)址牌号。主要是对建筑物的街道门址以及小区或者居民院落的门牌编号描述,可以利用门(楼)址牌号来区分街道、道路上的每一个建筑,或者门面。

●兴趣点名。主要指在某个明确的地理范围内对某个兴趣点的标准规范的文字描述,一个兴趣点可以是一栋房子、一个商铺、一个邮筒、一个公交站、一个学校等。兴趣点名可以看成是对地址的一个补充信息,主要用途是对事物或事件的地址进行进一步描述。

●标志物名。这是对某一个具体的、有着实际方位的此类建筑物标准规范的文字描述,可以是医院、学校、研究院、景区名字等,也可以是商场、博物馆、广场或者机场、火车站、公交站等交通运输场所或站点。

由此可知,地名地址数据就是以上述方式表达地理实体位置属性结构化描述,是地理实体数据与其他专题数据进行匹配关联的媒介与桥梁。也就是说,地理实体数据中没有其他专题数据(如某个建筑物的结果和属性描述)描述,而其他专题数据中没有地理实体数据(如地理坐标描述)描述,通过地名地址数据,就可实现它们之间的关联,从而进行互动。

7.4.2　地名地址数据结构

标准地名地址模型采用分段组合的方式描述,由标识号、地名描述、地址描述、时间描述构成,其数据结构描述如下:

地名地址标识号	地名描述	地址描述	时间描述

其中,地名描述、时间描述与矢量地图数据结构中的地理地名、地理时间描述一致,地址描述与上面描述一致。

地址描述	行政区划名	街巷名	小区名(自然村名)	门(楼)址牌号	兴趣点名	标志物名

如对宁波鼓楼花园小区地名地址的描述:

1	宁波鼓楼花园小区	地址描述	2020.12

地址描述	宁波市海曙区鼓楼街道	中山社区县前街＊＊弄	花园小区	中山西路 112 号	中山菜场	鼓楼

7.4.3　地名地址数据库管理

地名地址数据库就是按照上述地名地址数据结构,以矢量方式存储在计算机中的地名地址数据及相应数据管理系统的集合,采用的是关系型数据库管理系统。

7.5　应急感知数据库

7.5.1　社交感知数据

(1)社交感知数据概念

社交感知数据产生的都是非结构化数据,这些非结构化数据种类包括文本、多媒体、邮件、Web格式、日志、社交网络、地理位置等。

（2）社交感知数据结构

基于上述社交感知数据描述，可设计出社交感知数据的数据结构：

标识号	地名描述	地址描述	时间描述	社交感知数据指针			

社交感知数据指针	文本数据描述	多媒体数据描述	邮件数据描述	Web格式数据描述	日志数据描述	社交网络数据描述	地理位置数据描述

其中：

●标识号：社交感知数据记录编号。

●地名描述：无。

●地址描述：无。

●时间描述：产生所有社交感知数据记录的时间信息描述（年、月、日）。

●文本数据描述：包括自由格式文本、规范格式文本、电子表格、演示文稿、PDF等。

●多媒体数据描述：包括照片、图片、图形、图像、动画、音频、视频等。

●邮件数据描述：E-mail消息（.eml）文件。

●Web格式数据描述：包括文本格式HTML、图形格式XML、地理图形格式GML等。

●日志数据描述：包括系统日志数据。

●社交网络数据描述：包括社交媒体网络图数据。

●地理位置数据描述：社交媒体中有关地理位置数据的描述。

（3）社交感知数据库管理

社交感知数据库就是按照上述社交感知数据结构，以矢量方式存储在计算机中的社交感知数据及相应数据管理系统的集合，采用专业的非关系数据库软件进行管理，具体包括HDFS、NoSQL、NewSQL等。

7.5.2　群智感知数据

（1）群智感知数据概念

群智感知数据产生的都是非结构化数据，这些非结构化数据种类包括文本、多媒体、社交网络、地理位置等。

（2）群智感知数据结构

基于上述群智感知数据，可设计出存储群智感知数据的数据结构：

标识号	地名描述	地址描述	时间描述	群智感知数据指针			

群智感知数据指针	文本数据描述	多媒体数据描述	社交网络数据描述	地理位置数据描述

其中：

●标识号：群智感知数据记录编号。

●地名描述：无。

●地址描述：无。

●时间描述：产生所有群智感知数据记录的时间信息描述(年、月、日)。

●文本数据描述：包括自由格式文本、规范格式文本、电子表格、演示文稿、PDF 等。

●多媒体数据描述：包括照片、图片、图形、图像、动画、音频、视频等。

●社交网络数据描述：包括社交媒体网络图数据。

●地理位置数据描述：包括社交媒体中有关地理位置数据的描述。

(3)群智感知数据库管理

群智感知数据库就是按照上述群智感知数据结构，以矢量方式存储在计算机中的群智感知数据及相应数据管理系统的集合，采用专业的非关系数据库软件进行管理，具体包括 HDFS、NoSQL、NewSQL 等。

7.5.3　视频感知数据

(1)视频感知数据概念

视频感知产生的都是模拟视频数据、数字视频数据，它们均是大量的非结构化、半结构化数据和少数结构化数据。

(2)视频感知数据结构

基于上述视频感知数据，可设计出视频感知数据的数据结构：

标识号	地理位置描述	地名描述	地址描述	时间描述	视频感知非结构化数据指针	视频感知半结构化数据指针	视频感知结构化数据指针

视频感知非结构化数据指针	照片数据描述	音频数据描述	视频数据描述

视频感知半结构化数据指针	人脸建模数据描述	指纹记录数据描述

视频感知结构化数据指针	报警记录数据描述	日志记录数据描述	运维记录数据描述

其中：

●标识号：视频感知数据记录编号。

●地理位置描述：视频摄像头所处地理位置的(X,Y)坐标描述。

●地名描述:视频摄像头所处地理位置的地名描述。

●地址描述:视频摄像头所处地理位置的地址描述。

●时间描述:产生所有视频感知数据记录的时间信息描述(年、月、日)。

●视频感知非结构化数据指针:主要包括照片、音频、视频等数据描述。

●视频感知半结构化数据指针:主要包括如人脸建模、指纹记录等数据描述。

●视频感知结构化数据指针:主要包括报警记录、日志记录、运维记录等数据描述。

(3)视频感知数据库管理

视频感知数据主要是非结构化和半结构化数据,必须采用专业的非关系数据库软件进行管理,具体包括 HDFS、NoSQL、NewSQL 等。视频感知数据有少部分结构化数据,必须采用专业的关系数据库软件进行管理。

7.5.4　传感器感知数据

(1)传感器感知概念

传感器产生的都是以各种传感设备收集和测量的实时状态数据和累加数据,它们均是结构化数据。

(2)传感器感知数据结构

基于传感器感知数据,可设计出传感器感知数据的数据结构:

标识号	地理位置描述	地名描述	地址描述	时间描述	传感器种类描述	实时状态数据	累加数据

其中:

●标识号:传感器感知数据记录编号。

●地理位置描述:传感器所处地理位置的(X,Y)坐标描述。

●地名描述:传感器所处地理位置的地名描述。

●地址描述:传感器所处地理位置的地址描述。

●时间描述:传感器产生的感知数据记录的时间序列描述(年、月、日)。

●传感器数据描述:类型可分为热敏传感器、光敏传感器、气敏传感器、力敏传感器、磁敏传感器、湿敏传感器、声敏传感器、放射线敏传感器、色敏传感器等。

●实时状态数据:表示传感器某个时刻的运行状态数据,例如感知温度、光、气体、力、磁场、湿度、声音、色彩、放射线等的运行状态。

●累加数据:表示传感器一定范围内数据累加量描述,例如温度、光、气体、力、磁场、湿度、声音、色彩、放射线等数量指标。

（3）传感器感知数据库管理

传感器感知数据库就是按照上述传感器感知数据结构，以矢量方式存储在计算机中的传感器感知数据及相应数据管理系统的集合，采用专业的关系数据库软件进行管理。

7.5.5 车(船)感知数据

（1）车(船)感知数据概念

车(船)感知指的是各专业通过车辆或船只自身携带的各种传感器设备，用于智能感知采集各种应急数据，包含大量的非结构化和结构化数据。

（2）车(船)感知数据结构

基于上述车(船)感知数据，可设计出车(船)感知数据的数据结构：

标识号	地理位置描述	地名描述	地址描述	时间描述	车(船)感知结构化数据指针	车(船)感知非结构化数据指针

车(船)感知结构化数据指针	传感器数据描述	RFID 数据描述	条形码数据描述

车(船)感知非结构化数据指针	CCD 相机数据描述	扫描雷达仪数据描述

其中：

● 标识号：车(船)感知数据记录编号。

● 地理位置描述：车(船)所处地理位置的(X,Y)坐标描述，通过加速计、陀螺仪、无线定位系统、电子罗盘、INS（惯性导航系统）、GNSS、指南针等定位设备产生。

● 地名描述：无。

● 地址描述：无。

● 时间描述：车(船)产生的感知数据记录的时间信息述（年、月、日）。

● 传感器数据描述：热敏传感器、光敏传感器、气敏传感器、力敏传感器、磁敏传感器、湿敏传感器、声敏传感器、放射线敏传感器、色敏传感器等产生的感知数据描述。

● RFID 数据描述：感应式电子晶片或近接卡、感应卡、非接触卡、电子标签、电子条码等 RFID 产生的数据描述。

● 条形码数据描述：一维、二维条形码产生的数据描述。

● CCD 相机数据描述。CCD 相机拍摄的图片、音频和视频数据描述。

● 扫描雷达仪数据描述：扫描雷达仪扫描的激光点云数据描述。

（3）车载感知数据库管理

车载感知数据库就是按照上述车载感知数据结构，以矢量、图像、音频、视频等方式存储在计算机中的车载感知数据及相应数据管理系统的集合，结构化数据采用的是关系型数据库管理系统，非结构化数据采用的是非关系型数据库管理系统。

7.5.6　航空感知数据

（1）航空感知数据概念

航空感知产生的都是单色、多色、高光谱、红外、SAR 或 InSAR 雷达、微波、激光测高、重力等遥感影像数据，它们均是大量的非结构化数据。

（2）航空感知数据结构

基于上述航空感知数据，可设计出存储航空感知数据的数据结构：

标识号	地理位置描述	地名描述	地址描述	时间描述	遥感影像数据描述

其中：

●标识号：标识航空感知遥感影像记录的编号。

●地理位置描述：航空器所处地理位置的(X,Y,Z)坐标描述，通过 INS（惯性导航系统）、GNSS 等定位设备产生。

●地名描述：无。

●地址描述：无。

●时间描述：获取航空感知遥感影像数据的时间信息描述。

●遥感数据描述：获取的单色、多色、高光谱、红外、SAR 或 InSAR 雷达、微波、激光测高等遥感影像数据描述。

（3）航空感知数据库管理

航空感知数据库就是按照上述航空感知数据结构，以图像方式存储在计算机中的航空感知数据及相应数据管理系统的集合，采用的是非关系型数据库管理系统。

7.5.7　航天感知数据

（1）航天感知数据概念

航天感知产生的都是单色、多色、高光谱、红外、SAR 或 InSAR 雷达、微波、激光测高、重力等遥感影像，它们均是大量的非结构化数据。

（2）航天感知数据结构

基于上述航天感知数据，可设计出存储航天感知数据的数据结构：

标识号	地理位置描述	地名描述	地址描述	时间描述	遥感影像数据描述

其中：

●标识号：标识航天感知遥感影像记录的编号。

●地名描述：无。

●地址描述：无。

●地理位置描述：航天器所处地理位置的(X,Y,Z)坐标描述，通过 INS(惯性导航系统)、GNSS 等定位设备产生。

●时间描述：获取航天感知遥感影像数据的时间信息描述。

●遥感数据描述：获取的单色、多色、高光谱、红外、SAR 或 InSAR 雷达、微波、激光测高等遥感影像数据描述。

(3)航天感知数据库管理

航天感知数据库就是按照上述航天感知数据结构,以矢量和图像方式存储在计算机中的航天感知数据及相应数据管理系统的集合,采用的是非关系型数据库管理系统。

7.6　四大基础数据库

包括宏观经济数据库、人口数据库、法人数据库、社会信用数据库等四大基础数据库,它们的具体描述请参考相关资料与文献,在此不一一描述。

为了与其他数据库(地理实体库、地名地址库、应急感知库、多源专业库、多源应急库)中的数据进行集成生成应急实体数据库,必须基于上述四大基础数据库中任意一种的类别数据,以各级行政区划为单位进行重新组织,得到集成后的某一四大基础数据集,其通用的数据结构表示如下：

标识号	地名描述	地址描述	时间描述	某一四大基础数据描述

其中：

●标识号：标识行政区划记录的编号。

●地名描述：无。

●地址描述：行政区划描述。

●时间描述：获取某一四大基础数据的时间信息描述。

7.7　多源专业数据库

包括公安数据库、消防数据库、自规数据库、国土数据库、气象数据库、环保数据库、生态数据库、卫生数据库、安监数据库、住建数据库、交通数据库、民航数据库、海事数据库、农业数据库、水利数据库、城管数据库、人防数据库、民政数据库、人力数据库、发改数据库、物流数据库、旅游数据库、民宗数据库、统计数据库等24种专业数据库,它们的具体描述请参考相关资料与文献,在此不一一描述。

为了与其他数据库(地理实体库、地名地址库、应急感知库、四大基础数据库、多源应急库)中的数据进行集成建设应急实体数据库,必须基于上述专业数据库中任意一种的类别数据,以各级行政区划为单位进行重新组织,得到集成后的某一专业数据集,其通用的数据结构表示如下:

标识号	地名描述	地址描述	时间描述	某一专业数据描述

其中:

- ●标识号:标识行政区划记录的编号。
- ●地名描述:无。
- ●地址描述:行政区划描述。
- ●时间描述:获取某一专业数据的时间信息描述。

7.8　多源应急数据库

7.8.1　应急法律法规数据库

(1)应急法律法规概念

包括中华人民共和国突发事件应对法、突发事件应对有关行政法规、突发事件应对有关地方性法规、突发事件应对有关部门规章、突发事件应对有关地方政府规章、其他突发事件应对有关法律法规。

(2)应急法律法规数据结构

应急法律法规数据结构设计如下:

标识号	地名描述	地址描述	时间描述	应急法律法规指针

应急法律法规指针	应急法律法规描述	应急技术规范描述	应急规章制度描述

其中:

- ●标识号:以时间描述标识的应急法律法规记录编号。
- ●地名描述:无。
- ●地址描述:无。
- ●时间描述:应急法律法规的时间描述。

●应急法律法规指针:指向应急法律法规、应急技术规范、应急规章制度的描述。

(3)应急法律法规数据库管理

应急法律法规数据库就是按照上述应急法律法规数据结构,以文本方式存储在计算机中的应急法律法规数据及相应数据管理系统的集合,采用的是关系型数据库管理系统。

7.8.2 应急数字预案数据库

(1)应急数字预案概念

应急预案类别包括国家级、省部级、市级、县级、基层级、建制级、专业级等应急预案,每类应急预案又可分为总体、综合、专项、部门、现场处置、重大活动以及其他等。

(2)应急数字预案数据结构

应急数字预案数据结构设计如下:

标识号	地名描述	地址描述	时间描述	应急预案类别指针		

应急预案类别指针	国家级应急数字预案描述	省部级应急数字预案描述	市级应急数字预案描述	县级应急数字预案描述	基层级应急数字预案描述	建制级应急数字预案描述	专业级应急数字预案描述

其中:

●标识号:以地址描述中的行政区划标识应急数字预案记录编号。
●地名描述:行政区划地名描述。
●地址描述:行政区划描述。
●时间描述:应急数字预案的时间描述。
●应急预案类别指针:指向国家级、省部级、市级、县级、基层级、建制级、专业级等应急预案的描述。

(3)应急数字预案数据库管理

应急数字预案数据库就是按照上述应急数字预案数据结构,以文本方式存储在计算机中的应急数字预案数据及相应数据管理系统的集合,采用的是关系型数据库管理系统。

7.8.3 应急突发事件数据库

(1)应急突发事件概念

突发公共事件是指突然发生,造成或者可能严重社会危害,需要采取应急处置措施予以应对的自然灾害、事故灾难、公共卫生事件和社会安全事件。

（2）应急突发事件数据结构

应急突发事件数据结构设计如下：

标识号	地名描述	地址描述	时间描述	应急突发事件指针

应急突发事件指针	自然灾害描述	事故灾难描述	公共卫生事件描述	社会安全事件描述

其中：

● 标识号：以地址描述中的行政区划标识应急突发事件记录编号。

● 地名描述：行政区划地名描述。

● 地址描述：行政区划描述。

● 时间描述：应急突发事件的时间描述。

● 应急突发事件指针：指向自然灾害、事故灾难、公共卫生事件、社会安全事件的描述。

（3）应急突发事件数据库管理

应急突发事件数据库就是按照上述应急突发事件数据结构，以文本方式存储在计算机中的应急突发事件数据及相应数据管理系统的集合，采用的是关系型数据库管理系统。

7.8.4　应急风险隐患数据库

（1）应急风险隐患概念

应急风险隐患是在一定触发因素的作用下，具有潜在危险，可造成人员伤亡、财产遭到重大损失或环境污染严重等严重后果，导致突发事件发生的重大危险源，可分为自然灾害、事故灾难、公共卫生事件、社会安全事件等风险隐患。

（2）应急风险隐患数据结构

因此，应急风险隐患数据结构设计如下：

标识号	地名描述	地址描述	时间描述	应急风险隐患指针

应急风险隐患指针	自然灾害风险隐患描述	事故灾难风险隐患描述	公共卫生事件风险隐患描述	社会安全事件风险隐患描述

其中：

● 标识号：以地址描述中的行政区划标识应急风险隐患记录编号。

● 地名描述：行政区划地名描述。

● 地址描述：行政区划描述。

●时间描述：应急风险隐患的时间描述。

●应急风险隐患指针：指向自然灾害、事故灾难、公共卫生事件、社会安全事件的应急风险隐患描述。

（3）应急风险隐患数据库

应急风险隐患数据库就是按照上述应急风险隐患数据结构，以矢量文本方式存储在计算机中的应急风险隐患数据及相应数据管理系统的集合，采用的是关系型数据库管理系统。

7.8.5　应急防护目标数据库

（1）应急防护目标概念

参照《国家应急平台体系信息资源分类与编码规范》，应急重点防护目标包括重要部位、关键基础设施、其他等防护目标。

（2）应急防护目标数据结构

应急防护目标数据结构设计如下：

标识号	地名描述	地址描述	时间描述	应急防护目标指针

应急防护目标指针	重要部位描述	关键基础描述	其他描述

其中：

●标识号：以地址描述中的行政区划标识应急防护目标记录编号。

●地名描述：行政区划地名描述。

●地址描述：行政区划描述。

●时间描述：应急防护目标的时间描述。

●应急防护目标指针：指向重要部位、关键基础、其他等的应急防护目标描述。

（3）应急防护目标数据库管理

应急防护目标数据库就是按照上述应急防护目标数据结构，以文本方式存储在计算机中的应急防护目标数据及相应数据管理系统的集合，采用的是关系型数据库管理系统。

7.8.6　应急预测预警数据库

（1）应急预测预警概念

应急预测预警是一种早期警示，是指在突发事件发生之前，根据以往总结的规律、预测的概率或观测得到的可能性前兆，向相关部门发出紧急信号，报告危险情况,以避免危害在不知情或准备不足的情况下发生,从而最大程度地减轻危害所造成损失的行为。

(2)应急预测预警数据结构

应急预测预警数据结构设计如下:

标识号	地名描述	地址描述	时间描述	应急预测预警指针

应急预测预警指针	应急预测描述	应急预警描述

其中:

● 标识号:以地址描述中的行政区划标识应急防护目标记录编号。

● 地名描述:行政区划地名描述。

● 地址描述:行政区划描述。

● 时间描述:应急预测预警的时间描述。

● 应急预测预警指针:指向应急预测、应急预警的描述。

(3)应急预测预警数据库管理

应急预测预警数据库就是按照上述应急预测预警数据结构,以文本方式存储在计算机中的应急预测预警数据及相应数据管理系统的集合,采用的是关系型数据库管理系统。

7.8.7　应急值班接报数据库

(1)应急值班接报概念

应急值班接报工作是确保政令畅通、信息及时报告的关键环节,是有效应对和处置突发事件、维护社会稳定的重要保障,包含了应急值班、应急接报等。

(2)应急值班接报数据结构

应急值班接报数据结构设计如下:

标识号	地名描述	地址描述	时间描述	应急值班接报指针

应急值班接报指针	应急值班描述	应急接报描述

其中:

● 标识号:以地址描述中的行政区划标识应急值班接报记录编号。

● 地名描述:行政区划地名描述。

● 地址描述:行政区划描述。

● 时间描述:应急值班接报的时间描述。

● 应急值班接报指针:指向应急值班、应急接报的描述。

（3）应急值班接报数据库管理

应急值班接报数据库就是按照上述应急值班接报数据结构，以文本方式存储在计算机中的应急值班接报数据及相应数据管理系统的集合，采用的是关系型数据库管理系统。

7.8.8　应急组织机构数据库

（1）应急组织机构概念

应急组织机构就是应对各种突发事件而成立的领导机构。参照《国家应急平台体系信息资源分类与编码规范》，应急组织机构包括：领导机构、办事机构、指挥和综合协调机构。

（2）应急组织机构数据结构

应急组织机构数据结构设计如下：

标识号	地名描述	地址描述	时间描述	应急组织机构指针

应急组织机构指针	领导机构描述	办事机构描述	指挥和综合协调机构描述

其中：

- ●标识号：以地址描述中的行政区划标识应急组织机构记录编号。
- ●地名描述：行政区划地名描述。
- ●地址描述：行政区划描述。
- ●时间描述：应急组织机构的时间描述。
- ●应急组织机构指针：指向领导机构、办事机构、指挥和综合协调机构的描述。

（3）应急组织机构数据库管理

应急组织机构数据库就是按照上述应急组织机构数据结构，以文本方式存储在计算机中的应急组织机构数据及相应数据管理系统的集合，采用的是关系型数据库管理系统。

7.8.9　应急信息发布数据库

（1）应急信息发布概念

应急信息发布是指由法定的行政机关依照法定程序，将其在行使应急管理职能过程中所获得或拥有的突发事件信息，以便于知晓的形式主动向社会公众公开的活动。应急信息发布的主体是法定行政机关，信息发布的客体是广大的社会公众，信息发布的内容是有关突发事件的信息，信息发布的形式是行政机关主动向社会公众公开。应急信息发布内容包括：突发公共事件发生、突发公共事件处置、突发公共事件善后。

（2）应急信息发布数据结构

应急信息发布数据结构设计如下：

标识号	地名描述	地址描述	时间描述	应急信息发布指针

应急信息发布指针	突发公共事件发生描述	突发公共事件处置描述	突发公共事件善后描述

其中：

●标识号：以地址描述中的行政区划标识应急信息发布记录编号。

●地名描述：行政区划地名描述。

●地址描述：行政区划描述。

●时间描述：应急信息发布的时间描述。

●应急信息发布指针：指向突发公共事件发生、突发公共事件处置、突发公共事件善后的描述。

（3）应急信息发布数据库管理

应急信息发布数据库就是按照上述应急信息发布数据结构，以文本方式存储在计算机中的应急信息发布数据及相应数据管理系统的集合，采用的是关系型数据库管理系统。

7.8.10　应急救援力量数据库

（1）应急救援力量概念

应急救援力量就是包括县级以上政府部门建立或确定的综合性的应急救援队伍，各部门、各专业领域建立的应急救援队伍。参照《国家应急平台体系信息资源分类与编码规范》，应急救援力量包括：军队应急救援力量、武警应急救援力量、公安应急救援力量、专业应急救援力量、专家应急救援力量。

（2）应急救援力量数据结构

应急救援力量数据结构设计如下：

标识号	地名描述	地址描述	时间描述	应急救援力量指针

应急救援力量指针	军队应急救援力量描述	武警应急救援力量描述	公安应急救援力量描述	专业应急救援力量描述	专家应急救援力量描述

其中：

●标识号：以地址描述中的行政区划标识应急救援力量记录编号。

● 地名描述:行政区划地名描述。

● 地址描述:行政区划描述。

● 时间描述:应急救援力量的时间描述。

● 应急救援力量指针:指向军队、武警、公安、专业、专家等应急救援力量的描述。

(3)应急救援力量数据库管理

应急救援力量数据库就是按照上述应急救援力量数据结构,以文本方式存储在计算机中的应急救援力量数据及相应数据管理系统的集合,采用的是关系型数据库管理系统。

7.8.11 应急咨询专家数据库

(1)应急咨询专家概念

参照《国家应急平台体系信息资源分类与编码规范》,应急咨询专家包括:自然灾害类咨询专家、事故灾难类咨询专家、公共卫生事件类咨询专家、社会安全事件类咨询专家。

(2)应急咨询专家数据结构

应急咨询专家数据结构设计如下:

标识号	地名描述	地址描述	时间描述	应急咨询专家指针

应急咨询专家指针	自然灾害类咨询专家描述	事故空难类咨询专家描述	公共卫生事件类咨询专家描述	社会安全事件类咨询专家描述

其中:

● 标识号:以地址描述中的行政区划标识应急咨询专家记录编号。

● 地名描述:行政区划地名描述。

● 地址描述:行政区划描述。

● 时间描述:应急咨询专家的时间描述。

● 应急咨询专家指针:指向自然灾害类、事故空难类、公共卫生事件类、社会安全事件类等咨询专家的描述。

(3)应急咨询专家数据库管理

应急咨询专家数据库就是按照上述应急咨询专家数据结构,以文本方式存储在计算机中的应急咨询专家数据及相应数据管理系统的集合,采用的是关系型数据库管理系统。

7.8.12　应急医疗资源数据库

（1）应急医疗资源概念

参照《国家应急平台体系信息资源分类与编码规范》，应急医疗卫生资源包括：医疗机构、疾病预防控制中心（防疫站）、卫生监督所（局）、医学科学研究机构、医疗设备和药品及其他。

（2）应急医疗资源数据结构

应急医疗资源数据结构设计如下：

标识号	地名描述	地址描述	时间描述	应急医疗资源指针

应急医疗资源指针	医疗机构描述	疾病预防控制中心（防疫站）描述	卫生监督所（局）描述	医学科学研究机构描述	医疗设备和药品描述	其他描述

其中：

● 标识号：以地址描述中的行政区划标识应急医疗资源记录编号。

● 地名描述：行政区划地名描述。

● 地址描述：行政区划描述。

● 时间描述：应急医疗资源的时间描述。

● 应急医疗资源指针：指向医疗机构、疾病预防控制中心（防疫站）、卫生监督所（局）、医学科学研究机构、医疗设备和药品、其他等应急医疗资源的描述。

（3）应急医疗资源数据库管理

应急医疗资源数据库就是按照上述应急医疗资源数据结构，以文本方式存储在计算机中的应急医疗资源数据及相应数据管理系统的集合，采用的是关系型数据库管理系统。

7.8.13　应急物资资源数据库

（1）应急物资资源概念

应急物资资源是指为应对自然灾害、事故灾难、公共卫生事件和社会安全事件等突发公共事件应急全过程中所必需的物资资源保障。国家发展和改革委员会已发布的《应急物资分类及产品目录》将应急物资资源分为13类，包括防护用品、生命救助、生命支持、救援运载、临时食宿、污染清理、动力燃料、工程设备、器材工具、照明设备、通信广播、交通运输、工程材料等。

（2）应急物资资源数据结构

应急物资资源数据结构设计如下：

| 标识号 | 地名描述 | 地址描述 | 时间描述 | 应急物资资源指针 | | | | | | | | | |

应急物资资源指针	防护用品描述	生命救助描述	生命支持描述	救援运载描述	临时食宿描述	污染清理描述	动力燃料描述	工程设备描述	器材工具描述	照明设备描述	通信广播描述	交通运输描述	工程材料描述

其中：

●标识号：以地址描述中的行政区划标识应急物资资源记录编号。

●地名描述：行政区划地名描述。

●地址描述：行政区划描述。

●时间描述：应急物资资源的时间描述。

●应急物资资源指针：指向防护用品、生命救助、生命支持、救援运载、临时住宿、污染清理、动力燃料、工程设备、器材工具、照明设备、通信广播、交通运输、工程材料等应急物资资源的描述。

（3）应急物资资源数据库管理

应急救援物资数据库就是按照上述应急救援物资数据结构，以文本方式存储在计算机中的应急救援物资数据及相应数据管理系统的集合，采用的是关系型数据库管理系统。

7.8.14 应急通信资源数据库

（1）应急通信资源概念

应急通信资源一般指在出现人为的或自然的突发性紧急情况通信需求骤增时，综合利用各种通信资源，保障救援、紧急救助和必要通信所需的通信手段和方法，是一种具有暂时性的、为应对自然或人为紧急情况而提供的特殊通信机制，包括互联网、有线通信、无线通信、移动通信、政务通信、卫星通信、紧急通信等通信资源。

（2）应急通信资源数据结构

应急通信资源数据结构设计如下：

| 标识号 | 地名描述 | 地址描述 | 时间描述 | 应急通信资源指针 | | | | |

应急通信资源指针	互联网资源描述	有线通信资源描述	无线通信资源描述	移动通信资源描述	政务通信资源描述	卫星通信资源描述	紧急通信资源描述

其中：

●标识号：以地址描述中的行政区划标识应急通信资源记录编号。

●地名描述:行政区划地名描述。

●地址描述:行政区划描述。

●时间描述:应急通信资源的时间描述。

●应急通信资源指针:指向互联网、有线通信、无线通信、移动通信、政务通信、卫星通信、紧急通信等应急通信资源的描述。

(3)应急通信资源数据库管理

应急通信资源数据库就是按照上述应急通信资源数据结构,以文本方式存储在计算机中的应急通信资源数据及相应数据管理系统的集合,采用的是关系型数据库管理系统。

7.8.15　应急物资运输数据库

(1)应急物资运输概念

应急物资运输是指为应对自然灾害、事故灾难、公共卫生事件和社会安全事件等而对物资、人员、资金的需求进行紧急保障的一种特殊物资运输活动,主要包括应急物资运输站场、应急物资运输设备、应急物资运输机构等。

(2)应急运输资源数据结构

应急运输资源数据结构设计如下:

标识号	地名描述	地址描述	时间描述	应急物资运输资源指针

应急物资运输资源指针	应急物资运输站场描述	应急物资运输设备描述	应急物资运输机构描述

其中:

●标识号:以地址描述中的行政区划标识应急运输资源记录编号。

●地名描述:行政区划地名描述。

●地址描述:行政区划描述。

●时间描述:应急运输资源的时间描述。

●应急运输资源指针:指向应急物资运输站场、应急物资运输设备、应急物资运输机构等应急运输资源的描述。

(3)应急运输资源数据结构

应急运输资源数据库就是按照上述应急运输资源数据结构,以文本方式存储在计算机中的应急运输资源数据及相应数据管理系统的集合,采用的是关系型数据库管理系统。

7.8.16　应急避难场所数据库

(1)应急避难场所概念

应急避难场所是为了人们能在灾害发生后一段时期内,躲避由灾害带来的直接或间接伤害,并能保障基本生活而事先划分的带有一定功能设施的场地。参照《国家应急平台体系信息资源分类与编码规范》,应急避难场所包括场地型避难场所、场所型避难场所、人防工事型避难场所等。

(2)应急避难场所数据结构

应急避难场所数据结构设计如下:

标识号	地名描述	地址描述	时间描述	应急避难场所指针

应急避难场所指针	场地型避难场所描述	场所型避难场所描述	人防工事型避难场所描述

其中:

　●标识号:以地址描述中的行政区划标识应急避难场所记录编号。

　●地名描述:行政区划地名描述。

　●地址描述:行政区划描述。

　●时间描述:应急避难场所的时间描述。

　●应急避难场所指针:指向场地型避难场所、场所型避难场所、人防工事型避难场所等的描述。

(3)应急避难场所数据库管理

应急避难场所数据库就是按照上述应急避难场所数据结构,以文本方式存储在计算机中的应急避难场所数据及相应数据管理系统的集合,采用的是关系型数据库管理系统。

7.8.17　应急航空救援数据库

(1)应急航空救援概念

应急航空救援主要是指依靠直升机、无人机以及机载专业救援设备等航空技术装备和机场地面保障、空中交通管理服务等航空技术手段实施空中救援的行为方式,主要包括空中侦查勘测、空中指挥调度、空中消防灭火、空中紧急输送、空中搜寻救助、空中喷洒消毒、空中应急通信、空中救援力量、空中低空空管等。

(2)应急航空救援数据结构

应急航空救援数据结构设计如下:

标识号	地名描述	地址描述	时间描述	应急航空救援指针

应急航空救援指针	空中侦查勘测描述	空中指挥调度描述	空中消防灭火描述	空中紧急输送描述	空中搜寻救助描述	空中喷洒消毒描述	空中应急通信描述	空中救援力量描述	空中低空空管描述

其中：

● 标识号：以地址描述中的行政区划标识应急航空救援记录编号。

● 地名描述：行政区划地名描述。

● 地址描述：行政区划描述。

● 时间描述：应急航空救援的时间描述。

● 应急航空救援指针：指向空中侦察勘测、空中资源调度、空中消防灭火、空中紧急输送、空中搜寻救助、空中消毒喷洒、空中应急通信、空中救援力量、空中低空空管等的描述。

(3)应急航空救援数据库管理

应急航空救援数据库就是按照上述应急航空基地数据结构，以文本方式存储在计算机中的应急航空救援数据及相应数据管理系统的集合，采用的是关系型数据库管理系统。

7.8.18　应急培训演练数据库

(1)应急培训演练概念

应急培训是一种有组织的应急知识传递、技能传递、标准传递、信息传递、信念传递、管理训诫行为，让受训者通过一定的教育训练技术手段，达到预期的掌握应急知识的目的。应急演练是在事先虚拟的事件(事故)条件下，应急指挥体系中各个组成部门、单位或群体的人员针对假设的特定情况，执行实际突发事件发生时各自职责和任务的排练活动。应急培训演练包括培训演练体系、培训演练基地、培训演练人员、培训演练形式、演练内容、演习内容、指挥训练、心理训练、演练设施等。

(2)应急培训演练数据结构

应急培训演练数据结构设计如下：

标识号	地名描述	地址描述	时间描述	应急培训演练指针

应急培训演练指针	培训演练体系	培训演练基地	培训演练人员	培训演练形式	演练内容	演习内容	指挥训练	心理训练	演练设施

其中：

●标识号:以地址描述中的行政区划标识应急培训演练记录编号。

●地名描述:行政区划地名描述。

●地址描述:行政区划描述。

●时间描述:应急培训演练的时间描述。

●应急培训演练指针:指向培训演练体系、培训演练基地、培训演练人员、培训演练形式、演练内容、演习内容、指挥训练、心理训练、演练设施等的描述。

(3)应急培训演练数据库管理

应急培训演练数据库就是按照上述应急培训演练数据结构,以文本方式存储在计算机中的应急培训演练数据及相应数据管理系统的集合,采用的是关系型数据库管理系统。

7.8.19 应急宣传教育数据库

(1)应急宣传教育概念

应急宣传教育是指针对突发事件及时面向公众开展的相关知识、技术、技能的宣传及教育活动,通过宣传教育应急知识,可以使公众增强应急意识,了解突发事件发生的过程,掌握自我保护的方法,增强突发事件应对能力,提高应急管理技能。其目标是提升公众应对突发事件的处理能力、心理素质和应急素养,最大限度地减少突发事件对人民生命健康、财产安全以及经济、社会的冲击。应急宣传教育主要包括应急知识、应急技能、应急意识、应急心理等。

(2)应急宣传教育数据结构

应急宣传教育数据结构设计如下:

标识号	地名描述	地址描述	时间描述	应急宣传教育指针

应急宣传教育指针	应急知识描述	应急技能描述	应急意识描述	应急心理描述

其中:

●标识号:以地址描述中的行政区划标识应急宣传教育记录编号。

●地名描述:行政区划地名描述。

●地址描述:行政区划描述。

●时间描述:应急宣传教育的时间描述。

●应急宣传教育指针:指向应急知识、应急技能、应急意识和应急心理等的描述。

(3)应急宣传教育数据库管理

应急宣传教育数据库就是按照上述应急宣传教育数据结构,以文本方式存储在计算机中的应急宣传教育数据及相应数据管理系统的集合,采用的是关系型数据库管理系统。

7.8.20 应急财力资金数据库

(1)应急财力资金概念

应急财力资金是各级政府应对各类公共危机事件所采取的财政政策措施和财政管理手段的总称,根据不同来源,可以分成四个部分:财政资金、金融资金、保险资金、捐赠资金。

(2)应急财力资金数据结构

应急资金财力数据结构设计如下:

标识号	地名描述	地址描述	时间描述	应急资金财力指针

应急资金财力指针	财政资金描述	金融资金描述	保险资金描述	捐赠资金描述

其中:

● 标识号:以地址描述中的行政区划标识应急资金财力记录编号。

● 地名描述:行政区划地名描述。

● 地址描述:行政区划描述。

● 时间描述:应急资金财力的时间描述。

● 应急资金财力指针:指向财政资金、金融资金、保险资金、捐赠资金等的描述。

(3)应急财力资金数据库管理

应急财力资金数据库就是按照上述应急财力资金数据结构,以文本方式存储在计算机中的应急财力资金数据及相应数据管理系统的集合,采用的是关系型数据库管理系统。

7.8.21 应急教育科技数据库

(1)应急教育科技概念

应急教育是指针对突发灾害性事件进行的教育,应急科技是指采用科学和技术措施研究突发事件发生之前、之中及之后整个周期过程的全方位、系统性防范与应对的规律、策略。主要包括学校类型、人才培养种类、学科建设、科研机构类型、科学研究内容、证书与认证、国际合作方式等。

(2)应急教育科技数据结构

应急教育科技数据结构设计如下:

标识号	地名描述	地址描述	时间描述	应急教育科技指针

应急教育科技指针	学校类型描述	人才培养种类描述	学科建设描述	科研机构类型描述	科学研究内容描述	证书与认证描述	国际合作方式描述

其中：

● 标识号：以地址描述中的行政区划标识应急教育科技记录编号。

● 地名描述：行政区划地名描述。

● 地址描述：行政区划描述。

● 时间描述：应急教育科技的时间描述。

● 应急教育科技指针：指向学校类型、人才培养种类、学科建设、科研机构类型、科学研究内容、证书与认证、国际合作方式等的描述。

（3）应急教育科技数据库管理

应急教育科技数据库就是按照上述应急教育科技数据结构，以文本方式存储在计算机中的应急教育科技数据及相应数据管理系统的集合，采用的是关系型数据库管理系统。

7.8.22 应急灾害产业数据库

（1）应急灾害产业概念

应急灾害产业是指为满足应对各类突发事件的需求，保障人民生命财产安全和社会稳定，向国家和社会公众提供各种应急功能产品和服务的各类社会经济主体的集合。主要包括应急服务产业、应急制造产业、应急软件产业、应急产品经销产业等。

（2）应急灾害产业数据结构

应急灾害产业数据结构设计如下：

标识号	地名描述	地址描述	时间描述	应急灾害产业指针

应急灾害产业指针	应急服务产业描述	应急制造产业描述	应急软件产业描述	应急产品经销产业描述

其中：

● 标识号：以地址描述中的行政区划标识应急灾害产业记录编号。

● 地名描述：行政区划地名描述。

● 地址描述：行政区划描述。

● 时间描述：应急灾害产业的时间描述。

●应急灾害产业指针:指向应急服务产业、应急制造产业、应急软件产业、应急产品经销产业等的描述。

(3)应急灾害产业数据库管理

应急灾害产业数据库就是按照上述应急教育科技数据结构,以文本方式存储在计算机中的应急灾害产业数据及相应数据管理系统的集合,采用的是关系型数据库管理系统。

7.8.23 应急综合文档数据库

(1)应急综合文档概念

应急文件是组织在其工作形成、接收和保存的所有记录的信息,应急档案是组织在其工作中直接形成的有保存价值的历史记录,应急资料则是组织通过购买、赠送、交换转换等途径获得的、供其工作参考的信息材料。应急文件、应急档案、应急资料统称为应急综合文档,包括党群类、行政类、技术类、设备类、财会类、实物类、声像类等。

(2)应急综合文档数据结构

应急综合文档数据结构设计如下:

标识号	地名描述	地址描述	时间描述	应急综合文档指针

应急综合文档指针	党群类描述	行政类描述	技术类描述	设备类描述	财会类描述	实物类描述	声像类描述

其中:

●标识号:以地址描述中的行政区划标识应急综合文档记录编号。

●地名描述:行政区划地名描述。

●地址描述:行政区划描述。

●时间描述:应急综合文档的时间描述。

●应急综合文档指针:指向党群类、行政类、技术类、设备类、实物类、声像类等的描述。

(3)应急综合文档数据库管理

应急综合文档数据库就是按照上述应急教育科技数据结构,以文本方式存储在计算机中的应急综合文档数据及相应数据管理系统的集合,采用的是关系型数据库管理系统。

7.8.24　应急决策案例数据库

(1)应急决策案例概念

案例表示属于知识表示的一种,是在以往的各种知识表示上的一种抽象,即案例是逻辑上的概念。案例表示也必须基于现有的各种知识表示,比较常见有框架、面向对象、产生式、语义网、决策树等。应急决策案例的表示即选用此种表示方法,主要内容包括案例基本信息、案例扩展信息、案例关联信息等。

(2)应急决策案例数据结构

应急决策案例数据结构设计如下:

标识号	地名描述	地址描述	时间描述	应急决策案例指针

应急决策案例指针	案例基本信息描述	案例扩展信息描述	案例关联信息描述

其中:

- ●标号:以地址描述中的行政区划标识应急决策案例记录编号。
- ●地名描述:行政区划地名描述。
- ●地址描述:行政区划描述。
- ●时间描述:应急决策案例的时间描述。
- ●应急决策案例指针:指向案例基本信息、案例扩展信息、案例关联信息等的描述。

(3)应急决策案例数据库管理

应急决策案例数据库就是按照上述应急决策案例数据结构,以文本方式存储在计算机中的应急决策案例数据及相应数据管理系统的集合,采用的是关系型数据库管理系统。

7.8.25　应急决策模型数据库

(1)应急决策模型概念

应急决策模型是对一切突发公共事件及其运动形态的特征和变化规律的一种定量抽象,它能在所研究的主题范围内更普遍、更集中、更深刻地描述突发公共事件的特征。突发事件决策模型常用某种特定形式如文字、语言、图表、事物或数学公式来表示,主要包括数值分析型、经验推导型、图形模型、图像模型、报表模型等。

(2)应急决策模型数据结构

应急决策模型数据结构设计如下:

标识号	地名描述	地址描述	时间描述	应急决策模型指针

应急决策模型指针	数值分析型描述	经验推导型描述	图形模型描述	图像模型描述	报表模型描述

其中:

●标识号:以时间描述中的时间标识应急决策案例记录编号。

●地名描述:无。

●地址描述:无。

●时间描述:应急决策模型的时间描述。

●应急决策模型指针:指向数值分析型、经验推导型、图形模型、图像模型、报表模型等的描述。

(3)应急决策模型数据库管理

应急决策模型数据库就是按照上述应急决策模型数据结构,以文本方式存储在计算机中的应急决策模型数据及相应数据管理系统的集合,采用的是关系型数据库管理系统。

7.8.26　应急决策算法数据库

(1)应急决策算法概念

算法一般是指一系列解决问题的清晰指令,其代表的仅仅是用系统的方法描述解决问题的策略机制。算法最典型的特征就是自主性。应急决策算法分别为:算法理论描述、算法类型描述、算法接口描述、算法调用描述、算法测试文档等。

(2)应急决策算法数据结构

应急决策算法数据结构设计如下:

标识号	地名描述	地址描述	时间描述	应急决策算法指针

应急决策算法指针	算法理论描述	算法类型描述	算法接口描述	算法调用描述	算法测试描述

其中:

●标识号:以时间描述中的时间标识应急决策算法记录编号。

●地名描述:无。

●地址描述:无。

●时间描述:应急决策算法的时间描述。

●应急决策算法指针:指向算法理论、算法类型、算法接口、算法调用、算法测试等的描述。

(3)应急决策算法数据库管理

应急决策算法数据库就是按照上述应急决策算法数据结构,以文本方式存储在计算机中的应急决策算法数据及相应数据管理系统的集合,采用的是关系型数据库管理系统。

7.8.27 应急决策方法数据库

(1)应急决策方法概念

应急决策活动中,常遇到信息不全,数据、状态不确定,缺乏规则的程序与方法。对于这类结构不良或非定量的决策问题,传统的数学方法不能为其建模和提供有效的方法进行求解。因此,有必要突破纯数学模型的限制。扩充的方法称为"应急决策方法"。应急决策方法是能完成预定功能的程序单位,完成的功能不仅有数值计算,而且也包括控制数据加工流程、传送及转换数据、造表作图等非数值处理功能,主要包括系统程序方法、用户程序方法、命令方法、表格方法、图形图像方法、视频音频方法、菜单方法、窗口方法等。

(2)应急决策方法数据结构

应急决策方法数据结构设计如下:

标识号	地名描述	地址描述	时间描述	应急决策方法指针

应急决策方法指针	系统程序方法描述	用户程序方法描述	命令方法描述	表格方法描述	图形图像方法描述	视频音频方法描述	菜单方法描述	窗口方法描述

其中:

●标识号:以时间描述中的时间标识应急决策方法记录编号。

●地名描述:无。

●地址描述:无。

●时间描述:应急决策方法的时间描述。

●应应急决策方法指针:指向系统程序、用户程序、命令方法、表格方法、图形图像方法、视频音频方法、菜单方法、窗口方法等的描述。

(3)应急决策方法数据库管理

应急决策方法数据库就是按照上述应急决策方法数据结构,以文本方式存储在计算机中的应急决策方法数据及相应数据管理系统的集合,采用的是关系型数据库管理系统。

7.8.28　应急决策指标数据库

（1）应急决策指标概念

应急决策指标是反映统计总体的数量特征，一般由一系列相关或相互独立的指标形成一个指标体系，来进行综合衡量和评价应急管理工作，从而形成应急决策，主要包括应急准备过程指标、应急响应过程指标、应急处置过程指标、应急保障过程指标、应急善后过程指标。针对上述应急准备、响应、处置、保障、善后等过程中每个一级指标，可设计出二级、三级等衍生指标。

（2）应急决策指标数据结构

应急决策指标数据结构设计如下：

标识号	地名描述	地址描述	时间描述	应急决策指标指针		
应急决策 指标指针	应急准备过程 指标描述	应急响应 过程描述	应急处置 过程描述	应急保障 过程描述	应急善后 过程描述

其中：

● 标识号：以时间描述中的时间标识应急决策指标记录编号。

● 地名描述：无。

● 地址描述：无。

● 时间描述：应急决策指标的时间描述。

● 应急决策指标指针：指向应急准备、应急响应、应急处置、应急保障、应急善后等过程指标的描述。

（3）应急决策指标数据库管理

应急决策指标数据库就是按照上述应急决策指标数据结构，以文本方式存储在计算机中的应急决策指标数据及相应数据管理系统的集合，采用的是关系型数据库管理系统。

7.8.29　应急决策知识数据库

（1）应急决策知识概念

在当前大数据背景下，大多数应急决策面临着"知识海洋"和"知识匮乏"的双重困境，很难从中快速获取并有效利用相关知识，这使得决策过程效率低下。通过构建应急决策知识可以有效解决这个问题，从而降低突发事件造成的损失与负面影响。根据所表达的内容知识，应急决策知识主要包括概念性知识、事实性知识、过程性知识、规则性知识、控制性知识、行为性知识、类比性知识、实例性知识等。

（2）应急决策知识数据结构

应急决策知识数据结构设计如下：

标识号	地名描述	地址描述	时间描述	应急决策知识指针

应急决策知识指针	概念性知识描述	事实性知识描述	过程性知识	规则性知识	控制性知识	行为性知识描述	类比性知识描述	实例性知识描述

其中：

●标识号：以时间描述中的时间标识应急决策知识记录编号。

●地名描述：无。

●地址描述：无。

●时间描述：应急决策知识的时间描述。

●应急决策知识指针：指向概念性知识、事实性知识、过程性知识、规则性知识、控制性知识、行为性知识、类比性知识、实例性知识等的描述。

（3）应急决策知识数据库管理

应急决策知识数据库就是按照上述应急决策知识数据结构，以文本方式存储在计算机中的应急决策知识数据及相应数据管理系统的集合，采用的是关系型数据库管理系统。

7.9 应急实体数据库

7.9.1 应急实体概念

地理实体数据结构中，每个目标号都具有地名描述和时间描述（主要关键字），间接的有地址描述（主要指行政区划、次要关键字）。应急感知数据结构、四大基础数据结构、多源专业数据结构、多源应急数据结构中，每个目标号具有地名描述、时间描述（次要关键字）和地址描述（主要关键字）。两者之间具有描述不同但内容相似的共同关键字，要使这两者发生关联，就必须通过地名、地址数据库中的地名、地址数据进行处理，因为地名地址数据结构中的每个目标号也都具有地名描述、时间描述（次要关键字）和地址描述（主要关键字）。地名和地址数据，尤其是地址数据，是应急感知数据、四大基础数据、多源专业数据、多源应急数据与地理实体数据关联的纽带，是生成应急实体数据关键所在。

由此可知，基于地名、地址数据库中的地名和地址数据，地理实体数据可集成应急感知数据、四大基础数据、多源专业数据、多源应急数据，生成应急实体。该应急实体使得地理实体数据具有更多的非地理空间信息——专题信息（应急感知数据、四大基础数据、多源专业数据、多源应急数据)描述,而应急感知数据、四大基础数据、多源专业数据、多源应急数据具有更多的地理空间信息——矢量地图上的地理坐标和空间关系描述。因此,应急实体是一种集成化的数据集合,既有地理实体数据,又有关联的应急感知数据、四大基础数据、多源专业数据、多源应急数据。通过某一地理实体能够方便地查询出对应的应急感知数据、四大基础数据、多源专业数据、多源应急数据,反之也可行。

7.9.2　应急实体预处理

应按照统一的数据治理体系,进行地理实体数据与应急感知数据、四大基础数据、多源专业数据、多源应急数据这两者关联前的一系列预处理操作。

●数据抽取操作。数据抽取是第一个关键环节,需明确数据关联的数据来源、数据格式以及是否存在非结构化的数据等情况,进行数据抽取设计。可将要提取的数据分为三种不同的类型分别加以处理:首先,对于一些遗留的应用和 ETL 工具不支持的异种数据源,采用包装成 Web 服务的方式进行访问和提取;其次,对于一般常见数据库方式存储的数据,采用 ETL 方式进行抽取;最后,对于以文档形式存储的数据,可以通过 FTP 方式抽取。

●数据共享操作。除了可以提供传统的文件和数据库的直接访问方式以外,增加 Web 服务的访问方式,包括数据 Web 服务和集成控制 Web 服务:①数据 Web 服务的功能,以 Web 服务形式提供数据访问以及捕获数据的变化;②集成控制 Web 服务,前面所说的几种数据抽取方式都可以通过调用集成控制 Web 服务的方式实施。

●数据清洗操作。数据清洗工作就是过滤不符合要求的数据。不符合要求的数据有不完整的数据、错误的数据、重复的数据三大类,需提交业务部门及时进行补齐、修正、确认。

●数据融合操作。往往有多个异构的、运行在不同的软硬件平台上的信息系统,这些系统中的数据源彼此独立、相互封闭,使得数据难以融合。数据融合就是把不同来源、格式、特点性质的数据在逻辑上或物理上有机地集中,为全面的数据交换操作奠定基础。

●数据交换操作。通过数据交换平台的模式实现系统之间、不同网络间、异构系统间的数据交换,模式包括定时交换、实时交换,交换的数据类型包括关系型数据库、文本、音频、视频等类型。数据交换平台通过一系列中间件技术对“信息孤岛”进行连接、交互和集成,对各种分布、异构的数据资源进行全局、统一、高效的访问和管理,快速实现不同单位、不同业务系统之间的数据交换。

●数据标识操作。基于共同的地名描述、地址描述、时间描述,将不同种类的数据集进行标识化操作,使得它们具有数据关联的共同关键字。

●数据关联操作。就是将不同种类的、具有共同关键字的多源数据实现关联,进行数据一体化集成操作,使得不同种类的数据能够实现互联、互通、互访问。

7.9.3 应急实体数据结构

由前面章节得知,地理实体数据库中具有地名标识、行政区划标识、缓冲区标识、窗口标识、时间标识的地理实体,但目前只有具有地名标识、行政区划标识、时间标识的地理实体才能与地名地址数据进行关联而生成应急实体。因此,得出如下三种应急实体数据结构:

地名标识应急实体	点目标号集合、线目标号集合、面目标号集合	应急专题数据指针

行政区划标识应急实体	点目标号集合、线目标号集合、面目标号集合	应急专题数据指针

时间标识应急实体	点目标号集合、线目标号集合、面目标号集合	应急专题数据指针

应急专题数据指针	应急感知数据描述	四大基础数据描述	多源专业数据描述	多源应急数据描述

其中,点目标号、线目标号、面目标号的数据结构描述同上。

7.9.4 应急实体数据库管理

应急实体数据库就是按照上述应急实体数据结构,以矢量方式存储在计算机中的应急实体数据及相应数据管理系统的集合。结构化应急实体数据采用的是关系型数据库管理系统,非结构化、半结构化应急实体数据采用的非关系数据库软件进行管理。

7.9.5 应急实体成果表达

基于该应急实体数据库,进行"一张化"处理,就能生成如下"陆地海洋相连、地上地下一体"的应急实体成果表达形式。

●应急实体"一张矢量地图"成果表达。能在矢量地图上直观地展现与地理实体数据相关联的应急感知数据、四大基础数据、多源专业数据、多源应急数据,生成应急实体成果"一张矢量地图"。

●应急实体"一张专题地图"成果表达。能在专题地图上直观地展现与地理实体数据相关联的应急感知数据、四大基础数据、多源专业数据、多源应急数据,生成应急实体成果"一张专题地图"。

●应急实体"一张遥感影像"成果表达。能在遥感影像或实景影像上直观地展现与地理实体数据相关联的应急感知数据、四大基础数据、多源专业数据、多源应急数据,生成应急实体成果"一张遥感影像"。

●应急实体"一张统计表格"成果表达。能在统计表格上直观地展现与地理实体数据相关联的应急感知数据、四大基础数据、多源专业数据、多源应急数据,生成应急实体成果"一张统计表格"。

7.10　数据库分布式更新

作为智慧应急建设的基础数据库,地理数据库、地名地址数据库、应急感知数据库、四大基础数据库、多源专业数据库、多源应急数据库等是智慧应急平台分布式数据库的若干个节点,由各自数据管理单位进行本地存储管理,并且按照"谁生产、谁管理、谁更新"的原则,建立这些分布式数据库的更新机制,根据实际情况开展本单位数据库的维护和更新。作为智慧应急建设的派生数据库,地理实体数据库、应急实体数据库是在上述这些数据库的基础上自动生成的,因此,应由智慧应急平台同步更新地理实体数据库、应急实体数据库。

第8章 应急技术支撑层技术方案及实现

8.1 功能层次架构

智慧应急平台建设极其复杂，需要一系列现代信息技术作为技术支撑，主要包括微服务技术、云计算技术、物联网技术、大数据技术、移动测量技术、时空地理技术、人工智能技术、数据挖掘技术、决策支持技术、VR/AR/MR 技术。基于智慧应急平台总体技术架构，设计出应急技术支撑层的功能层次架构，如图 8-1 所示。

8.2 微服务技术

8.2.1 微服务概念

微服务中的"微"是其独特个性的体现，表示"接口粒度细"。

微服务架构和 SOA 服务架构都是典型的分布式架构，只不过前者的部署粒度更细，服务扩展更灵活。微服务架构＝80％的 SOA 服务架构思想＋100％的组件化架构思想＋80％的领域建模思想。从技术架构的演进角度来看，微服务架构的演进是朝着越来越轻量级、越来越灵活的应用方向发展。微服务架构具有 9 个特性：组件以服务的形式提供、围绕业务功能进行组织、是产品，而不是项目、强化终端与弱化管道、"去中心化"的治理技术、"去中心化"管理数据、"基础设施"自动化、"容错"设计、"演进式"设计。

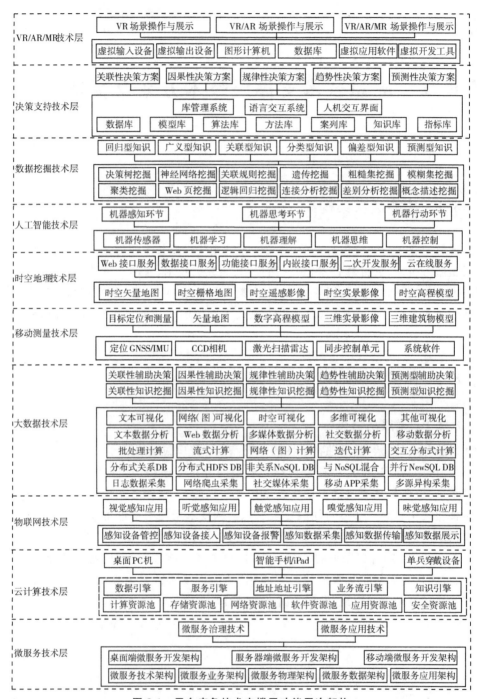

图 8-1　平台应急技术支撑层功能层次架构

8.2.2　微服务技术架构

基于微服务技术,构建出面向智慧应急平台的微服务技术架构,如图 8-2 所示。

微服务应用技术层	用户管理	权限管理	业务表单	文档管理	Web打印	消息服务
	人脸识别	语音识别	OCR识别	可视化建模	电子签名	数据同步
微服务治理技术层	服务治理平台	服务管理流程	服务核心框架	服务协议规范	服务支撑工具	服务运行环境
微服务开发技术层	桌面端微服务开发架构		服务器端微服务开发架构		移动端微服务开发架构	
微服务架构技术层	微服务技术架构	微服务业务架构	微服务物理架构	微服务数据架构	微服务应用架构	

图 8-2　微服务技术架构

8.2.3　微服务平台功能

(1)微服务架构技术

智慧应急平台微服务架构技术包括微服务技术架构、微服务业务架构、微服务物理架构、微服务数据架构、微服务应用架构。

1)微服务技术架构

微服务技术架构定义了实现整个平台所需的各种技术,包括开发类、过程管理类、运行环境类、运维支撑类以及相关技术规范等。更确切地说,微服务技术架构描述了在一个可以独立部署系统中的基础设施、应用平台、应用之间的关系。

2)微服务业务架构

微服务业务架构定义了软件的业务能力,从概念层面帮助开发人员理解平台。动态的内容包括业务流程、节点、输入输出等;静态的内容包括业务域、业务模块、单据模型等。

3)微服务物理架构

微服务物理架构描述了平台运行软件在计算机、网络、硬件设施等情况,包括如何将软件包部署到这些硬件资源上,以及它们运行时的配置情况,实质上就是定义了"程序"如何映射(安装、部署或读写等)到"硬件",以及"数据"如何在"硬件"上保存和传递,必须考虑"功能的分布"和"数据的分布"这两个方面。因此,微服务物理架构的设计着重考虑"安装和部署需求",即软件系统最终如何安装或部署到物理机器上。

4)微服务数据架构

微服务数据架构定义了用来支持平台的各种数据,以及它们之间的关系。应着重考虑"数据需求",关注点是持久化数据的组织,其主要涉及三部分内容。

● 数据定义。

● 数据分布。

● 数据管理。

5)微服务应用架构

微服务应用架构定义了平台由哪些应用组成,以及应用之间如何分工和合作。应用作为独立可部署的单元,划分了明确的边界,深刻影响系统功能组织、代码开发、部署和运维等各方面。微服务应用架构设计过程中,应用分有两种分工方式:①水平拆分,按照功能处理顺序划分应用;②垂直拆分,按照不同的业务类型划分应用。应用的分工降低了业务复杂度,使系统更有序。应用的合作增加了技术复杂度,系统更无序。其本质就是通过平台拆分,平衡业务和技术复杂性,保证系统形散神不散。

(2)微服务开发技术

微服务开发技术定义了软件开发环境中,软件模块的实际组织方式,具体涉及源程序文件、配置文件、源程序包、编译后的目标文件、第三方库文件等。微服务开发架构的设计着重考虑开发期质量属性,如可扩展性、可重用性、可移植性、易理解性和易测试性等。基于微服务开发架构的搭建,提供了统一的服务器端、桌面端、移动端的开发框架。通过统一代码风格、算法、实现过程等,为智慧应急平台提供统一的业务应用系统开发框架,包括桌面端微服务开发框架、服务器端微服务开发框架、移动端微服务开发框架。

(3)微服务治理技术

微服务治理技术,即以组织、业务和系统三者为核心要素建立连接,在此基础上实现服务系统的正向打通和逆向反馈。构建智慧应急平台微服务治理技术基于"管理"、"度量"、"管控"三个层面统筹考虑安排,具体来讲,又可以分为六个层次来考虑:服务治理平台、服务管理流程、服务核心框架、服务协议规范、服务支撑工具、服务运行环境。

(4)微服务应用技术

基于微服务技术架构,每个微服务应用由一组 API 组成,以 API 形式对外提供统一格式的服务,包括:用户管理、权限管理、业务表单、文档管理、Web 打印、消息服务、人脸识别、语音识别、OCR 识别、可视化建模、电子签名、数据同步等。

8.3　云计算技术

8.3.1　云计算概念

云计算就是 IT 资源与服务被从底层基础设施抽象出来，并以"按需"与"规模化"的方式提供。也可以认为云计算是一种商业计算模型，将计算任务分布在由大量计算机构成的资源池上，使用户能够按需获取计算能力、存储空间和信息服务等。

8.3.2　云计算技术架构

基于云计算技术，构建出面向智慧应急平台的云计算技术架构，如图 8-3所示。

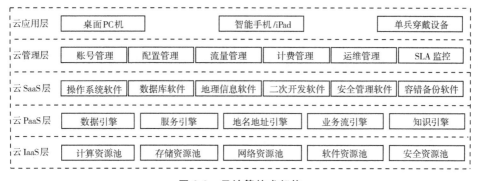

图 8-3　云计算技术架构

●云 IaaS 层，基础设施即服务 IaaS。就是将服务器、储存、网络以及各种基础运算资源等 IT 基础设施，作为一种服务，通过网络提供给用户。通过这些 IT基础设施，用户可以部署、执行操作系统或应用程序等各种软件，IaaS 的计费一般是基于用户对资源的实际使用量或占用量来计算的。这些资源包括计算资源池、存储资源池、网络资源池、软件资源池、安全资源池等云计算资源池。

●云 PaaS 层，平台即服务 PaaS。就是以云计算资源池为核心，通过网络为用户提供基本云计算引擎服务，包括建立数据引擎、服务引擎、地名地址引擎、业务流引擎和知识引擎等为代表的云计算引擎服务。

●云 SaaS 层，软件即服务 SaaS。应用软件统一部署在云计算资源池上，它是一种通过 Internet 提供软件的模式，用户无须购买软件，而是租用基于云计算资源池中的软件。而后服务商根据用户所定软件的数量、使用权限、时间的长短等因素收费,并且通过浏览器向客户提供软件。

●云管理层。包括账号管理、配置管理、流量管理、计费管理、运维管理、SLA 监控等。

●云应用层。云计算应用就是以桌面 PC 机、智能手机/iPad、单兵穿戴设备等为代表构建的应用平台。

8.3.3 云计算平台功能

(1)云计算资源池化

智慧应急云计算平台集中了云计算资源池、存储资源池、网络资源池、软件资源池、安全资源池等云计算资源,并通过专门的软件实现自动化的管理,即为云计算资源池化概念。也就是说,云计算资源池内部的资源形态对用户是屏蔽的,这些资源可以随需动态以服务的形式提供给用户,用户看到的是服务而不是真实的物理资源。

(2)云计算引擎

智慧应急平台以云计算资源池为核心,建立以数据引擎、服务引擎、地名地址引擎、业务流引擎和知识引擎为代表的云计算引擎,并通过云端管理系统进行运维管理,为桌面平台和移动平台提供大数据支撑和各类服务,其构成如图 8-4 所示。

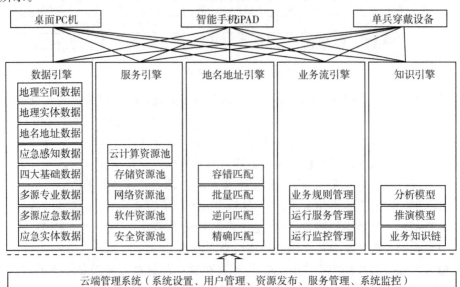

图 8-4　云计算引擎构成

●数据引擎。数据引擎就是指以灵活的方式提供云数据服务,包括地理空间数据、地理实体数据、地名地址数据、应急感知数据、四大基础数据、多源专业数据、多源应急数据、应急实体数据等云数据服务。

●服务引擎。服务引擎就是指以灵活的方式提供云服务资源池,包括云计算资源池、存储资源池、网络资源池、软件资源池、安全资源池等。

●地名地址引擎。地名地址引擎是地理空间信息与其他专题信息之间的桥梁,它能够实现专题数据在地理空间信息模型上的精确定位。

●业务流引擎。业务流引擎是将业务流程中的工作,按照逻辑和规则以恰当的模型进行表示并对其实现工作业务的自动化处理。

●知识引擎。知识引擎是通过提供不同层次能力的大数据分析工具,帮助用户完成对数据的深度挖掘,进而获取有价值的知识。

●云端管理系统。云端管理系统就是对以数据引擎、服务引擎、地名地址引擎、业务流引擎和知识引擎为代表的云计算引擎进行管理。

（3）云计算应用

云计算应用就是以桌面 PC 机、智能手机/iPad、单兵穿戴设备等计算机设备为代表构建的智慧应急平台类型,具体功能包括:桌面 PC 机、智能手机/iPad、单兵穿戴设备。

8.4　物联网技术

8.4.1　物联网概念

物联网是指通过信息传感设备,按约定的协议,将任何物体与网络相连接,物体通过信息传播媒介进行信息交换和通信,以实现智能化识别、定位、跟踪、监管等功能。因此,物联网是通信网和互联网的拓展应用和网络延伸,它利用感知识别、网络传输、数据处理、智能分析等技术,实现人与物、物与物之间信息交互和无缝链接,实现对物理世界实时控制、精确管理和科学决策。

8.4.2　物联网技术架构

基于物联网技术,构建出面向智慧应急平台的物联网技术架构,如图 8-5 所示。

●感知层。感知层常见的设备包括传感器（热敏传感器、光敏传感器、气敏传感器、力敏传感器、磁敏传感器、湿敏传感器、声敏传感器、放射线敏传感器、色敏传感器等）、RFID、数码相机、扫描雷达、智能手机、GNSS/IMU 等,其功能主要用于采集包括各类物理量/化学量、标识、音频和视频数据等在内的物理世界

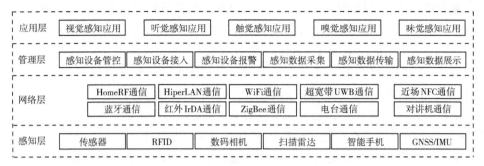

图 8-5　物联网技术架构

中发生的事件数据,从而达到对数据全面感知的目的。

●网络层。网络层是连接感知层和应用层的桥梁,主要用于两者之间的数据传输,包括近距离无线局域网:HomeRF 通信、HiperLAN 通信、WiFi 通信、超宽带 UWB 通信、近场 NFC 通信、蓝牙通信、红外 IrDA 通信、ZigBee 通信、电台通信、对讲机通信等。

●管理层。管理层用于管理感知层所有设备,包括感知设备管控、设备接入、设备报警、数据采集、数据传输、数据展示等。

●应用层。应用层主要是根据行业的特点,基于感知数据开发并形成各类行业的智能化应用,实现感知数据最终为人所使用的目的,包括:光敏传感器——视觉感知应用,声敏传感器——听觉感知应用,压敏、温敏、流体、测力传感器——触觉感知应用,气敏传感器——嗅觉感知应用,化学传感器——味觉感知应用。

8.4.3　物联网平台功能

(1)感知设备管控

实现对感知设备远程监控、设置调整、软件升级、系统升级、故障排查、生命周期等管理功能,同时可实时提供网关和应用状态监控告警反馈,为预先处理故障提供支持。具体包括:感知设备类型管控、感知设备信息管控、感知设备组网拓扑管控、感知设备版本与固件管控、感知物模型管控。

(2)感知设备接入

●感知设备接入。一方面是感知设备连接;另一方面是区别对待面向人或应用的感知设备,因为这两种情况下感知设备可靠性、延时性、订阅灵活性不太一样。

●感知设备触发。是指可以在感知设备上配置某些规则,在判断条件满足规则后,会执行相应的动作来进行感知设备触发。

（3）感知设备报警

一种是感知设备直接发上来的报警事件；另一种是根据系统中的报警规则产生的报警，包括限值报警、变化率报警、偏差报警、异常报警等，以及通过对测量值进行数学运算，然后进行报警。

（4）感知数据采集

一种是通过通信接口获取感知设备原有数据，并以不改变原有感知设备软、硬件及其配置的数据采集方式为最优；另一种是通过从感知设备端提取信号来获取数据，或对感知设备进行改造来获取数据。

（5）感知数据传输

感知设备发到应用层的数据都由网络层接收并处理，完成实时感知数据传输的目标，实现统一数据结构、统一数据传输等功能。

（6）感知数据展示

首先，感知设备采集数据加以分析，把物联网海量数据变成有价值的数据；其次，基于感知数据分析结果，运用相应的可视化图表进行展示，以便于将感知设备采集到的监测数据能直观可视化。

（7）感知设备运维

●感知运维监控。

●感知设备调试。

●感知日志服务。

8.5　大数据技术

8.5.1　大数据概念

大数据指的是所涉及的数据规模巨大到无法通过主流软件工具，在合理时间内达到提取、处理、管理、计算、分析、统计、输出，并整理成为决策信息的数据集合，具有以下典型特征：

●规模大。

●种类多。

●速度快。

●真实性。

●价值高。

8.5.2 大数据技术架构

基于大数据技术,构建出面向智慧应急平台的大数据技术架构,如图 8-6 所示。

数据决策层	关联性辅助决策	因果性辅助决策	规律性辅助决策	趋势性辅助决策	预测性辅助决策
数据挖掘层	空间特征知识	聚类特征知识	分布规律知识	区分规则知识	存在状态知识
	空间关联知识	相关因素知识	异常偏差知识	概念描述知识	发生频率知识
	源头追溯知识	社交媒体知识	Web 页面知识	演变规律知识	趋势预测知识
数据展示层	文本可视化	网络(图)可视化	时空可视化	多维可视化	其他可视化
数据分析层	文本数据分析	Web 数据分析	多媒体数据分析	社交数据分析	移动数据分析
数据计算层	批处理计算	流式计算	网络(图)计算	迭代计算	交互式计算
数据管理层	分布式关系DB	分布式文件HDFS	非关系型NoSQL DB	与NoSQL混合DB	并行NewSQL DB
数据采集层	日志数据采集	网络爬虫数据采集	社交媒体数据采集	移动APP数据采集	多源异构数据采集

图 8-6 大数据技术架构

●数据源层。从数据类型维度分析结构化数据、半结构化数据和非结构化数据,从数据时间维度分析离线数据、近似实时数据和实时数据。这些数据体量巨大。各类传感器将数据传输到代理服务器对其进行数据去噪和清洗,并且实现数据的抽取、转换和加载(ETL)过程。

●数据管理层。由于数据格式、存储方法、读写方式、存储周期等要求差异较大,在大数据管理层设计了针对结构化数据、半结构化数据和非结构化数据的大数据存储、组织和管理方法,包括采用分布式关系数据库(Oracle、IBM DB2、MSSQL Server、Sybase、MySQL、dBase、FoxPro、Informix、MS Access、Paradox、PostgreSQL 等)、分布式文件系统 HDFS、半结构化数据库 NoSQL 和NewSQL 等。

●数据计算层。根据大数据计算多样性的需求,大数据计算模式可以分为批处理计算、流式计算、网络(图)计算、迭代计算、交互式计算等,可以灵活采用上述一种或多种计算模式提供实时计算、在线计算或离线计算。

●数据分析层。包括文本数据分析、Web 数据分析、多媒体数据分析、社交数据分析、移动数据分析。

●数据展示层。包括文本可视化、网络(图)可视化、时空可视化、多维可视化、其他可视化。

●数据挖掘层。提供各种大数据挖掘和分析工具,并以知识的方式展现给最终用户,包括空间特征知识、聚类特征知识、分布规律知识、区分规则知识、存在状态知识、空间关联知识、相关因素知识、异常偏差知识、概念描述知识、发生频率知识、源头追溯知识、社交媒体知识、Web页面知识、演变规律知识、趋势预测知识等。

●数据决策层。提供各种大数据决策工具,并以决策方案的方式展现给最终用户,包括关联性辅助决策方案、因果性辅助决策方案、规律性辅助决策方案、趋势性辅助决策方案、预测性辅助决策方案等。

8.5.3　大数据平台功能

(1)大数据采集

●日志数据采集。

●网络爬虫数据采集。

●社交媒体数据采集。

●移动APP数据采集。它的采集又与浏览器日志的采集方式有所不同,移动端的日志采集根据不同的用户行为分成不同的事件,"事件"为无线客户端日志行为的最小单位。

●多源异构数据采集。业务系统的数据类型多种多样,有来源于关系型数据库的结构化数据,也有来源于非关系型数据库的非结构化数据,这类数据通常存储在数据库表中。

(2)大数据准备

●数据抽取。是利用特定模型,在海量数据中抽取可用数据的过程,主要包括抽取模型和抽取方法的设计。

●数据清洗。是指在数据集中发现不准确、不完整或不合理数据,并对这些数据进行修补或移除,以提高数据质量的过程,包括噪声数据过滤和数据去重。

●冗余消除。冗余是指数据的重复或过剩。因为数据冗余无疑会增加传输开销,浪费存储空间,导致数据不一致,降低可靠性,因此提出了数据冗余消除机制。

●数据填补。是一种填补数据中缺失数值的技术。当对应部分时间点相对应的数值缺失,可以通过前后时间点的值进行插值处理,填补缺失值,保证数据的完整性。

●数据集成。采用的技术称为ETL,由3个步骤构成。一是提取,连接源系统并选择和收集必要的数据用于随后的分析处理;二是变换,通过一系列的规则将提取的数据转换为标准格式;三是装载,将提取并变换后的数据导入目标存储基础设施。

（3）大数据存储

● 分布式关系数据库 SQL。包括 OracleRAC、MySQL cluster、MemSQL 等。

● 分布式文件系统 HDFS。分布式文件系统存储超大量的非结构化、半结构化数据，常见的有：GFS、HDFS、Lustre 、Ceph 、GridFS 、mogileFS、TFS、FastDFS 等。

● 非关系型数据库 NoSQL。非关系型数据库 NoSQL 可以存储超大量的非结构化、半结构化数据。

● 与 NoSQL 混合的数据库。由于关系型数据库 SQL 和 NoSQL 数据库有着各自的优缺点，结合两者的优势，开发了几种集成 NoSQL 和 SQL 数据库优点的数据库系统 Megastore、Spanner、F1 等。

● 分布式并行数据库 NewSQL。NewSQL 不仅具有 NoSQL 对非结构化、半结构化的存储管理能力，还保持了传统数据库支持 SQL 等特性，以存储超大量结构化数据。

（4）大数据计算

● 批处理分布式计算。适用于静态数据计算，即先存储后计算，没有实时性要求，同时数据的准确性和全面性更为重要的场景。

● 流式处理分布式计算。主要用于对动态产生的数据进行实时计算并及时反馈结果，但往往不要求结果绝对精确，在数据的有效时间内获取其价值是首要设计目标，表现出低延迟、高吞吐、持续稳定运行和弹性可伸缩等特性。

● 图处理分布式计算。图由于自身的结构特征，可以很好地表示事物之间的关系，图中点和边的强关联性，需要图处理分布式计算对图数据进行一系列的图计算，包括 Google 的 Pregel 系统、Neo4j 系统和微软的 Trinity 系统。

● 迭代分布式计算。在 MapReduce 基础上通过优化数据存储位置、持久化 Map 和 Reduce 任务、引入可缓存的 Map 和 Reduce 机制等手段，有效实现了迭代计算应用需求，包括 Spark。

● 交互式分布式计算。系统与操作人员以一问一答的人机对话方式——操作人员提出请求，数据以对话的方式输入，系统便提供相应的数据或提示信息，引导操作人员逐步完成所需的操作，直至获得最后计算结果，包括 Berkeley 的 Spark 系统和 Google 的 Dremel 系统。

（5）大数据分析

● 文本分析。是指从无结构的文本数据中提取有用信息或知识的过程，包括电子邮件、文档、网页和社交媒体等内容。

●Web 数据分析。目标是从 web 文档和服务中自动检索、提取和评估信息以及发现信息或知识的过程，包括 web 内容分析、web 结构分析和 web 用法分析。

●多媒体数据分析。是指从多媒体数据中提取有趣的信息或知识，理解多媒体数据中包含的语义信息，包括多媒体摘要、多媒体标注、多媒体索引和检索、多媒体推荐和多媒体事件检测等分析。

●社交网络数据分析。社交网络可以看成一个图，图中顶点表示人，边表示对应的人之间存在特定的关联，其中包含大量的联系和内容数据。显然，社交网络数据分析就是发现图信息或知识的过程。

●移动数据分析。大部分的移动数据分析技术既是描述性分析，也是预测性分析。巨量的数据对移动分析提出了需求，但是移动数据分析面临着移动数据特性带来的挑战。

（6）大数据展示与可视化

●文本可视化。文本可视化的意义在于能够将文本中蕴含的语义特征（例如词频与重要度、逻辑结构、主题聚类、动态演化规律等）直观地可视化展示出来。

●网络（图）可视化。基于网络节点和连接的拓扑关系，直观地可视化展示网络（图）中潜在的模式关系。除了对静态的网络拓扑关系进行可视化，大数据相关的网络往往具有动态演化性。

●时空数据可视化。时空数据可视化与地理制图学相结合，重点对时间与空间维度以及与之相关的信息对象属性建立可视化表征，对与时间和空间密切相关的模式及规律进行可视化展示。

●多维数据可视化。目标是探索多维数据项的分布规律和模式，并揭示不同维度属性之间的隐含关系，包括基于几何图形、图标、像素、层次结构、图结构的方法以及混合方法。

8.6　移动测量技术

8.6.1　移动测量概念

移动测量系统 MMS 技术是当今测绘界最为先进的技术之一，它通过集成 CCD 相机、激光扫描雷达、GNSS/IMU、同步控制单元、摄影测量技术、地理信息以及集成控制技术等，可实时高效地采集、处理一体化实景影像，获取多源地理空间信息。按照传感器搭载平台不同,可分为:星载、机载、车载、船载、个人等移动测量系统。

8.6.2 移动测量技术架构

基于移动测量技术,构建出如下面向智慧应急平台的移动测量技术架构。

●定位 GNSS/IMU。是把 GNSS 定位与惯性测量单元(IMU)各自优势相结合,从而为移动测量系统提供更优的地理位置、速度和姿态信息,实现单一依靠 GNSS 卫星导航或者 IMU 导航所无法达到的理想可靠结果。

●CCD 相机。集成的 CCD 相机一般是高精度、可控性好的面阵相机和 360°全景相机,在移动测量载体运动过程中,通过高精度同步控制系统,将触发发送给相机进行采集曝光并与其他传感器进行协同作业,采集相片主要用于三维街景浏览、正射影像制作、三维建模等应用。

●激光扫描雷达。激光扫描雷达提供以车辆移动中心为原点的相对测量点云数据。这些点云数据可以根据标定的参数,转换成具有全球描述能力的绝对坐标,能够快速获取精确的、高分辨率的目标三维空间点云数据。

●同步控制单元。同步控制单元用于从 GNSS 中获取时间基准,从而控制 CCD 相机立体测量图像采集、激光扫描雷达点云数据采集等,使采集到的数据具有统一的时间基准。

●系统软件。主要包括系统控制软件、GNSS/IMU 数据采集软件、CCD 相机立体图像采集软件、激光扫描雷达点云采集软件、数据整理转换软件、车载集成数据处理软件等。

8.6.3 移动测量平台功能

(1)目标定位和测量

可以方便地对灾区地面中心线、电线杆、交通标志等海量地物目标实施快速定位和测量;可以实现灾区道路检测,包括:路面病害图像采集、路面形状测量、路面平整度检测、道路数据采集;可以实时检测灾区平交道口、桥梁、隧道、信号灯、限界、周遍植被、山坡、附属建筑、交叉路口、桥梁涵洞等数据采集。事后通过专门的数据处理软件进行计算和编辑,直接可输出灾区现场地图。

(2)矢量地图

绝对测量精度为 0.85m,相对测量精度为 0.04m,MMS 的成果平面精度可以满足 1:2000 矢量地图测绘的要求。同时可以增加更丰富的属性信息以及图像和视频信息,可为灾区重点矢量地图增加沿道路的影像序列数据库,以及重要部门及建筑的影像和视频数据;能够迅速发现灾区地物的变化,实现对灾区矢量地图的及时修测和更新。

（3）数字高程模型

基于空中机载的 MMS，利用激光扫描雷达的点云数据可以获取地面的数字高程模型数据。

（4）三维实景影像

可以从空中遥感进入地面，在高分辨率三维实景影像上漫游，去搜索兴趣点（POI），进而可查询图形、属性和实景影像。必要时可按需要在实景立体影像上进行立体测量（绝对精度 1m、相对精度 5cm）。

（5）三维建筑模型

其获得的激光点云数据都是直接采集目标的真实数据，为灾区建筑物建模提供了一种全新的技术手段。与现在流行的倾斜摄影建模相比，MMS 的优点在于获取的灾区建筑整体信息丰富且精确。除了建筑整体形状及高度信息外，还可以获取建筑立面的细节和纹理数据。

8.7　时空地理技术

8.7.1　时空地理概念

与传统的静态地理空间信息相比，时空地理信息除了包含地理空间及属性信息外，还包含时间信息，这种随时间变化的地理信息称为时空地理信息。空间信息、属性信息和时间信息是时空地理的三要素。时空地理数据是指基于统一时空基准活动或存在于时间和空间与位置直接或间接相关联的数据，具有位置、属性、时间、尺度、分辨率、多样性、异构性、多维性、价值隐含性、快速性等特性。时空地理数据库包括时空矢量地图数据库、时空栅格地图数据库、时空遥感影像数据库、时空高程模型数据库、时空实景影像数据库。

8.7.2　时空地理技术架构

基于时空地理技术，构建出面向智慧应急平台的时空地理技术架构，如图 8-7 所示。

●时空设施层。基础层包括信息化支撑设备，如计算机硬件设备、计算机软件设备、计算机网络设备、计算机终端设备、计算机安全设备等，组成了时空地理的最基础部件。

●时空数据层。由矢量地图数据、栅格地图数据、遥感影像数据、实景影像数据、高程模型数据等组成，形成物理上分散、逻辑上集中的有机数据库整体。

时空应用层	政务版共享服务平台		公众版共享服务平台		移动版共享服务平台
时空服务层	Web接口服务	数据接口服务	功能接口服务	内嵌接口服务	二次开发服务	云在线服务
时空支撑层	地理空间数据系统	地理空间服务系统		共享服务安全系统		共享服务日志系统
时空数据层	时空矢量地图数据	时空栅格地图数据	时空遥感影像数据	时空实景影像数据	时空高程模型数据
时空设施层	计算机硬件设备	计算机软件设备	计算机网络设备	计算机终端设备	计算机安全设备

图 8-7 时空地理平台技术架构

●时空支撑层。地理空间数据系统是后台管理系统负责数据库的维护、管理和更新;地理空间服务系统主要为用户提供数据服务与功能服务,同时还可完成服务日常管理、监控、聚合、统计分析、访问接口等;共享服务安全系统提供以"用户—角色—权限"管理为核心的安全服务,对系统的运行管理和状态进行监控;共享服务日志系统主要实现日志的分布式存储、提取和信息挖掘,完成相应日志信息的收集、分析及管理功能。

●时空服务层。主要提供时空信息服务,主要包括 Web 接口服务、数据接口服务、功能接口服务、内嵌接口服务、二次开发服务、云在线应用服务等。

●时空应用层。包括面向政府用户、公众用户、移动用户的政务版共享服务平台、公众版共享服务平台、移动版共享服务平台。用户可通过门户网站及相关系统访问数据和服务,也可以在各自专业系统中调用平台提供的服务或相关数据。

8.7.3 时空地理平台功能

(1)时空地理平台数据库

1)提供面向基础的时空地理数据

●大地测量数据。包括三角测量成果、水准测量成果、重力测量成果以及GNSS 测量成果等。

●数字线划图数据 DLG。包括测量控制点、水系、居民地及设施、交通、管线、境界与政区、地貌和植被与 土质等要素层,比例尺系列应为 1:1 000 000、1:250 000、1:50 000、1:2000、1:1000 和 1:500。

●数字栅格地图数据 DRG。包括通过地形图扫描和数字线划图转换形成的数据,比例尺系统应为 1:1 000 000、1:250 000、1:50 000、1:10 000、1:5 000、1:2 000、1:1 000 和 1:500。

●数字正射影像数据 DOM。包括航空摄影影像和航天遥感影像,可以为全色的、彩色的或多光谱的,按地面分辨率分为 30m、15m、5m、2.5m、1m、0.5m 和 0.2m 等。

●数字高程模型数据 DEM。包括地面规则格网点、特征点数据及边界线数据等,按格网间距分为 1000m、100m、25m、12.5m、5m 和 2.5m 等。

●三维实景影像数据 DMI。包括车载和无人机获取的三维实景影像,可以为全色的、彩色的或多光谱的,按地面分辨率分为 0.5m 和 0.2m 等。

2)提供面向服务的时空产品数据

●地理实体数据。是在数字线划图数据 DLG 基础上经过面向对象的数据重组和模型重构生成的、可挂接专题信息的数据。

●影像数据。是在数字正射影像数据基础上通过影像的拼接、匀色、反差、重影和镶嵌等处理以及按影像金字塔构建形成的数据。

●地图数据。包括对基础地理信息数据经过符号化处理和图面整饰后形成的地图,以及在此基础上经提取、重组和扩充形成的政务电子地图和公众电子地图数据。

●三维景观数据。是将影像数据、数字高程模型数据和地名地址数据进行集成,扩充各类政府或企业、公众的兴趣信息形成的数据。

(2)时空地理平台接口服务

1)Web 接口服务

就是用户调用平台提供的各种类型 Web 接口,能够在浏览器端在线获取平台的各种 Web 接口服务,包括可视化服务、数据服务、应用分析服务、数据分发服务、目录服务、其他类服务等。

2)数据接口服务

就是用户通过门户网站中平台提供的数据接口,能够在浏览器端在线获取平台处理出的各种地图服务数据服务。

●地图服务:在线获取网络地图服务 WMS、网络瓦片地图服务 WMTS、基于缓存的网络地图服务 WMS-C、网络要素服务 WFS、网络覆盖服务 WCS、网络地名地址要素服务 WFS-G、目录服务 CSW 等的数据。

●图片引擎服务:是将电子地图数据按照一定比例尺进行切片,通过 WebService 接口对外发布的 WMS 图片服务数据。

●专题数据发布服务:通过提供专题数据的发布服务功能,以支持其他部门将自身可共享的专题信息以规定的形式发布为共享数据。

●其他数据服务:二维电子地图、三维数字地图、影像、地名地址、地理实体、元数据、数字高程模型以及专题等数据服务数据。

3）功能接口服务

就是用户通过门户网站中平台提供的功能接口，在浏览器端在线获取各种GIS功能服务，以供用户在线操作数字地图，包括地图必选模块、地图可选模块、地图专业模块、其他非地图类模块等。

4）内嵌接口服务

就是用户通过门户网站中平台提供的网络链接技术，支持用户将已经投入使用的各种业务运行系统，在不作任何改动的前提下，在浏览器端以嵌入式方式在线调用平台提供的地理信息服务。

5）二次开发服务

就是通过门户网站中平台提供的二次开发接口，在浏览器端在线获取该接口提供的 API，采用编程语言，开发出能在浏览器端在线运行的全新 GIS 应用系统，包括平台的 API 二次开发、其他平台 API 二次开发。

6）云在线应用服务

就是发布在云端的应用服务程序，采用云计算技术以高性能为用户提供即时地理空间信息服务。用户既不需要购置硬件、软件设施，也不需要软件开发、部署，就可以直接使用该应用程序获取平台的地理空间信息服务，在线制作出各种应用系统，如在线专题制图系统、街景展示应用等。

（3）时空地理平台共享服务应用

1）政务版共享服务平台

主要是满足各级政府的应用需求，包含九大部分：共享数据管理库系统、数据中心（在线数据交换系统）、我的空间（用户运维系统）、服务中心（在线服务系统）、运维中心、应用广场、门户网站、三维共享服务系统、GIS 云管理系统等。

2）公众版共享服务平台

主要是满足社会公众的应用需求，包括七大部分，分别为平台门户、电子地图、我的空间、应用广场、运维中心、资源中心、开发中心。

3）移动版共享服务平台

主要是满足政府、企业、公众在移动端搭建的一个移动共享服务平台，是政务版和公众版共享服务平台在移动端的延伸。

8.8　人工智能技术

8.8.1　人工智能概念

人工智能(AI)是研究、开发用于模拟、延伸和扩展人的智能的理论、方法、技术及应用系统的一门新的技术科学,是计算机科学的一个分支,它企图了解智能的实质,并生产出一种新的、能以人类智能相似的方式作出反应的智能机器。该领域的研究包括机器人、文本识别、图像识别、自然语言处理和专家系统等。

8.8.2　人工智能技术架构

基于人工智能技术,构建出面向智慧应急平台的人工智能技术架构,如图8-8所示。

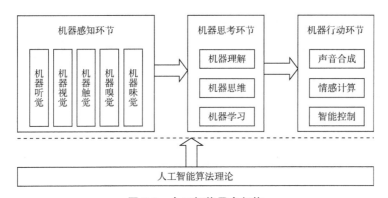

图 8-8　人工智能平台架构

(1)机器感知环节

机器感知环节包括及其感知所涉及的关键技术,主要实现对人感知能力的模拟和拓展,包括对人的听觉、视觉、触觉、嗅觉、味觉等,实现数据的采集和初步处理,其结构如图8-9所示。

●机器听觉技术。现阶段主要是人类语音识别技术,大体可分为孤立词识别、关键词识别和连续语音识别。

●机器视觉技术。主要实现图像识别和视频识别等,前者主要关注的是静态图像识别,在后者主要关注的是动态图像识别,识别重点内容包括:目标检测、目标分类、目标跟踪、目标行为识别、目标行为理解。

●机器触觉技术。是机器通过自身表面的温度觉、力觉等传感器提供的复合信息,来识别物体的冷热、尺寸、柔软度、表面形状、表面纹理等特征,主要包括:物体识别、形状感知、姿态识别、感知融合。

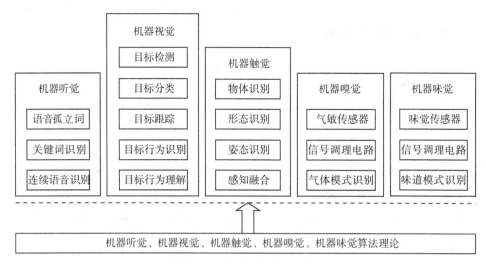

图 8-9　人工智能感知环节

●机器嗅觉技术。机器嗅觉是仿真人的嗅觉系统来构造的,由三部分组成:气敏传感器、信号调理电路、气体模式识别。

●机器味觉技术。目前对味觉的测量和识别大多采用传统的计测方式,由三部分组成:味觉传感器、信号调理电路、味道模式识别。

(2)机器思考环节

●机器学习。主要是将所获得的数据信息利用贝叶斯方法、关联规则学习、神经网络、深度学习、类脑智能等高级算法理论来进行处理,挖掘出有价值的、规律性的知识,提升人工智能的思维和理解能力。

●机器理解。主要是利用一些高级算法来理解所获得的数据含义,主要包括声音理解、自然语言理解、图形图像理解、运动影像理解、行为动作理解等。

●机器思维。主要是在已经获得的知识的基础上,利用各种算法进行推理,从而得出问题求解、智能搜索、自动规划、辅助决策、程序验证和自动程序设计等需要解决的问题答案。

(3)机器行动环节

●声音合成。通过数字化频率控制,可以将声音惟妙惟肖地模仿出来,尤其是自然语音合成(TTS)技术能将任意文字信息实时转化为标准流畅的语音朗读出来。

●智能控制。智能控制在与通信系统的结合后,甚至已经能够实现远程智能控制与服务,包括平衡控制、动作控制等。

●情感表达。能够表达人类喜、怒、哀、乐、悲、忧等情感,主要用于类人服务机器人。

●决策执行。机器人依据不同的需求执行具体的动作。

8.8.3　人工智能平台功能

（1）智能语音

智能语音技术主要研究人机之间语音信息的处理问题,简单来说,就是让计算机、智能设备、家用电器等通过对语音进行分析、理解和合成,实现人"能听会说"、具备自然语言交流的能力。

（2）计算机视觉

计算机视觉识别就是让计算机能够识别出图像或视频中的物体,主要分为图像分类、目标检测、目标跟踪和图像分割四大基本任务。

（3）自然语言理解

自然语言理解就是将人类语言转化为计算机程序可以处理的形式,以及将计算机数据转化为人类自然语言的形式,从而让计算机可以理解人类的语言。其语言形式可以为声音或文字。

（4）智能机器人

智能机器人是能够感知周围环境和自身状态,进行分析和判断,然后采取相应策略完成任务的机器系统。目前智能机器人主要分为三类:工业机器人、军用机器人和服务机器人。

（5）人机交互技术

人机交互技术是指计算机系统与用户可以通过人机交互界面进行交流,机器通过输出或显示设备给用户提供大量提示及请求信息等,用户通过输入设备给机器输入有关信息、回答问题,实现互动。人机交互是目前用户界面研究中发展最快的技术之一。

8.9　数据挖掘技术

8.9.1　数据挖掘概念

数据挖掘是利用人工智能、机器学习、统计学和数据库的交叉方法,从大量的、不完全的、有噪声的、模糊的、随机的实际应用数据中,提取潜在有用的信息和知识的过程。

8.9.2　数据挖掘技术架构

基于数据挖掘技术,构建出如下面向智慧应急平台的数据挖掘技术层次架构。

●数据层:根据任务的目的选择数据集,并筛选自己需要的数据,或者根据实际情况构造自己需要的数据。

●预处理层:确定数据集后就要对数据进行预处理,可以提高数据质量,使数据能够使用,包括准确性、完整性和一致性。进行数据预处理的方法有数据清理、数据集成、数据规约和数据变换等。

●变换层:进行数据预处理后,对数据进行变换,将数据转换成一个分析模型,这个分析模型是针对数据挖掘算法建立的。

●数据挖掘层:对经过转换的数据进行挖掘,选择合适的挖掘算法,包括神经网络挖掘、决策树挖掘、遗传挖掘、粗糙集挖掘、模糊集挖掘、Web 页面挖掘等。

●解释/评价层:解释并评价挖掘结果,最终得到回归型知识、广义型知识、关联型知识、分类型知识、偏差型知识、预测型知识等,其使用的分析方法一般视数据挖掘操作而定,通常会用到可视化技术。

8.9.3 数据挖掘平台功能

(1)决策树法数据挖掘

决策树法在解决归类与预测上有着极强的能力,它以法则的方式表达,而这些法则以一连串的问题表示出来,经不断询问问题,最终能导出所需的结果。典型的决策树顶端是一个树根,底部有许多的树叶,它将记录分解成不同的子集,每个子集中的字段可能都包含一个简单的法则。

(2)神经网络法数据挖掘

神经网络法是模拟生物神经系统的结构和功能,是一种通过训练来学习的非线性预测模型。它将每一个连接看作一个处理单元,试图模拟人脑神经元的功能,可完成分类、聚类、特征挖掘等多种数据挖掘任务。神经网络的学习方法主要表现在权值的修改上,其优点是具有抗干扰、非线性学习、联想记忆功能,对复杂情况能得到精确的预测结果;缺点首先是不适合处理高维变量,不能观察中间的学习过程,具有"黑箱"性,输出结果也难以解释;其次是需较长的学习时间。

(3)关联规则法数据挖掘

关联规则法是描述数据项之间所存在的关系的规则,即根据一个事务中某些项的出现可导出另一些项在同一事务中也出现,即隐藏在数据间的关联或相互关系。

(4)遗传算法数据挖掘

遗传算法模拟了自然选择和遗传中发生的繁殖、交配和基因突变现象,是一种采用遗传结合、遗传交叉变异及自然选择等操作来生成实现规则的、基于进化理论的机器学习方法。它的基本观点是"适者生存"原理,具有隐含并行性、易于和其他模型结合等性质。

（5）粗糙集法数据挖掘

粗糙集法是一种新的处理含糊、不精确、不完备问题的数学工具,可以处理数据约简、数据相关性发现、数据意义的评估等问题。其优点是算法简单,在处理过程中可以不需要关于数据的先验知识,自动找出问题的内在规律;缺点是难以直接处理连续的属性,须先进行属性的离散化。

（6）模糊集法数据挖掘

模糊集法是利用模糊集合理论对问题进行模糊评判、模糊决策、模糊模式识别和模糊聚类分析,而模糊集合理论是用隶属度来描述模糊事物的属性。系统的复杂性越高,模糊性就越强。

（7）聚类分析法数据挖掘

聚类分析法是把一组数据按照相似性和差异性分为几个类别,其目的是使得属于同一类别的数据间的相似性尽可能大,不同类别中的数据间的相似性尽可能小。根据定义可以把其分为四类:基于层次的聚类方法、分区聚类算法、基于密度的聚类算法、网格的聚类算法。

（8）Web 页挖掘数据挖掘

通过 Web 的挖掘法,可以利用 Web 的海量数据进行分析,收集有关信息,集中精力分析和处理那些有重大或潜在重大影响的外部环境信息和内部信息,并根据分析结果找出管理过程中出现的各种问题和可能引起危机的先兆,对这些信息进行分析和处理,以便识别、分析、评价和管理危机。

（9）逻辑回归法数据挖掘

逻辑回归法反映的是事务数据库中属性值在时间上的特征,产生一个将数据项映射到一个实值预测变量的函数,发现变量或属性间的依赖关系。其主要研究问题包括数据序列的趋势特征、数据序列的预测以及数据间的相关关系等。

（10）连接分析法数据挖掘

连接分析的基本理论是图论,图论的思想是寻找一个可以得出好结果但不是完美结果的算法。利用连接分析,可以从一些用户的行为中分析出一些模式,同时将产生概念应用于更广用户群体中。

（11）差别分析法数据挖掘

差别分析的目的是试图发现数据中的异常情况,如噪声数据、欺诈数据等异常数据,从而获得有用信息。

(12)概念描述法数据挖掘

概念描述就是对某类对象的内涵进行描述,并概括这类对象的有关特征。概念描述分为特征性描述和区别性描述,前者描述某类对象的共同特征,后者描述不同类对象之间的区别。生成一个类的特征性描述只涉及该类对象中所有对象的共性。

8.10 决策支持技术

8.10.1 决策支持概念

决策支持(简称 DSS)是以计算机技术、仿真技术和信息技术为手段,针对结构化、半结构化、非结构化的数据,得出决策支持方案的智能人机系统。它为决策者提供分析问题、建立模型、模拟决策过程和方案的环境。它通过与决策者的一系列人机对话过程,为决策者提供各种可靠方案,检验决策者的要求和设想,从而达到支持决策的目的。

8.10.2 决策支持技术架构

基于决策支持技术,构建出面向智慧应急平台的决策支持技术架构,如图8-10所示。

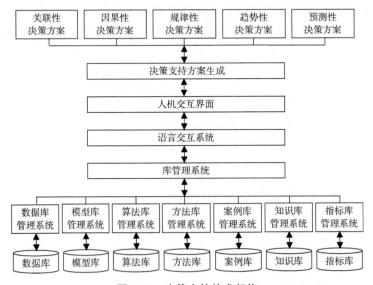

图 8-10 决策支持技术架构

（1）实体库

●数据库。是 DSS 中使用的各种原始数据，以及运行结果所产生的各种决策信息，常以报表或图形形式存放在数据库中，并增加时间维度来实现数据库的动态连续性。

●模型库。模型的建立通常是随着 DSS 解决问题的要求而定的，不同的问题、不同层次的决策需求是不一样的，一般包括数值分析型、经验推导型、图形模型、图像模型、报表模型等的描述。

●算法库。算法一般是指一系列解决问题的清晰指令，其代表的仅仅是用系统的方法描述解决问题的策略机制，包括算法理论、算法类型、算法接口、算法调用、算法测试等的描述。

●方法库。是存储和管理各种数值方法和非数值方法，包括方法的描述、存储、删除等问题，常用的方法有：预测方法（时序分析法、结构性分析法、回归预测法等）、统计分析法（回归分析、主成本分析法等）、优化方法（线性规划法、非线性规划法、动态规划法、网络计划法等）及数学方法等，还包括系统程序、用户程序、命令、表格、图形图像、视频音频、菜单、窗口等方法的描述。

●案例库。案例属于知识表示的一种，是在以往各种知识表示上的一种抽象，即案例是逻辑上的概念，包括案例基本信息、与案例关联信息、案例非结构化信息、案例救援力量信息等的描述。

●知识库。是以相关领域专家的经验为基础，形成一系列与决策有关的知识信息而形成的一定内容知识库，包括概念性知识、事实性知识、过程性知识、规则类性知识、控制性知识、行为性知识、类比性知识、实例性知识等的描述。

●指标库。指标就是反映统计总体的数量特征，一般由一系列相关或相互独立的指标形成一个指标体系来进行综合衡量和评价，从而形成决策，包括一级、二级、三级等指标的描述。

（2）库管理系统

包括数据库管理系统、模型库管理系统、算法库管理系统、方法库管理系统、案例库管理系统、知识库管理系统、指标库管理系统。

（3）语言交互系统

交互语言系统主要分为二个部分：一是行动语言，指使用者与 DSS 沟通的任何方式，如键盘、鼠标、语言识别等任何控制硬软件的指令；二是显示或展示语言，指使用者可以通过 DSS 所看到任何形式的输出，如屏幕、打印机或声音等。

（4）人机交互界面

人机界面是决策支持系统中用户和计算机的接口，是实现用户和系统之间的对话,通过对话以各种形式输入有关信息,包括数据、模型、公式、经验、判断等,通过推理和运算充分发挥决策者的智慧和创造力,充分利用平台提供的定量算法,做出正确的决策。

(5)决策支持方案生成

基于上述操作,决策支持系统能自动生成结构化决策支持方案、结构化决策支持方案、结构化决策支持方案。

8.10.3　决策支持平台功能

(1)决策支持管理

●问题分解功能。将一个复杂的问题分解为若干简单的问题,即所谓子问题。各个子问题之间通过决策输入与输出条件相互关联,并形成一个问题的求解路径。

●决策建模功能。针对各个子问题,选择适当的数据、模型、方法、案例、算法、知识、指标等建立相应的决策模型。实际上,每一个子问题分解为最小粒度标准即是否可以采用单一的决策分析模型,并且模型的输入变量都是已知。

●问题分解与决策建模交替功能。问题分解与决策建模是一个交替的过程,即并不是分解完所有的子问题后才开始对子问题建模,而是边分解边建模,在建模的过程中进一步深化对问题的分解。

●模型求解功能。按照问题分解后的求解路径,由下至上,依次对各个子问题的数学模型进行求解并最终使决策问题得以求解。

(2)决策支持方案生成

●结构化决策支持方案。结构化决策问题相对比较简单、直接,其决策过程和决策方法有固定的规律可以遵循,能用明确的语言和模型加以描述。因此,结构化决策支持方案是指对某一决策过程的环境及规则,能用确定的模型或语言描述,以适当的方法产生决策方案。

●半结构化决策支持方案。在决策过程中所涉及的数据不确定或不完整,也可以建立适当的模型来产生决策方案,但决策准则因决策者的不同而不同,不能从这些决策方案中得到最优化的解,只能得到相对优化的解。

●非结构化决策支持方案。非结构化决策问题是指那些决策过程复杂,其决策过程和决策方法没有固定的规律可以遵循,没有固定的决策规则和通用模型可依,决策者的主观行为(学识、经验、直觉、判断力、洞察力、个人偏好和决策风格等)对各阶段的决策效果有相当影响。

8.11　VR/AR/MR 技术

8.11.1　VR/AR/MR 概念

（1）虚拟现实 VR

虚拟现实技术（简称 VR）是指利用计算机生成一种可对参与者直接施加视觉、听觉和触觉感受，并允许其交互地观察和操作的虚拟世界的技术，感知环境是动态的，能进入三维仿真场景。视觉具备临境感（头盔），听觉具备立体感（音响），触觉具备真实感（手套）。

（2）增强现实 AR

增强现实 AR 技术是 VR 技术的延伸，是一种将真实世界信息和虚拟世界信息"无缝"集成的新技术。它把原本在现实世界一定时间空间范围内很难体验到的实体感觉（视觉、听觉、触觉等），通过电脑等科学技术，将 VR 生成的虚拟世界信息与真实世界信息进行叠加，产生一种新的可视化环境应用到真实世界，被人类视觉、听觉、触觉等感官所感知，从而达到超越现实的感官体验。

（3）混合现实 MR

混合现实 MR 是 AR 技术的升级，基于 AR 将虚拟世界信息与真实世界信息叠加在一起产生一种新的可视化环境。基于该环境，虚拟世界与真实世界两者之间可以互动操作，即虚拟世界可以操作真实世界，真实世界可以操作虚拟世界，而且是"实时的"。

8.11.2　VR/AR/MR 技术架构

基于 VR、AR、MR 技术，构建出 VR/AR/MR 技术架构，如图 8-11 所示。

（1）虚拟输入设备

●三维定位跟踪设备。是 VR/AR/MR 中用于测量三维对象位置和方向实时变化的硬件设备，通常需要测量用户头部、手和四肢的运动，以便控制方向、运动和操作对象。三维空间中的活动对象有 6 个自由度，其中 3 个用于平移，3 个用于旋转。

●人体运动捕捉设备。人体运动捕捉的目的是把真实的人体动作完全附加到一个虚拟角色上，表现出真实人物的动作效果，此类设备由 4 个部分组成：传感器、信号捕捉设备、数据传输设备和数据处理设备。

●手部姿态输入设备。用于测量用户手指（有时也包括手腕）的实时位置，其目的是实现基于手势识别的自然交互。这类产品中最为常见的就是数据手

虚拟场景展示	VR场景操作与展示		VR/AR场景操作与展示		VR/AR/MR场景操作与展示	
虚拟场景操作	虚拟场景创建功能	虚拟多感知性功能	虚拟浸没感功能		虚拟交互性功能	虚拟想象性功能
虚拟开发工具	ARToolKit+开发工具	Holokit开发工具	BRIO开发工具		Adobe Aero开发工具	
	Vuforia Engine开发工具	A-Frame开发工具	ApertusVR开发工具		其他开发工具	
虚拟应用软件	三维动画类软件		网络场景类软件		直接控制类软件	
	几何建模软件	运动建模软件	物理建模软件	行为建模软件	声音建模软件	
数据库	地理空间数据库	遥感影像数据库	实景影像数据库	高程模型数据库	场景模型数据库	建筑模型数据库
图形计算机	高档PC机	高档工作站	高档小型机	高档中型机	高档大型机	高档巨型机
虚拟输出设备	立体显示设备		声音输出设备		触觉、力觉反馈设备	
虚拟输入设备	三维定位跟踪设备	人体运动捕捉设备		手部姿态输入设备	其他手控输入设备	

图 8-11　VR/AR/MR 平台架构

套,可以实时获取用户手掌、手指姿态,可将手掌和手指伸屈时的各种姿势转换成数字信号传送给计算机。

●其他手控输入设备。通过对传统的鼠标、键盘等交互设备改进,人们还设计出一些手控输入设备,如三维鼠标、力矩球等。

（2）虚拟输出设备

●立体显示设备。VR/AR/MR 的沉浸感主要来源于人类的视觉感知,三维立体视觉是虚拟现实系统的第一反馈通道,这就需要立体显示设备,包括台式立体显示系统、头盔显示器、吊杆显示器等。

●声音输出设备。声音输出设备是对立体显示设备提供的视觉反馈的补充,在 VR/AR/MR 中主要使用耳机和喇叭这两类声音输出设备。

●触觉、力觉反馈设备。触觉、力觉反馈帮助用户在探索虚拟环境时,利用接触感来识别虚拟对象位置和方向,并操作和移动虚拟物体以完成某项任务。目前触觉、力觉反馈设备主要为手指接触感的反馈,种类有数据手套等。

（3）图形计算机

专业图形处理计算机从输入设备中读取数据,访问与任务相关的数据库,执行任务要求的实时计算,从而实时更新虚拟世界状态,并把结果反馈给输入、输出等设备,包括高档 PC 机、高档工作站、高档小型机、高档中型机、高档大型机、高档巨型机等。

（4）数据库

数据库用来存放 VR/AR/MR 中所有对象模型的相关信息和平台所需要的各种数据库，包括地理空间数据库、遥感影像数据库、实景影像数据库、高程模型数据库、场景模型数据库、建筑模型数据库等。

（5）虚拟应用软件

● 对象建模类软件。包括几何建模、运动建模、物理建模、行为建模、声音建模等。

● 制图类软件。包括三维动画类、网络场景类、直接控制类等。

（6）虚拟开发工具

包括 ARToolKit＋开发工具、Holokit 开发工具、BRIO 开发工具、Adobe Aero 开发工具、Vuforia Engine 开发工具、A-Frame 开发工具、ApertusVR 开发工具。

（7）虚拟场景操作与展示功能

虚拟场景操作包括虚拟场景创建、多感知性、浸没感、交互性、想象性等操作功能；虚拟场景展示包括 VR 场景、VR/AR 场景、VR/AR/MR 场景等展示功能。

8.11.3　VR/AR/MR 平台功能

（1）虚拟场景创建功能

是把原本在现实世界的一定时间空间范围内很难体验到的实体信息（视觉信息、声音、味道、触觉等）通过电脑等科学技术，模拟仿真后再叠加，将虚拟的信息应用到真实世界，被人类感官所感知，并能实现真实世界和虚拟世界两者之间的互动，从而达到超越现实的感官体验。

（2）多感知性功能

指除了一般计算机技术所具有的视觉感知之外，还有听觉感知、力觉感知、触觉感知、运动感知，甚至包括味觉感知、嗅觉感知等。理想的虚拟现实技术应该具有一切人所具有的感知功能，目前仅限于视觉、听觉、力觉、触觉、运动等几种。

（3）浸没感功能

又称临场感或存在感，指用户感到作为主角存在于模拟环境中的真实程度。理想的模拟环境应该使用户难以分辨真假，使用户全身心地投入计算机创建的三维虚拟环境中，该环境中的一切看上去是真的，听上去是真的，动起来是真的，甚至闻起来、尝起来等一切感觉都是真的,如同在现实世界中的感觉一样。

（4）交互性功能

用户进入虚拟环境后,通过多种传感器与多维化信息的环境发生交互作用,用户可以进行必要的操作,虚拟环境中做出的相应响应,亦与真实的一样。虚拟世界的交互方法主要有:行为捕捉、肌电模拟、手势交互、眼动交互、触觉反馈、方向追踪、语音响应、传感器等。

（5）想象性功能

是指通过用户沉浸在"真实的"虚拟环境中,与虚拟环境进行了各种交互作用,从定性和定量综合集成的环境中得到感性和理性的认识,从而可以深化概念,萌发新意,产生认识上的飞跃。这种认识结果输入到系统中去,系统会将处理后的状态实时显示或由传感装置反馈给用户。如此反复,这是一个学习—创造—再学习—再创造的过程,因而可以说,虚拟现实是启发人的想象性思维的活动。

（6）虚拟场景展示功能

包括 VR 场景展示、VR/AR 场景展示、VR/AR/MR 场景展示。

第9章 应急通用功能层技术方案及实现

9.1 功能层次架构

基于智慧应急平台总体技术架构,设计出应急通用功能层的功能层次架构,如图 9-1 所示。

9.2 应急实体操作

9.2.1 GIS 图形缩放

由于 GIS 中地图信息量大,为了突出主题、方便查询和实现最佳的显示效果,通常需要在大范围显示矢量地图时只显示地图的主要地物和标志,而在小范围显示矢量地图时则需要更为详细的次要地物和标志,这就需要矢量地图具有放大、缩小的功能,即 GIS 图形缩放功能。

9.2.2 GIS 图形漫游

矢量地图漫游功能是解决屏幕小与观察范围大之间矛盾的有效途径,是通过平移变换来实现的。利用平台提供的移图功能,用户可以实现在任意地点的漫游。因此,漫游也就是拖动的功能,在矢量地图上任意一点单击后,并继续按住鼠标的左键不放、拖动,矢量地图会随着鼠标拖动的方向移动。漫游功能可作为一种辅助功能,帮助人们大致浏览矢量地图。

9.2.3 GIS 图形编辑

GIS 图形编辑是以图形可视化方式编辑某些矢量地图的工具,它所操作的对象是矢量地图的点、线、面几何目标等图元,更改其位置、尺寸、形状、属性等。

应急机器人层	空中应急机器人	陆地应急机器人	水下应急机器人	通用应急机器人	
	环境感知技术	运动控制技术	自学习技术	人机交互技术	网络协同技术
应急语言理解层	应急文本语言理解		应急口语语言理解	应急机器人语言理解	
	词典构造	语音分析	语法分析	语义分析	语用分析 篇章分析
应急视频分析层	应急目标检测	应急目标分类	应急目标跟踪	应急目标行为识别	应急目标行为理解
	应急固定视频	应急移动视频	应急共享视频	应急社交媒体视频	应急机器人视频
应急视频共享层	公安视频监控	交通视频监控	国土视频监控	城管视频监控	综治视频监控
	安监视频监控	水利视频监控	环保视频监控	人防视频监控	场所视频监控
应急服务接口层	应急 Web 接口	应急功能接口	应急云应用接口	应急内嵌接口	应急 API 接口
应急态势推演层	应急事件态势推演	应急承载体态势推演	应急活动控制态势推演	应急环境态势推演	
	应急资源态势推演	应急组织态势推演	应急任务态势推演	态势推演进程控制	
应急态势标绘层	应急专题标绘	应急指挥标绘	应急调度标绘	应急协同标绘	
	应急轨迹跟踪标绘	应急反演模拟标绘	应急红蓝对抗标绘	应急标绘成果存储	应急标绘成果输出
	态势标号分类	态势标号颜色	态势标号定位	态势标号生成	
应急实体展现层	矢量地图展现	栅格地图展现	数字高程展现	遥感影像展现	影像地图展现
	实景影像展现	统计图形展现	专题地图展现	社交媒体展现	VR/AR/MR展现
应急实体制图层	地图制图		遥感影像制图	实景影像制图	
	制图内容设计	制图数学基础设计	制图符号设计	制图注记设计	
	制图色彩设计	制图整饰设计	制图图例设计	制图图面设计	
应急辅助决策层	关联性辅助决策	因果性辅助决策	规律性辅助决策	趋势性辅助决策	预测性辅助决策
应急大数据分析层	文本数据分析	Web 数据分析	音频视频分析	社交媒体分析	移动数据分析 用户画像分析
应急知识挖掘层	空间特征知识	聚类特征知识	分布规律知识	区分规则知识	存在状态知识
	空间关联知识	相关因素知识	关异常偏差知识	差概念描述知识	发生频率知识
	源头追溯知识	社交媒体知识	Web 页知识	演变规律知识	趋势预测知识
应急实体统计层	回归统计分析	层次统计分析	主成分统计分析	分类统计分析	聚类统计分析
	判别统计分析	序列统计分析	插值统计分析	集离统计分析	关联统计分析
	因子统计分析	向量机统计分析	相关统计分析	趋势统计分析	统计图形表达
应急实体分析层	叠加分析	缓冲区分析	关系分析	通视分析	流域分析 日照分析
	合并分析	网络分析	选址分析	时空分析	栅格分析 其它
应急实体查询层	属性条件查询	空间条件查询	窗口条件查询	关系条件查询	组合条件查询
应急实体量算层	点状实体量算	线状实体量算	面状实体量算	体状实体量算	实体形态量算 实体质心量算
应急实体操作层	GIS图形缩放	GIS图形漫游	GIS图形编辑	GIS拓扑构建	GIS导入/导出 GIS图形打印

图 9-1　平台应急通用功能层功能层次架构

9.2.4　GIS 拓扑构建

(1)空间拓扑关系概念

GIS 中用传统的基于矢量地图数据结构的点、线、面几何目标描述地理要素，但难以直接描述离散地理要素之间的空间关系，即它们之间的邻接性、关联性和包含性等关系，而空间拓扑关系能很好地描述它们之间的邻接、关联和包含关系。

(2)空间拓扑结构描述

地理要素之间的基本关系有点—点关系、点—线关系、点—面关系、线—线关系、线—面关系和面—面关系，这些关系表现了点、线、面几何目标间拓扑关系中的邻接、关联和包含关系等，空间拓扑结构就是指在数据结构上借助拓扑几何学的概念来定义这些关系。在 GIS 中，空间拓扑数据结构表示如下：

线目标号	始点目标号	终点目标号	左面目标号	右面目标号

点、线、面目标之间的空间拓扑关系(邻接、关联、包含)都用上述结构可显式地表达出来，如图 9-2 所示。这些关系可用空间拓扑关系表格表达出来，如表 9-1 所示。

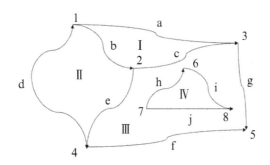

图 9-2　点、线、面几何目标图形

表 9-1　空间拓扑关系表格

线目标号	始点目标号	终点目标号	左面目标号	右面目标号
a	1	3	0	I
b	1	2	I	II
c	2	3	I	III
d	4	1	0	II
e	2	4	III	II
f	4	5	III	0

续表

线目标号	始点目标号	终点目标号	左面目标号	右面目标号
g	3	5	0	Ⅲ
h	7	6	Ⅲ	Ⅳ
i	6	8	Ⅲ	Ⅳ
j	7	8	Ⅳ	Ⅲ

9.2.5　GIS 导入/导出

在进行 GIS 处理时,除了使用自己的数据格式外,还需要对多种外部的数据格式进行操作。也就是在 GIS 应用领域,可能会遇到其他 GIS 的多种异类数据源,在本级 GIS 中需要处理这些异类数据源的数据,因此需要将这些异类数据源转换给本级 GIS 使用,以及将本级 GIS 的数据源转换给其他 GIS 使用,这就需要 GIS 导入/导出。

9.2.6　GIS 图形打印

GIS 图形打印就是将矢量地图转化为纸质地图。如何在纸质地图上充分发挥矢量地图的动态性、交互性、多尺度性等特点,成为矢量地图打印输出研究的重要内容。

9.3　应急实体量算

9.3.1　点状实体量算

点状实体的量算主要指对其位置信息的量算(例如坐标),还包括点与点之间的距离、点到直线的距离、点到平面距离等的量算。

9.3.2　线状实体量算

线状实体的量算包括其长度、方向、中点等方面的内容,还包括曲线拟合及方位角、线面夹角、曲线的曲率等的量算。

9.3.3　面状实体量算

面状实体量算包括面积、周长、平面重心、平面中心、平面延展性、最大内切圆、最小外接圆和最小凸包等的量算。

9.3.4　体状实体量算

体状实体量算包括重心、表面积、投影面积、体积、地形因子等的量算,还包括体与体的最小距离、质心距离等。其中,地形因子又分为宏观地形因子和微观地形因子量算:宏观地形因子包括地表粗糙度、地势起伏度、高程变异系数、地表切割深度等的量算;微观地形因子包括坡度、坡向、坡度变率、坡向变率、地面曲率等的量算。

9.3.5　实体形态量算

实体形态就是把直观的可视化图形用计算机容易应用的定量化的特征值来表示。单独的点状实体形态没有形态特征量算,但对于聚集在一起的点群,可以用类似面状实体形态的方法量算其形态特征;线状实体形态量算包括曲折度、方向等形态特征;面状实体形态量算包括密集度、边界曲折度、主组方向等形态特征。

9.3.6　实体质心量算

描述地理对象空间分布的一个重要指标是目标的质心位置,质心通常为一个面、体的几何中心,是目标保持均匀分布的平衡点。因此,实体质心量算就是对面、体几何中心的量算。

9.4　应急实体查询

9.4.1　属性条件查询

称为"属性查图形",即通过给定属性条件查询响应图形,这与一般的关系数据库 SQL 查询没有区别。查询到结果后,再利用属性与图形的对应关系,在地图上用指定的显示方式将属性与图形结果显示出来。因此,给定应急实体的属性条件,检索该属性条件下的应急实体图形及其属性表达:Select 属性项、From 属性表、Where 属性条件、or 属性条件、and 属性条件。其中,属性条件就是应急实体定性描述、定量描述和地名描述的属性展开项,以这些属性展开项作为输入并进行"or"或"and"组合,再转换为标准的 SQL,由关系数据库管理系统执行操作。

9.4.2　空间条件查询

称为"图形查属性",即通过给定图形条件查询响应属性,这和一般的关系数据库 SQL 查询有区别,采用的是对象—关系型空间数据库技术。给定应急实体的图形条件,检索该空间条件下的应急实体属性及其图形表达:Select 属性项、From 属性表、Where 图形条件、or 图形条件、and 图形条件。其中,图形条件就是基于应急实体坐标通过调用对象—关系型数据库系统等提供的 API 函数,自动计算得出的长度、宽度、面积、周长、体积、表面积、坡度、坡向、曲率半径等空间特征,以这些空间特征作为输入并进行"or"或"and"组合,再转换为标准的 SQL,由对象—关系型数据库管理系统执行操作。

9.4.3　窗口条件查询

称为"窗口查图形、属性",即通过给定窗口范围查询响应图形、属性。给定一个点或"矩形、圆、椭圆、多边形"等窗口,检索该窗口范围内的应急实体图形及其属性表达:

● 点查询。给定一个被捕捉的点,查询被捕捉点的应急实体图形及属性。

● 窗口查询。给定一个矩形、圆、椭圆、多边形等窗口,查询被该窗口覆盖的应急实体图形及属性。

9.4.4　关系条件查询

称为"关系查询图形、属性",即给定某个应急实体,检索与该应急实体具有某种空间关系的其他应急实体图形及其属性,具体表达如下。

● 面—面查询:查询与某个应急实体面目标邻接的其他应急实体面目标图形、属性。

● 面—线查询:查询与某个应急实体面目标邻接的其他应急实体线目标图形、属性。

● 面—点查询:查询与某个应急实体面目标邻接的其他应急实体点目标图形、属性。

● 线—面查询:查询被某个应急实体线目标穿越的其他应急实体面目标图形、属性。

● 线—线查询:查询与某个应急实体线目标相连的其他应急实体线目标图形、属性。

● 线—点查询:查询与某个应急实体线目标相邻的其他应急实体点目标图形、属性。

● 点—面查询:查询某个应急实体点目标落入到其他应急实体面目标图形、属性。

● 点—线查询:查询与某个应急实体点目标相邻的其他应急实体线目标图形、属性。

● 点—点查询:查询与某个应急实体点目标相邻的其他应急实体点目标图形、属性。

9.4.5　组合条件查询

基于上述属性条件查询、空间条件查询、窗口条件查询、关系条件查询等查询方式,可得出如下组合条件查询方式。

（1）两者组合条件查询

● 属性条件查询与空间条件查询两者组合。查询同时满足属性条件与空间条件的应急实体图形和属性。

● 属性条件查询与窗口条件查询两者组合。查询同时满足属性条件与窗口条件的应急实体图形和属性。

● 属性条件查询与关系条件查询两者组合。查询同时满足属性条件与关系条件的应急实体图形和属性。

● 空间条件查询与窗口条件查询两者组合。查询同时满足空间条件与窗口条件的应急实体图形和属性。

● 空间条件查询与关系条件查询两者组合。查询同时满足空间条件与关系条件的应急实体图形和属性。

● 窗口条件查询与关系条件查询两者组合。查询同时满足窗口条件与关系条件的应急实体图形和属性。

（2）三者组合条件查询

● 属性条件查询、空间条件查询、窗口条件查询三者组合。查询同时满足属性条件、空间条件、窗口条件的应急实体图形和属性。

● 属性条件查询、空间条件查询、关系条件查询三者组合。查询同时满足属性条件、空间条件、关系条件的应急实体图形和属性。

● 属性条件查询、窗口条件查询、关系条件查询三者组合。查询同时满足属性条件、窗口条件、关系条件的应急实体图形和属性。

（3）四者组合条件查询

属性条件查询、空间条件查询、窗口条件查询、关系条件查询四者组合。查询同时满足某种属性条件、空间条件、窗口条件、关系条件的应急实体图形和属性。

9.5 应急实体分析

9.5.1 叠加分析

就是将两层或多层应急实体进行叠加产生一个新应急实体层的操作，其结果将原来应急实体图形和属性通过分割或合并等生成新应急实体图形和属性，具有如下三种方式。

● 点与面叠加。实质是计算点的包含关系，即判断各个点被面包含的归属

（落在哪个面内），叠置的结果是为每点产生一个新的点与面包含关系。

●线与面叠加。实质是计算线的包含关系，即判断各个线被面分割后的归属（落在哪个面内），叠置的结果是为每条线被分割后产生一条新的线与面包含关系。

●面与面叠加。实质是将两个或多个面进行叠加产生若干个新面的操作，叠加的结果是通常把一个面分割成多个面，并为每面产生一个新的属性。

9.5.2 缓冲区分析

就是针对点、线、面应急实体，自动建立其周围一定宽度范围以内的缓冲区而进行的空间分析。缓冲区的产生有三种情况：①点缓冲区，通常以该点为圆心、以一定距离为半径的圆状缓冲区；②线缓冲区，通常是以该线为中心轴线，距中心轴线一定距离的平行条带多边形状缓冲区；③面缓冲区，通常是以该面几何中心为中心，向外或向内扩展一定距离以产生的多边形状缓冲区。基于这些缓冲区可进行如下分析。

●点缓冲区分析：是指分析被点缓冲区完全覆盖的所有点、线、面应急实体图形和属性。

●线缓冲区分析：是指分析被线缓冲区完全覆盖的所有点、线、面应急实体图形和属性。

●面缓冲区分析：是指分析被面缓冲区完全覆盖的所有点、线、面应急实体图形和属性。

9.5.3 关系分析

就是基于应急实体之间存在的空间关系而进行的空间分析。

●相邻关系分析（相同实体类型之间的关系）。面—面：分析与某个面状应急实体相邻的其他面状应急实体，如与某行政区划相邻的其他行政区划；线—线：分析与某个线状应急实体相邻的其他线状应急实体，如与某主河流相邻的所有其他支流；点—点：分析与某个点状应急实体相邻的其他点状应急实体，如 A 点与 B 点是否相通。

●关联关系分析（不同实体类型之间的关系）。面—线：分析与面状应急实体关联的线状应急实体，如组成行政区划的境界线；面—点：分析与面状应急实体关联的点状应急实体，如行政区划境界线上的村庄；点—线：分析点状应急实体关联的线状应急实体，如与阀门相关的水管。

●包含关系分析。分析被面状应急实体包含的点、线、面状应急实体，同层包含：如省级行政区划包含的市级行政区划；不同层包含：如省级行政区划包含的湖泊。

●穿越关系分析。分析线状应急实体穿越了哪些面或线状应急实体,如某条公路穿越了哪些县级行政区划或哪些条公路。

●落入关系分析。分析某个点、线、面状应急实体落入哪些线、面状应急实体之内,如哪些桥梁在某条公路上或在某个行政区划内。

9.5.4 通视分析

简单地说就是在灾区地面上给定一视点,计算出该视点可以见到的灾区全部区域。根据维数的不同,通视分析可分为:

●点的通视分析:指已知灾区观察点,计算该点能可视的灾区其他点。

●线的通视分析:指已知灾区观察点,计算该点能可视的灾区通视线。

●面的通视分析:指已知灾区观察点,计算该点能可视的灾区地形表面(多边形)区域集合。

●体的通视分析:指已知灾区观察点,计算该点能可视的灾区地形空间(体)区域集合。

9.5.5 流域分析

基于 DEM 计算派生计算出灾区平时有水域和无水域的河流流域要素,包括主流沟谷段、次流沟谷段、主流次流节点、汇流源点、分水线、分水线源点、流域边界、流水方向等。这些是描述河流流域水文特征的重要因素,尤其针对平时无水域的河流流域更有作用,防范灾区洪水季节突然出行的某些河流流域。

9.5.6 日照分析

太阳照射的影子分析,涉及时间、地域、建筑物造型等多种复杂因素。将这些相互影响的因素综合起来进行建筑物影子分析,可用于灾后新建筑物的重建,避免出现建筑物之间出现太阳影子,影响日照。

9.5.7 合并分析

简单地说就是将若干个小面(多边形)合并成一个大面(多边形),实际意义就是将若干个小的土地图斑(多边形)合并成一个大的土地图斑(多边形),如灾后灾区的土地图斑合并等。

9.5.8 网络分析

现实中许多现象都可以直接或经过适当的变换形成点之间连线而组成的地理网络,例如铁路、公路、通信线路、生产过程、经济流量、人口迁移路线、自然系统中的物质流、能量流和信息流等网络,对这些灾区地理网络进行分析,就可得到一些很有意义的应急决策结果。

(1)应急路径分析

● 通行路径。

● 最佳路径。

● 链最佳游历方案。

● 结点最佳游历方案。

● 静态求最佳路径。

● 动态最佳路径分析。

● N 条最佳路径分析。

(2)应急地址匹配分析

就是将文字性的描述地址与其地理位置坐标建立起对应关系的过程,即按照特定的步骤为地址查找匹配的地理位置。首先,要将地址标准化;其次,搜索地址匹配参考数据,查找潜在的地理位置;然后,根据与地址的接近程度为每个候选地理位置指定分值;最后,用分值最高的来匹配这个地址。

(3)应急资源分配分析

资源分配网络模型由中心点(分配中心)及其状态属性和网络组成,通过网络模拟资源的供需分配问题,规划一些重要的应急公共设施,表述为:设一定数量的需求点(消费点),求供给点(公共设施)选址与分配。

● 普通设施:商业中心、医院、教育、养老院等。

● 应急设施:消防队、急救站、避难所等。

9.5.9 选址分析

是指对灾区某一人工设施的建设地址进行论证和决策的过程。①设置的区域以及区域的环境和应达到的基本要求;②设在具体的哪个地点、哪个方位;③选址算法,包括最小距离选址、最大面积选址、距离—面积选址、最小成本选址、最大效率选址、成本—效率选址、几何重心选址、几何中心选址、交通可达性选址、邻避型选址等。

9.5.10 时空分析

地理空间数据中各类应急实体普遍存在的空间相关性(全局相关和局部相关),加之时间维度的随机性和复杂性,时空数据呈现出多维、语义、时空动态关联等特征。

(1)时空聚类分析

● 时空位置聚类,用于发现应急实体在空间位置上毗邻、时间上邻近发生的时空分布格局与规律。

●顾及非空间专题属性的时空聚类,旨在发现具有相似专题属性的应急实体或现象(如灾区监测站点的空气质量、气温等)在时空域上聚集分布的特征。

(2)时空异常分析

●基于位置的空间异常探测。提取地理空间位置具有明显偏离全局或局部分布特征的小部分应急实体集合。

●基于位置—属性的空间异常探测。提取与地理空间邻近实体属性相比具有明显差异,而与整体相比差异可能不明显的应急实体集合。

●基于位置—时间的时空轨迹异常探测。提取时空轨迹的应急实体形状异常和分布异常。

●基于位置—时间—属性的时空序列异常探测。提取属性与时空域相比具有显著差异的应急实体集合。

(3)时空关联分析

●地理空间域向时空域的拓展。借助时空分治或时空耦合策略在地理空间同位模式挖掘模型中纳入时间因子,用于发现频繁同时或依次出现于邻近时空位置的应急实体集合,如深夜发生于灾区附近的群发案件。

●欧氏空间向网络空间的拓展。以网络空间最短路径距离定义应急实体间的邻近关系,发现应急实体在网络约束下的频繁同现规律,如灾区邻近街道上的商铺。

●全局模型向局部模型的拓展。顾及应急数据的异质性,通过区域划分或聚类分析思想识别应急实体频繁满足空间邻近关系的空间关联区域,如灾区占据特定空间的生物共生群落。

(4)时空预测分析

时空预测分析是指分析具有时间属性并在三维空间中具有绝对位置和相对位置的数据,通过构建反映时空变量间关系的模型对突发事件或现象未知的空间属性值或专题属性值进行估计预测,如灾区天气预测、交通流预测、次生灾害预测等等。

9.5.11　栅格分析

栅格数据结构又称为矩阵结构,是将地表面划分为大小均匀、紧密相邻的网格矩阵,每个网格作为一个像元或像素,由行、列号定义,它包含一个代码,以表示该网格的属性或指向属性记录的指针。栅格分析适合下列工作:

●应急距离制图。

●应急密度制图。

●应急表面分析。
●应急统计分析。
●应急栅格计算。
●应急水文分析。
●应急矢栅数据转换。

9.6 应急实体统计

9.6.1 回归统计分析

是一种预测性的建模技术，它研究的是应急实体因变量（目标）和自变量（预测器）之间的关系，是确定两种或两种以上变量间相互依赖的定量关系的一种统计分析方法，通常用于应急管理的预测分析。按照涉及的自变量多少，分为一元回归和多元回归分析；按照因变量的多少，可分为简单回归分析和多重回归分析；按照自变量和因变量之间的关系类型，可分为线性回归分析和非线性回归分析。

9.6.2 层次统计分析

在分析涉及大量相互关联、相互制约的应急实体复杂因素时，各因素对问题的分析有着不同程度的重要性，决定它们对目标重要性的序列。应急实体层次统计分析就是把相互关联的应急实体要素按隶属关系分为若干层次，请有经验的专家对各层次、各因素的相对重要性给出定量指标，利用数学方法，综合专家意见给出各层次各要素的相对重要性权值，作为应急管理综合分析的基础。

9.6.3 主成分统计分析

通过正交变换将一组可能存在相关性的应急实体变量转换为一组线性不相关的变量，转换后的这组变量叫主成分。主成分分析就是考察应急实体多个变量间相关性的一种多元统计方法，研究如何通过少数几个应急实体主成分来揭示多个变量间的内部结构，即从原始变量中导出少数几个主成分，使它们尽可能多地保留原始变量的信息，且彼此间互不相关。

9.6.4 分类统计分析

分类统计分析的目标是根据已知应急实体样本的某些特征，通过计算选择特征参数，创建判别函数以对应急实体样本进行的分类，即统计分析判断一个新的应急实体样本属于哪种已知的应急实体样本类。因此，简单地说，分类统计分析就是把应急实体数据分成不同类别。

9.6.5　聚类统计分析

聚类统计分析是指将物理或抽象应急实体的集合分组为由类似应急实体组成的多个类的分析过程,目标就是在相似的基础上收集数据来进行应急实体分类。这是一个将应急实体数据分类到不同的类或者簇的过程,同一个簇中的对象有很大的相似性,而不同簇间的对象有很大的相异性,包括系统聚类法、分解法、加入法、动态聚类法、有序样品聚类、有重叠聚类和模糊聚类等。

9.6.6　判别统计分析

判别统计分析又称"分辨法",是在分类确定的条件下,根据某一研究应急实体的各种特征值,判别其类型归属问题的一种多变量统计分析方法。判别统计分析与聚类统计分析同属分类问题,所不同的是,前者是预先根据理论与实践确定等级序列的因子标准,再将待分析的地理实体安排到序列的合理位置上,而后者依其判别类型的多少与方法的不同,可分为两类判别、多类判别和逐步判别等。常用的有距离判别法、最小风险判别、费歇准则判别等。

9.6.7　序列统计分析

用随机过程理论和数理统计学方法,研究应急实体随机数据序列所遵从的统计规律,以用于解决应急管理实际问题。由于在多数问题中,应急实体随机数据是依时间先后排成序列的,故称为序列统计分析。它包括一般统计分析(如自相关分析、谱分析等),统计模型的建立与推断,关于随机序列的最优预测、控制和滤波等内容。

9.6.8　插值统计分析

插值分析可以基于有限的应急实体采样点数据,通过插值对采样点周围的数值情况进行预测,从而掌握研究区域内应急实体数据的总体分布状况,而采样的离散点不仅仅反映其所在位置的数值情况,而且可以反映区域的应急实体数值分布。提供三种插值方法:距离反比权重法(IDW)、克吕金插值方法(Kriging)、径向基函数插值法(RBF)。

9.6.9　集离统计分析

集离统计分析包括:集中特征数分析和离散特征数分析。集中特征数分析描述应急实体数据集集中程度,如频数和频率、平均数、数学期望、中数、众数等;离散特征数分析描述应急实体数据集离散程度,如极差、离差、方差与标准差、变差系数等。

9.6.10　关联统计分析

是一种在应急实体数据中发现变量之间的有趣性关系的方法,它的目的是利用一些有趣性的量度来识别应急实体数据中发现的关联规则。如果考虑关联规则中的数据项是否出现,则这种关联规则是布尔关联规则;如果关联规则中的数据项是数量型的,这种关联规则是数量关联规则;如果关联规则各项只涉及一个维,则它是单维关联规则;如果关联规则涉及两个或两个以上维度,则它是多维关联规则;如果不涉及不同层次的数据项,得到的是单层关联规则。

9.6.11 因子统计分析

因子统计分析是针对潜在的、未观察应急实体变量的数量,来描述观察应急实体相关变量之间的变异性。例如,六个应急实体观测变量的变化可能主要反映了两个未观测(基础)变量的变化。因此,因子统计分析能针对未观察到的、潜在应急实体变量寻找此类共同变化,从而将观察到的应急实体变量建模,使之成为潜在因素。

9.6.12 向量机统计分析

支持向量机是一种二分类模型,是一种监督模式识别和机器学习方法,在机器学习、计算机视觉、数据挖掘中广泛应用,主要解决应急实体数据的分类问题,目的是寻找一个超平面对应急实体样本进行分割,分割的原则是间隔最大化。通常用于应急实体二元分类问题,对于多元分类可将其分解为多个二元分类问题,再进行分类。

9.6.13 相关统计分析

就是分析应急实体变量之间是否存在某种因果关系,它是描述应急实体之间密切程度的方法,能以适当的统计指标将这种密切程度表示出来。根据相关程度可分为完全相关、不完全相关和不相关;根据相关的方向可分为正相关和负相关;根据相关的形式分为线性相关和非线性相关;根据分析对象可分为二元变量之间的相关分析,带有控制变量的偏相关分析,以及多元变量之间的相关分析。

9.6.14 趋势统计分析

趋势统计分析是一种基于应急实体有关指标各时期的对比,通过它的涨幅或降落等指标,从而确定变化趋势和变化规律的一种分析方法,可用相对数也可用绝对数,总体上分四大类:纵向趋势统计分析法、横向趋势统计分析法、标准趋势统计分析法、综合趋势统计分析法,主要用于对应急实体数据进行分析预测,分析其发展趋势,并预测出可能的发展结果。

9.6.15 统计图形表达

科学研究收集到的应急实体原始数据,经过整理和计算分析得出的结果,常常用统计图形的形式来表达,其目的是便于阅读和分析比较,从而在较短的时间内掌握统计资料所反映应急实体现象或事物的规律性和关联性。统计图形一般会根据所统计数据的不同特点选择不同类型的统计图形来进行数据统计,可以分为趋势类、比较类、占比类和分布类。

9.7　应急知识挖掘

9.7.1　空间特征知识

是指对应急实体空间几何特征和几何属性特征的知识描述,包括:空间几何特征是指目标的位置、形态特征、走向、连通性、坡度等普遍的特征;空间几何属性特征指目标的数量、大小、面积、周长、名称等定量或定型的非几何特性。这类知识是最基本的,是发现其他类型应急实体知识的基础,如"灾区大部分道路是东西向或南北向"、"灾区大部分道路是沙质的"是两条描述灾区道路的空间特征知识。

9.7.2　聚类特征知识

就是指基于聚类分析得到的应急实体聚类特征知识,其目的是把应急实体按一定的规则分为若干类。通俗地讲,也就是把相似的应急实体个体(观察量)归于一群,如灾区的大部分大楼集中在海曙区。

9.7.3　分布规律知识

是指应急实体在地理空间上的分布规律知识,包括:①水平向分布知识,指应急实体在水平方向的分布规律,如灾区不同区域公用设施的损失差别分布规律;②垂直向分布知识,指应急实体在垂直方向的分布规律,如灾区相同区域公用设施沿坡度、坡向分布的损失差别分布规律;③水平垂直交叉向分布知识,指应急实体在水平和垂直方向的分布规律,如灾区不同区域公用设施沿坡度、坡向分布的损失差别分布规律。

9.7.4　区分规则知识

是指描述两类或几类应急实体之间几何和属性不同特征的知识,即可以区分不同类目标的特征,如灾区某个地区大楼十分密集,而另外一个灾区大楼十分稀疏,是两条描述灾区大楼总体分布特征的区分规则知识。

9.7.5　存在状态知识

是指对于客观存在的应急实体,需要经常研究一定时间、地点、条件下其量变情况的知识,分析什么时间段、什么地点、什么条件下灾区某突发公共事件总量处于高位发生的情况等等,如在 2011 年 9 月某地区的地震在半夜发生的概率较大。

9.7.6 关联规则知识

在自然和人文界中,各种应急实体(现象)的分布并不是孤立的,它们相互影响,相互制约,彼此之间存在着一定的关联。关联规则知识是反映一个应急实体与其他应急实体之间的相互依存性和关联性的知识,包括应急实体之间相离、相邻、相连、共生、包含、被包含、覆盖、被覆盖、交叠等关联规则知识,例如,灾区某一居民地(城镇)与道路相连,道路与河流的交叉口是桥梁等。

9.7.7 相关因素知识

应急实体是相互联系的,在其联系中存在因果关系、比例关系、平衡关系等。相关因素知识就是利用这种相互联系进行数量关系的分析,以研究其中存在的规律性知识,用于分析某个时间段、某个地点、某个条件下、某一灾害发生总量处于高位运行的相关因素等,如在 2011 年 9 月某一地区的交通事故灾难在晚上发生的概率较大,主要原因是驾驶员疲劳驾驶或喝酒等。

9.7.8 异常偏差知识

应急实体中的数据存在很多异常情况,发现存在的异常情况是非常重要的。异常偏差知识是对应急实体之间的差异和极端特例的描述知识,揭示其偏离常规的异常情况,如分析城市某个群体事件案发总量处于特殊高位运行的时间段、地点、条件。

9.7.9 概念描述知识

就是对某类应急实体的内涵进行描述并概括其有关特征的知识,分为特征性描述知识和区别性描述知识,前者描述某类应急实体的共同特征,后者描述不同类应急实体之间的区别,如地震灾害损失有某些共同特征的描述,而地震和水灾灾害损失有某些不同特征的描述。

9.7.10 发生频率知识

就是对应急实体数据按组进行归纳整理,生成变量取不同值的频数分析表,形成对应急实体数据的数量特征和观测量分布状况的总体认知知识,如对某个突发事件进行发生频率分析,找到哪些突发事件易频发,以及它们的发生频率。

9.7.11 源头追溯知识

就是能对应急实体整个生命周期所涉及的各个时间点信息进行追溯,从中分析出所涉及的感兴趣信息的知识,如人们针对某一突发事件在应急准备、应急响应、应急处置、应急保障、应急善后等各个生命周期阶段所做的各种应急活动描述。

9.7.12　社交媒体知识

社交媒体数据中包含文本信息、时间信息以及空间信息等，通过数据挖掘，使人们能够获取许多社交媒体知识。这些知识含有丰富的灾害信息，能够依靠这些知识支持灾害预警、实时监测、损失和救助需求评估、协助快速应急响应以及预测可能的灾害风险等灾害管理工作，如提供致灾强度图、损失预测和舆情分析等知识服务于灾害应急管理。

9.7.13　Web 页面知识

随着 Internet 的迅速发展及 Web 的全球普及，Web 上的信息量无比丰富。通过对 Web 的挖掘，可以收集到有关突发事件各个方面的知识，而后根据这些知识找出应急管理过程中出现的各种问题和可能引起危机的先兆，以便识别、分析、评价应急管理等。

9.7.14　演变规律知识

如果应急实体数据库中存有同一灾区不同时期有关灾害数据的快照，将这些不同时间的灾害数据进行挖掘处理与分析，就可以发现突发事件依时间的动态发展规律知识，即突发事件的空间演变规律。换言之，演变规律知识是指突发事件依时间的变化规则知识，如某地区某个突发事件的动态发展规律等，人们可以利用这些演变规律知识进行趋势预测。

9.7.15　趋势预测知识

社会经济现象的发展变化受许多因素影响，有长期起作用的基本因素，也有短期因素和偶然因素。趋势预测知识就是排除短期偶然因素的影响，利用历史突发事件数据找出演变规律，建立趋势预测模型，并由此模型对未来突发事件的种类及特征进行趋势预测，如根据目前突发事件发生的演变规律，对未来突发事件发生的趋势进行预测等。

9.8　应急大数据分析

9.8.1　文本数据分析

文本数据是信息储存的最常见形式，包括新闻、电子邮件、文档、网页、社交媒体、论坛、评论（新闻评论、购物评论等）等内容，文本分析包括：

●文本应急情绪分析。是指通过自动提取、挖掘文本特征，以判断应急文本是否包含情绪信息，并对含有情绪信息文本再进行细粒度分类，识别用户所表达的情绪类别,如"高兴"、"悲伤"、"愤怒"等。

●网络应急舆情监控。提取应急网络文本的关键词,组成语义网络之后分析语义倾向,达到应急舆情监控的目的。

●社交网络应急情绪监控。就是对个人社交网络的应急信息进行监控,通过文本分析和机器学习的技术,分析出此人的情绪状况,一旦出现极端的负面情绪,可以通过一定的措施避免极端行为的发生,达到社交网络应急情绪监控目的。

9.8.2 Web 数据分析

Web 数据分析的目标是从 Web 文档和服务中自动检索、提取和评估应急信息以发现应急知识,Web 数据分析内容包括:

●Web 应急内容数据分析。对 Web 应急文档内容和描述的文档信息规律及模式进行分析,是基于用户角度将数据中的有价值应急信息分析出来,为用户决策提供参考。

●Web 应急结构数据分析。Web 站点中的页面链接关系与组织结构内往往存在大量应急信息,而 Web 结构数据分析即是从其中分析出有价值的应急模式或知识。

●Web 应急日志数据分析。日志可对用户登录网站的地址、时间、浏览器、页面路径、请求方法以及服务器端信息等进行记录,以此反应应急用户群体的共性与个性。Web 日志数据分析就是 Web 使用分析,是从日志文件中分析所需应急信息,以探索用户访问的规律或模式。

9.8.3 音频视频分析

多媒体数据分析是指从音频、视频、动画等应急多媒体数据中提取有趣的应急知识,理解多媒体数据中包含的应急语义信息,包括:

●应急图片语义提取。互联网时代下,图片在产生的同时往往伴生多模态数据的产生,即用户在上传应急文本数据的同时,往往有相应的应急图片数据产生;用户在上传应急图片数据的同时,同样会上传相应的应急文本数据产生。

●应急视频语义提取。由于视频中往往包含众多的应急多模态数据(如音频、视频、动画等),综合利用这些多模态数据之间的关系来帮助应急视频内容的标注就是视频语义提取问题。

●应急多模态数据语义提取。应急多模态数据分析的本质是从海量的多模态数据中快速、准确地找到用户需要的应急信息,通过分析各种模态信息之间的相似性和关联性,提取多模态数据间的语义模型,实现有效突发公共事件描述,从而间接地解决"语义鸿沟"问题。

9.8.4　社交媒体分析

在突发事件期间,每个用户都可以在社交媒体上自由地表达自己的观点、反应、情感、态度和看法。社交媒体分析有助于深入了解公众面对突发事件和应急响应的真实反应,对于用户情感识别、舆情演化分析、需求挖掘以及敏感人群监测都具有重要作用。

●用户情感分析。情感分析的目的是识别社交媒体信息中隐藏的用户对于突发事件的主观情感倾向。

●舆情演化分析。分析社交媒体中不同阶段突发事件的主题与情感演化特征和规律,帮助应急管理部门了解突发事件中公众对事件的看法和情感倾向,预测未来的舆论趋势走向,并妥善应对民众关注热点。

●需求挖掘。需求挖掘是指从社交媒体信息中抽取出受影响人员、资源需求、损失情况等更细粒度的事件要素信息,从而指导应急管理部门以此为依据,优化物资和人员的调度策略,提供精准的救助服务。

●敏感人群监测。通过社交媒体信息的情感挖掘,发现不同用户在事件发生前后一系列(包括恐慌、焦虑或悲伤等)负面情绪,再结合需求动机模型编制用户的需求—动机映射表,最终得到不同类型用户的深层次情感需求特征。而结合时空数据,将公众情感映射到时空地图中,追踪公众情感变化情况,可以及时发现心理状况存在异常的人群,并及时提供一定的心理援助和情绪引导,从而减少与突发事件相关的心理问题发生。

●事件严重性评估。社交媒体信息数量与灾害破坏和财产损失之间存在一定的相关性,可以利用社交媒体信息的数量分布和内容快速推测和评估突发事件的影响和潜在风险。因此,通过计算突发事件后的社交媒体推文密度、转发量、图文数量等指标,可以估计和预测事件的影响和破坏程度。

●态势估计。从社交媒体中挖掘得到的信息本身并不能直接揭示当前的事件态势,还需要揭示社交媒体信息与事件态势的关联关系及映射机制,通过融合社交媒体和其他来源数据(如传感数据、水文数据和数学模型)来实现事件总体态势的估计。

9.8.5　移动数据分析

移动是个体层次空间行为最直接的外在表现,可以利用手机、出租车、社交媒体签到等应急数据提取人的移动模式,帮助我们获取海量个体的移动轨迹,包括:

●社交媒体(推特、微博等)中包含了大量应急文本和图片数据以及带有位置信息的数据,可用于揭示与地理空间位置相关的语义信息。

●对用户的转发、点赞、评论、发布帖子的应急行为进行描述、统计、分析，将用户的操作过程直观地记录下来，整理、统计用户之间的关系，检测其行为轨迹，获取用户的地理位置信息。

9.8.6　用户画像分析

用户画像就是将应急用户信息标签化，通过收集和分析应急用户的基本特征、社会属性、生活习惯、消费习惯等数据，抽象出一个虚拟应急用户的特征全貌，从而全方位、多层次地了解应急用户行为特征，把握用户行为方向。基于大数据的用户画像分析有两个基本要点：

●通过将应急用户特征按不同层面、不同维度赋予不同的标签体系，再通过需求将不同标签组合形成的情境化用户特征，构成用户画像分析的基本逻辑。

●基于大数据的应急用户画像是一个用户画像集，从不同维度可以构建用户基本属性画像、用户行为特征画像、用户产品特征画像、用户互动特征画像等。

9.9　应急辅助决策

9.9.1　关联性辅助决策

在自然和人文界中，各种要素（现象）的分布并不是孤立的，它们相互影响，相互制约，彼此之间存在着一定的关联关系，即显性关联或隐性关联，该关系是反映一个事物与其他事物之间的相互依存性和相互关系性，通过数据挖掘和大数据技术可以从大量数据中找出各种要素（现象）之间的关联关系。关联关系是一种结构化的关系，指一种对象和另一种对象有联系。给定关联的两个类，可以从其中的一个类的对象访问到另一个类的相关对象。关联关系可以有方向，只在一个方向上存在的关联，称为单向关联关系；在两个方向上都存在的关联，称为双向关联关系。因此，关联关系非常重要，往往用于制定应急实体之间关联关系描述的应急辅助决策方案，简称应急关联性辅助决策。

9.9.2　因果性辅助决策

因果关系又称为因果性，简称因果，是一个事件（即"因"）和第二个事件（即"果"）之间的作用关系，其中后一事件被认为是前一事件的结果。一般来说，一个事件是很多原因综合产生的结果，而且原因都发生在较早时间点，而该事件又可以成为其他事件的原因。因此，因果关系还可以指一系列因素（因）和一个现象（果）之间的关系。对某个结果产生影响的任何事件都是该结果的一个因素，直接因素是直接影响结果的因素，也即无需任何介入因素（介入因素有时又称中介因素）。因果关系是反映一个事物与其他事物之间的相互依存性和相互因果性,通过数据挖掘和大数据技术可以从大量数据中找出各种要素(现象)之间的因果关系。因此,在应急管理中,各种应急实体的分布并不是孤立的,它们相互影响,相互制约,彼此之间存在着一定的因果关系。该因果关系非常重要,往往用于制定应急实体之间因果关系描述的应急辅助决策方案,简称因果性应急辅助决策。

9.9.3　规律性辅助决策

规律性是客观事物相互作用中所固有的稳定的规定性,一般指事物现象形态及其发展过程中固有的内在的本质联系,以及其发展的必然趋势。规律性是事物相互联系、相互作用中固有的本性,事物的规律性是客观的,不以人们意志为转移的。因此,规律是事物、现象和过程内在的、本质的必然的联系,具有客观性和普遍性,不以人的意志为转移,人们不能创造改变和消灭规律,只能认识它,利用它来改造自然界,改造人类社会,并且限制某些规律对人类的破坏作用,是人们进行科学决策并制定实践计划的客观依据。因此,在应急管理中,各种应急实体的分布并不是孤立的,它们相互影响,相互制约,其分布存在着一定的规律性。通过数据挖掘和大数据技术可以从大量应急实体数据中找出它们的规律性。该规律性非常重要,往往用于制定各种应急实体规律性描述的辅助决策方案,简称规律性应急辅助决策。

9.9.4　趋势性辅助决策

各种要素(现象)的发展变化受许多因素影响,有长期起作用的基本因素,也有短期因素和偶然因素。趋势性是客观事物相互作用中所固有的稳定的方向性,一般指事物现象形态及其发展过程中固有的内在的本质趋势走向。趋势走向就是各种要素(现象)运动的方向,分为上升趋势和下降趋势,类型有主要趋势、次要趋势和短暂趋势三种。趋势分析就是排除短期、偶然因素的影响,使动态数列呈现出长期因素所造成的长期趋势,以揭示事物发展规律,据以预测未来。因此,在应急管理中,各种应急实体的发展方向并不是孤立的,存在着一定的趋势性。通过数据挖掘和大数据技术可以从大量应急实体数据中找出各种实体(现象)的趋势性。该趋势性非常重要,往往用于制定应急实体趋势性描述的辅助决策方案,简称趋势性应急辅助决策。

9.9.5　预测性辅助决策

预测是指人们利用已经掌握的知识和手段,预先推知和判断事物未来发展状况的一种活动。具体来说,预测就是人们根据事物过去发展变化的客观过程和某些规律性,以及事物运动和变化的状态,运用各种定性和定量分析方法,对事物未来可能出现的趋势和可能达到的水平所进行的科学推测。在应急管理中,各种应急实体要素(现象)的发展方向并不是孤立的,存在着一定的预测性,通过数据挖掘和大数据技术可以从大量数据中找出应急实体各种要素(现象)的趋势走向。该趋势走向非常重要,往往用于制定各种应急实体要素(现象)预测性描述的辅助决策方案,简称预测性应急辅助决策。

9.10 应急实体制图

9.10.1 应急地图制图概念

应急地图是一类有特殊用途的专题地图,以反映突发公共事件为主题,不仅能够描绘突发事件发生地域的地理、交通、人口分布及经济发展等信息,还能够表达突发事件的强度、范围、危害程度、发展趋势及救援情况等,具有直观、信息量大、针对性强及主题突出等优点。它可以帮助应急管理部门在第一时间获取应急所需的地理信息,了解突发事件的发展和变化以及灾情地理区划,使决策者能够充分了解突发事件的状况,为应急预案的制定提供辅助依据和有力保障,并且可以为突发事件的预测预报、抢险救援、调查研究提供最新的信息,是应急测绘保障服务中一项重要的测绘成果。

9.10.2 应急地图制图设计

(1)应急地图内容设计

针对灾害应急场景的全面性、专题性和复杂性,应急地图需全方位、多角度地表达各类灾害情况,其内容设计包括:

● 风险评估类地图。

● 灾前类地图。

● 灾中类地图。

● 灾后类地图。

(2)应急地图数学基础设计

● 地图投影的选择与设计。

● 比例尺的设计。

● 制图格网密度的设计。

(3)应急地图符号设计

● 点状符号设计。

● 线状符号设计。

● 面状符号设计。

（4）应急地图注记设计

地图注记作为地图语言之一,是影响地图可读性、增进地图使用价值的一个重要因素,注记质量直接影响地图编制效率和地图产品质量。地图注记设计过程是一种智能行为,根据需要标注的地物要素的实体特征和重要性等级确定地图注记的样式、字体与字号、注记排列与布局。

（5）应急地图色彩设计

色彩在一定程度上能够显著提高地图的清晰程度、表现力和层次,地图上使用色彩有助于区分事物的质量与数量特征,也有助于事物的分类分级,包括地图符号的色彩设计、地图处理的色彩设计、专题标绘的色彩设计。

（6）应急地图整饰设计

地图整饰设计是指对地图主要区域、地图名称、图例、图廓、附图等内容的尺寸、位置和形式的设计,需要考虑整体图面的清晰易读和保持整体图面的层次结构。

（7）应急地图图例设计

图例设计包括底图图例设计和专题图图例设计,底图的图例符号基本上都属于定性符号,须与图上符号在形状、颜色、结构相一致;专题图图例中的定量符号除了这些要求外,大小也要和图上符号一致。

9.10.3　应急地图制图应用

（1）应急矢量地图制图

● 数据源处理。

● 图面编辑处理。

● 地图效果处理。

● 专题图表处理。

● 整饰输出处理。

（2）应急遥感影像制图

● 选图像、数字化处理。

● 基础底图处理。

● 数字化处理。

● 影像纠正与图像处理。

● 影像镶嵌、地图拼接处理。

● 影像与地图复合处理。

●制作符号注记层处理。

●图面配置。

●图件输出处理。

(3)应急实景影像制图

●多相机图像拼接及匀色。

●天地及室内外实景自动关联。

●隐私识别处理。

●经济社会信息集成。

9.11 应急实体展现

9.11.1 矢量地图展现

矢量地图展现是指在二维平面上抽象表示的应急实体,具有空间坐标(X,Y)、空间属性、空间关系描述,具有比例尺概念,能对单个或全部应急实体进行操作,能按照一定比例对应急实体进行二维或三维矢量地图展现。

(1)二维地图

在二维平面上,综合、全面地反映一定灾区内自然要素和社会经济现象一般特征的应急地图,是表示地球表面的水系、地势、土质、植被、居民点、交通网、境界线等自然地理要素、社会人文要素、应急要素等一般特征的矢量地图。

(2)二维多媒体地图

二维多媒体地图是集文本、图形、图表、图像、声音、动画和视频等多种媒体于一体的新型应急地图,它除了具有二维矢量地图的优点之外,还增加了表达信息的媒体形式,以听觉、视觉、文本等多种感知形式,直观、形象、生动地表达应急实体信息。

(3)二维动态地图

二维动态地图是反映自然地理要素、社会人文要素、应急要素等变迁和运动的地图,包括时间动态地图和非时间动态地图两种:前者按照时间的变化动态表示,它是在二维矢量地图基础上,加上了时间维,使得与时间有关的地图内容将随着时间而改变;后者的产生是由于一些其他因素(如特征)而不是单纯的时间,它可以用来描述特殊位置的存在,位置上的属性、属性及位置的变化。非时间动态地图比起时间动态地图更加普遍,以闪烁的方式表达目标或特征的存在。

（4）二维地理网络地图

现实地理空间中，许多应急实体都可以直接或经过适当的变换形成地理网络，例如铁路、公路、通信线路、生产过程、经济的流量、人口迁移路线、自然系统中的物资流、能量流和信息流等，都可以表示成相应的点之间的连线，由此构成多种多样的地理网络，这就是二维地理网络矢量地图。

（5）二维遥感影像地图

它是由遥感影像和矢量地图叠加而成，图面内容要素主要由遥感影像构成，辅助以一定地图符号来表现或说明制图对象。该图具有丰富的地面信息，内容层次分明，图面清晰易读，充分表现出影像与地图的双重优势，更加有利于表示应急实体。

（6）三维仿真地图

在三维平面上，综合、全面地反映一定灾区内自然要素和社会经济现象一般特征的应急地图，是表示地球表面的水系、地势、土质、植被、居民点、交通网、境界线等自然地理要素、社会人文要素、应急要素等一般特征的三维矢量地图。

（7）三维 BIM 地图

通过专业模型软件建立建筑物三维模型 CAD，运用多媒体技术和三维可视化技术将该 CAD 模型与三维仿真矢量地图进行叠加，仿真制作出具有立体感的并且具有地形模型、建筑物模型的三维 BIM 矢量地图，更加有利于表示应急实体。

9.11.2　栅格地图展现

二维栅格地图就是指将纸质地图通过扫描机扫描成栅格图像存储在计算机中的地图，用于无法获得矢量地图情况下的应急实体展现。

9.11.3　数字高程展现

数字高程模型简称 DEM，是通过有限的地形高程数据实现对地面地形的数字化模拟（即地形表面形态的数字化表达），它是用一组有序数值阵列形式表示地面高程的一种实体地面模型。它有矩阵和三角网两种表现方式，用于应急实体海拔高程的展现。

9.11.4　遥感影像展现

（1）二维遥感影像

获得灾区相应的单色、多色、高光谱、红外、SAR 或 InSAR 雷达、微波、激光测高、重力等航天遥感影像，这些原始遥感影像因成像时受传感器内部状态变化

（光学系统畸变、扫描系统非线性等）、外部状态（如姿态变化）及地表状况（如地球曲率、地形起伏）的影响，均有程度不同的畸变和失真，必须对这些遥感影像进行辐射纠正和几何处理，形成新的正射二维遥感影像，用于二维遥感影像下的应急实体的展现。

（2）三维遥感影像

将二维遥感影像与数字高程模型进行叠加匹配计算，就得到正射三维遥感影像，用于三维遥感影像下的应急实体的展现。

9.11.5　影像地图展现

它是由二维遥感影像与矢量地图叠加而成，在影像地图中，图面内容要素主要由二维遥感影像构成，辅助以一定矢量地图来表现或说明，用于二维影像地图下的应急实体的展现。

9.11.6　实景影像展现

三维实景影像或可量测实景影像 DMI 是利用三维全景技术建立的地图，它实际上是一种以地面近景摄影测量立体影像文件及其外方位元素构成的基础地理信息产品，是一种以地面近景影像直接反映制图物体和客观环境原貌的地图。在实景影像所表达的世界里，包含着全要素、全纹理的空间特征，其中既包含目标地物信息，也包含与之相关联的各种自然和社会信息，用于三维实景影像下的应急实体的展现。

9.11.7　统计图形展现

统计图形就是根据统计数字，利用各种统计图图形，表示应急实体各种数量间的关系及其变动情况的统计数字大小和变动的各种图形总称，它具有直观、形象、生动、具体等特点，可以使复杂的应急实体统计数字简单化、通俗化、形象化。

● 直方统计图
● 条形统计图
● 柱状统计图
● 扇形统计图
● 饼状统计图
● 折线统计图
● 散点统计图
● 气泡统计图
● 雷达统计图
● 玫瑰统计图

● 树形统计图

● 网状统计图

● 漏斗统计图

● 环形统计图

● 堆积统计图

● 词云统计图

● 旭日统计图

● 瀑布统计图

● 箱线统计图

● 面积统计图

● K 线统计图

● 关系类统计图

● 组合统计图

● 堆积条形统计图

● 组织结构统计图

9.11.8　专题地图展现

专题地图又称特种地图,是按照地图主题的要求,在地理底图上突出并完整地表示与主题相关的应急实体的一种或几种要素,使地图内容专题化、表达形式各异、用途专门化的地图。

● 等值线专题图

● 质底专题图

● 范围专题图

● 点值专题图

● 动线专题图

● 点状符号专题图

● 线状符号专题图

● 特殊符号专题图

● 分级统计图专题图

● 分区统计图专题图

9.11.9　社交媒体展现

(1)社交媒体文本图

社交媒体文本图将涉及突发事件文本中蕴含的语义特征(例如词频与重要度、逻辑结构、主题聚类、动态演化规律等)进行挖掘,并以突出(例如关键字放大、颜色亮丽等)可视化的形式直观地展示出来。

(2)社交媒体网络图

社交媒体网络图将网络中蕴含的静态或动态的、涉及突发事件网络节点和连接边的拓扑关系,以网络可视化的形式直观地展示出来。

(3)用户画像图

用户画像图就是将应急用户信息标签化,通过收集和分析应急用户的基本特征、社会属性、生活习惯、消费习惯等数据,抽象出一个应急用户主要特征全貌的画像,从而全方位、多层次地了解应急用户行为特征,把握用户行为方向。

9.11.10 VR/AR/MR 展现

(1)虚拟现实 VR

虚拟现实技术借助计算机等设备产生一个逼真的具有三维视觉、触觉、嗅觉等多种感官体验的应急环境虚拟世界,从而使人产生一种身临其境的感觉。

(2)增强现实 AR

它是一种将应急环境真实世界信息和应急环境虚拟世界信息"无缝"集成的新技术,即真实世界信息和虚拟世界信息(视觉、声音、味道、触觉等)实时地叠加到了同一个画面或空间,将虚拟世界应用到真实世界,被人类感官所感知,从而达到超越现实的应急环境感官体验。

(3)混合现实 MR

是虚拟现实 VR 和增强现实 AR 的进一步发展,它是通过在虚拟环境中引入应急环境现实场景信息,将虚拟世界、现实世界和用户之间搭起一个交互反馈信息的桥梁,并且必须是"实时的"、"交互的",从而增强用户体验的应急环境交互真实感。

9.12 应急态势标绘

9.12.1 应急态势标绘概念

应急态势信息是指在处理突发事件的行动中,与突发事件相关的一定空间范围内发生危险的性质、影响范围、发展趋势,各类救援人员和单位的部署、进展和机动状况,救援设施和设备的位置、状态,以及周边的人文环境和自然环境等信息的描述。在应急指挥中,不同部门需要一个共同的显示平台显示这些应急态势信息,目标是通过共同的应急态势感知提高应急指挥决策能力和行动能力,使各层次人员正确、一致地理解应急态势信息并在行动上同步。这个实时显示应急态势信息的工具就是应急态势标绘。标绘的应急态势分类：

●突发事件态势。是对于突发事件各时刻状态的直接描述，包含事件类别、事件波及面积、事件持续时长、衍生事件的发生状态、事件危害数据等。

●承灾体态势。是指各承灾体在时空尺度上的状态，包含建筑受损的严重程度、被困人员生命体征信息、道路警戒或通行流量等。

●孕灾环境态势。孕灾环境包含自然环境和社会环境，前者包含事件现场的温度、湿度、风向等，后者指人员恐慌程度、舆情传播情况等。

●应急管理态势。主要表示因人为救援的干预，对突发事件演化路径产生的影响，以及应急活动自身随时间变化的特征，具体包含任务类别、任务执行进程、参与人员执行状态、执行效果等。

●应急任务执行态势：是执行单位根据决策方案，使用应急资源处置突发事件的实际过程。通过应急任务执行态势标绘可以了解方案执行情况，反馈应急方案执行效果。

●应急资源态势：应急资源包括防灾、救灾、恢复等环节所需要的各种应急保障，是应急决策制定方案的重要约束，应急资源态势直接影响应急决策过程。

●应急组织态势：应急组织是开展突发事件应急管理处置的主体，它决定了应急系统决策和指挥的效率，影响着应急系统的功能以及应急响应的效率，应急组织态势是应急组织管理和组织间协商协调的依据。

9.12.2　应急态势标绘设计

（1）应急态势标号分类

●几何特征态势标号。分为依比例尺、半依比例尺、不依比例尺等标号。

●图形特征态势标号。分为规则标号、非规则标号和象形标号。

●文本标签态势标号。是标号的一个重要组成部分，可以标明某一标号的属性，也可以进行补充文字说明，分为单箭头文本、多箭头文本和图面文本。

（2）应急态势标号颜色

颜色多用于表达标号逻辑意义，体现了标号与现实现象之间、标号与标号之间内在的、有机的联系。在应急态势标绘中，标示应急管理主方的标号除装备、设备以外的标号多用红色；标示应急管理次方的则多用蓝色；装备、设备、公共场所等标号通常用黑色表示；案件、事件、城市交通等标号多用蓝色表示；绿色用于表示不明身份的现象，如不明物体；化学、核等危害源标号则一般在标号内衬黄色表示；应急行动标号通常还会使用渐变色表示。

（3）应急态势标号定位

应急态势目标的表达也需要一定的定位方法来确定现实对象的位置，点状标号由定位点来确定位置，线状标号由定位线来确定位置，面状标号则表示了一定的多边形区域。

（4）应急态势标号生成

可以采用三种方法来描述，即程序法、符号数据点阵化方法和符号数据矢量化方法。

9.12.3 应急态势标绘应用

（1）应急专题标绘

需要准确及时将灾情、震情、灾害现场、应急救援等专题要素标绘在地图或影像上，使指挥者能够直观地查看灾害现场情况。

（2）应急指挥标绘

●情况态势图标绘。用于标绘应急行动一方或多方当前力量部署、行动企图以及某一方应急地域或某一方面的现势情况，包括现场情况、救援力量部署、风险预测、装备与设施配置、工程作业和物资配系等态势图标绘。

●指挥态势图标绘。指挥态势图是用来标绘应急指挥员决心、指示、行动计划等内容，包括计划、勘察、决心、协同动作计划等指挥态势图。

●战况态势图标绘。主要用来标绘应急行动进展情况，如救援经过、案例、演习推演等应急战况态势图。

●工作态势图标绘。是指挥各级应急机关工作人员，在遂行应急指挥任务中，随时标注与本职工作有关内容的图。

（3）应急调度标绘

●统一调度会商。通过电子白板方式在已产生的应急态势图上进行标绘操作，完成实时的统一调度会商，实现对灾区现场救援队员、搜救犬以及救援队伍的物资、设备等合理配置的统一调度。

●调度任务下达。基于统一调度会商，各种信息已标绘在应急态势图上，应急指挥者可以在最短的时间内作出最有效的决策，并生成调度任务下达到现场指挥部。任务包括应急疏散路线、救援队伍开进路线、撤退路线、行动保障措施、救援区域、安置区域、救援队伍、物资、设备调度等。

（4）应急协同标绘

在协同标绘的模式下，异地分布的标绘人员可以基于同一幅地图的不同区域,或者整个态势的不同阶段同时进行应急态势图标绘,不同应急部门各自标绘本部门的应急态势信息,合在一起便形成一幅完整的包含各部门应急行动和部署的应急态势图。

（5）应急轨迹跟踪标绘

●灾害轨迹跟踪。确定的灾害地点、时间、等级三要素,在地图或影像上实时标绘出灾害轨迹,实现对灾害发生情况的实时跟踪。

●救援行动轨迹跟踪。通过接收来自灾害现场救援队伍、救援物资需求、救援设备使用等信息,在地图或影像上实时标绘出救援行动轨迹,实现对救援行动的轨迹跟踪。

●任务执行情况轨迹跟踪。通过监视救援队伍的求救报警信号、灾情汇报信息和是否需要增援等,在地图或影像上实时标绘出任务执行情况轨迹,实现对任务执行情况的轨迹跟踪。

（6）应急反演模拟标绘

●救援队行动轨迹回放。通过获取救援队伍实时位置信息,将其当前位置标绘在应急态势图上。以时间为轴线,将各个时刻的救援队伍位置标绘出来,连线成救援队的行动轨迹。支持救援队伍行动轨迹回放,再现救援队伍历史运动轨迹。

●事态发展趋势模拟。以时间为轴,实现对过去应急态势标绘行动内容的再现,再对应急管理事态发展的趋势进行模拟标绘。

（7）应急红蓝对抗标绘

红蓝对抗标绘模式中,"红方"、"蓝方"为客户端,"指挥中心"为服务器端,"红方"或"蓝方"的组内成员可以相互看到各自标绘的内容,"红方"或"蓝方"的组间成员无法看到对方标绘的内容,而双方的标绘结果,"指挥中心"都可以看到。

（8）应急标绘成果存储

上述应急态势标绘的信息需要通过数据库实现应急态势信息的输入、编辑和输出等管理功能,包括标号的图形信息和描述图形的属性信息,其技术关键是图形信息和属性的统一管理。

（9）应急标绘成果输出

将上述所有在地图或影像上标绘出的应急态势图在屏幕、打印机、绘图机上可视化输出。

9.13　应急态势推演

9.13.1　应急态势推演概念

突发事件的应急态势演化过程就是突发事件孕育、发生和发展的过程,其演化受到事件自身属性、应急行动、承灾体承受能力、致灾环境、应急活动控制力等内外部因素的影响,是一个复杂的动态系统,必须对其进行应急态势推演,以便应急指挥调度。

因此,应急态势推演系统就是利用计算机技术,实现应急情况图、应急指挥图、应急战况图和应急工作图的态势推演,是将应急态势标号按给定的动作进行相应应急动作的简单预演或回顾,推演一般用闪烁、出现、移动等形式表示有关应急动作,将这些应急动作记录下来,进而把它们串在一起播放出来,使整个应急行动过程一目了然。

9.13.2　应急态势推演设计

●数据层。提供了应急态势推演的应急实体数据支持,应急实体数据是一种集成化的数据集合,既有地理实体数据,又有被关联的应急感知数据、四大基础数据、多源专业数据、多源应急数据,该数据是应急态势推演过程中态势信息和推演方案的来源和基础。

●模型层。存储了应急态势推演过程中所需的模型,包括无干预推演模型、环境或事件干预推演模型、应急干预推演模型。这三个应急态势推演模型在推演过程中逐步实现了突发事件无干预应急态势推演、环境或事件干预应急态势推演和应急干预应急态势推演,并得出应急推演结果态势。

●平台层。通过 MATLABR 进行应急态势推演计算,计算结果由 Arc GIS Desktop 进行信息处理与转化,由 Arc GIS Server 进行应急态势信息的可视化,最终通过 Visual Studio 开发。

●系统层。是整个应急态势推演的主控模块,向下连接数据层、模型层和平台层,向上连接用户层和应用层,在整个架构中起到信息交互、调度控制的作用。

●应用层。提供了应急态势推演主要功能应用,包括态势信息分析、事件态势构建、事件态势推演、态势信息显示,这些功能的信息来源于数据层,应用的方法来源于模型层,通过系统层对这些数据统一进行应用调度。

●用户层。对不同的用户提供不同的功能,推演控制者掌控整个推演过程,事件应对者掌控事件应对过程,根据事件态势采取不同的应对方案进行应急态势推演。

9.13.3　应急态势推演应用

(1)应急事件态势推演

●无干预态势推演。是根据突发事件发展的自然规律,以突发事件的初始状态为推演原点,推算出未来可能的突发事件态势,包括突发事件的扩散范围,严重程度等。

●环境干预态势推演。突发事件的发生是由于致灾环境的突变引起的,当突发事件的破坏力大于承灾环境的承受能力,并积累到一定的量变引起应急环境的质变时,突发事件会向坏的方向发展,造成更大的破坏力,甚至会引起新的突发事件。因此,必须对此环境干预态势过程进行推演。

●事件干预态势推演。是突发事件发展过程中出现次生、衍生事件,导致事件态势发展方向或速度发生改变的推演。

●应急干预态势推演。是在突发事件发生过程中有应急救援队伍加入改变突发事件态势发展方向的推演。

(2)应急承灾体态势推演

当突发事件破坏力超过承灾体承受能力时,会引起环境的突发,导致突发事件进行演化,因此,承灾体承受能力态势推演是承灾体对突发事件破坏力承受能力衡量的推演。

(3)应急活动控制态势推演

应急行动并不必然对突发事件起到抑制作用,应急行动不利可能加剧突发事件的态势演化。当应急抢险不力时,突发事件依然会向着坏的方向发展,反之,突发事件会向着好的方向发展,控制力减弱,直至突发事件消亡。因此,必须对应急行动的活动控制力进行态势推演,以便应急组织对突发事件进行调控。

(4)应急环境态势推演

突发事件的发生是由于致灾环境的突变引起的,当突发事件的破坏力大于承灾环境的承受能力,并积累到一定的量变引起应急环境的质变时,突发事件会向坏的方向发展,造成更大的破坏力,甚至会引起新的突发事件。因此,环境态势演化就是指突发事件致灾环境和承灾区域环境的动态变化过程,是突发事件发展过程中环境变化或受到环境影响的推演,包括:

●自身属性态势推演。是环境态势演化的内在动力,一般而言,自然环境和气象环境属性的变化遵循客观物理规律,社会环境属性的变化与公众心理、社会机制体制等因素相关。

●应急环境态势推演。应急环境态势的影响主要体现在突发事件对应急环境的破坏力上,必须对这个破坏过程进行推演。

●应急活动态势推演。应急活动的影响体现在:一是对应急环境的影响,应急活动是改造环境的过程;二是对应急活动的影响,通过改变突发事件态势影响应急环境,进而影响应急活动。

(5)应急资源态势推演

是指应急资源的分布状态,以及应急资源在应急活动中的调配、使用、消耗等演化过程的推演,受到自身属性和应急活动的影响。资源态势的自身属性的影响主要体现在时间属性上;应急活动的影响体现在应急组织之间的资源调拨和应急活动对资源的转移、消耗或使用上。

(6)应急组织态势推演

是指应急组织结构以及各组织活动状态演化过程的推演,受到突发事件、应急组织职责的影响。当有突发事件的发生、发展、演化,会有常态行政组织转化为应急组织,成立新的应急组织,或者调整现有应急组织结构的活动;应急组织职责会促使应急组织根据突发事件状态进行相关应急活动。

(7)应急任务态势推演

是指应急任务就绪、执行、完成、放弃等状态和任务执行进度动态演化过程的推演,受到应急预案、应急环境、应急资源的影响。正常情况下,应急任务会按照应急预案执行,但在实际的执行过程中应急任务的执行可能会收到应急环境异常、应急资源缺项等因素的影响而无法正常执行。这时需要评估应急任务异常的影响,调整应急预案或者重新规划应急预案。

(8)态势推演进程管控

包括对应急态势推演进程的管理和控制,如新建应急态势推演进程,加入应急态势推演进程,应急推演进程开始、暂停、快进、快退,应急推演进程保存,应急推演进程复盘,应急推演时间步长设置等。

9.14　应急服务接口

9.14.1　应急 Web 接口

就是用户通过门户网站中智慧应急平台提供的数据接口,在浏览器端以Web 服务通用的一些接口规范,在线获取平台处理出的各种地图服务,并以地图图片形式返回以供用户使用。

(1)网络要素服务 WFS 接口

WFS 支持用户在 Web 环境下通过 HTTP 提出对地图要素进行插入、更新、删除、检索和发现等的服务请求,而后为客户端返回提供 GML(地理标识语言)格式封装的地图要素数据。

(2)网络地图服务 WMS 接口

WMS 是针对提供可定制地图的服务,是用户定制地图的理想解决办法。WMS 支持用户在 Web 环境下通过 HTTP 提出对具有地理空间位置的数据制作地图的服务请求,而后为客户端返回相应的地图,格式包括 PNG、GIF、JPEG 等栅格形式,或者是 SVG、WEBCGM 等矢量形式。

(3)网络地图瓦片服务 WMTS 接口

WMTS 提供了一种采用预定义图块方法发布地图服务的标准化解决方案,允许用户使用瓦片服务的一系列操作,WMTS 弥补了 WMS 不能提供瓦片(分块)地图的不足。WMTS 牺牲了提供定制地图的灵活性,代之以通过提供静态数据(基础地图)来增强伸缩性。

(4)网络覆盖服务 WCS 接口

WCS 必须能够根据用户请求的数据范围、尺寸、坐标参考、格式等信息返回数据,这些数据包括数字高程数据、光谱影像以及其他科学数据等。因此,WCS 必须提供元数据信息管理功能和影像数据处理功能,后者包括影像分割、影像拼接、投影变换、重采样等。

9.14.2　应急功能接口

就是用户通过门户网站中智慧应急平台提供的通用功能接口,在浏览器端在线获取智慧应急平台各种通用功能服务,这些功能服务包括:应急实体操作、应急实体量算、应急实体查询、应急实体分析、应急实体统计、应急知识挖掘、应急大数据分析、应急辅助决策、应急实体制图、应急实体展现、应急态势标绘、应急态势推演、应急服务接口、应急视频共享、应急智能视频、应急语言理解、应急机器人控制等。

9.14.3　应急云应用接口

就是用户通过门户网站中智慧应急平台提供的云在线应用服务程序,在浏览器端在线获取该程序,在浏览器端实时在线制作各种应用系统,以供用户使用。该接口是发布在云端的应用服务程序,用户既不需要购置硬件、软件设施,也不需要软件开发、部署,就可以直接获取智慧应急平台的信息服务,在线制作出各种应用系统。

9.14.4　应急内嵌接口

就是用户通过门户网站共享智慧应急平台提供的网络链接技术,将网站内部网页之间、系统内部之间或不同系统之间的超文本和超媒体进行链接,即可从一网站的网页连接到另一网站的网页,支持用户将已经投入使用的业务应用系统,在不作任何改动的前提下,在浏览器端嵌入式在线调用智慧应急平台提供的各种地理信息服务。

9.14.5　应急 API 接口

就是用户通过智慧应急平台提供的或其他平台提供的二次开发接口,在浏览器端在线获取该接口提供的 API,采用编程语言,开发出能在浏览器端在线运行的全新应用系统,以供用户使用,二次开发接口 API 需要同时支持桌面 PC 和移动终端。

9.15　应急视频共享

通过智慧应急平台能够共享其他各行各业视频监控,包括支持其他专业视频云台操作:能够实现包括云台的旋转、云台速度的设置,镜头的变倍、变焦、光圈调整;支持预置位、巡航轨迹的调用等功能在内的一系列对前端云台镜头的远程控制;进行录像回放:基本功能包括播放、停止、暂停、恢复、单进、下载等;录像下载:可以下载保存本地和远程监控点的录像文件。

9.15.1　公安视频监控

近年来,公安部门组织开展大规模的视频监控系统建设,建成了大量的视频监控摄像头,包括公安一类点视频摄像头、治安卡口视频摄像头,率先实现了视频监控系统和卡口布控系统的统一联网,建成了全面覆盖重点单位和部位、公共复杂场所、交通要道等的视频监控防控网。这些公安视频监控能很好地被智慧应急平台所共享。

- ●建成一类点摄像头,形成全天候防控的"天眼"。
- ●建成治安卡口摄像头,构筑三道"电子围墙"。
- ●完成视频和卡口联网,大大提升应用效能。

9.15.2　交通视频监控

目的是及时准确地掌握所监视路口、路段周围车辆、行人流量、交通治安情况等,为指挥人员提供迅速直观的信息,从而对交通事故和交通堵塞作出准确判断并及时响应。对监控范围内的突发性治安事件录像取证,为内外事警卫工作服务。这些交通视频监控能很好地被智慧应急平台所共享：
- 交通道路监控。
- 高清智能卡口监控。

9.15.3　国土视频监控

通过国土视频监控,实现了对土地资源、森林资源、矿产资源、海洋资源等自然资源的违法违规用地、非法开采、超深越界开采、矿产税费征管、地质灾害隐患排查等的全方位、立体化、可视、远程、实时的监控,实现对它们的长效管理和有效保护,真正做到"及时发现,及时预警,及时取证,及时处理"的高效规范监管。这些国土视频监控能很好地被智慧应急平台所共享。

- 通过将视频信息与土地利用现状、土地利用规划、建设用地报批、土地供应、地政地籍等信息的比对分析,及时发现批而未供、供而未用、未批先用、不符合规划以及违法嫌疑的土地地块。
- 通过将视频信息与基本农田保护信息进行比对,及时发现非法占用基本农田的行为。
- 通过将视频信息与矿产资源开发利用情况进行衔接,将矿产资源勘查、开采管理全过程纳入监管范围,及时发现并制止非法开采矿产的行为。
- 通过视频信息重点监控地质灾害隐患点,同时还可重点监控地质遗迹保护、自然保护区、地质公园和矿山公园、古生物化石保护区等地质环境情况。
- 对海洋资源进行监控,辅助海洋生态环境保护。
- 对海洋风暴潮灾害、海冰灾害、海岸侵蚀等灾害进行视频监控,提升海洋环境灾害预警、海洋生态灾害事件预警、海上突发事件预警等。

9.15.4　城管视频监控

城管视频监控借助在公共场合、街道、农贸市场、工程建筑、河道等区域部署超清网络球机或全景相机,实现对大城市各种各样事件的全方位、全天可视化监控和管理,对违法行为进行管理。这些城管视频监控能很好地被智慧应急平台所共享。

- 城市管理综合监测。
- 公用设施监测。
- 道路交通监测。
- 违停执法监测。
- 市容环境监测。
- 街面秩序监测。
- 综合执法监测。

●公共防火监测。

●河道监控。

●城市防汛防涝监测。

●噪声监控执法。

9.15.5 综治视频监控

就是通过整合路面视频监控、高清卡口等资源,将原有公共安全视频监控应用提升到立体化管理,动态掌握辖区范围内人、地、物、事、情、组织等基础信息,实现综治相关数据资源的联通共享,以及在社会治安综合治理和综治维稳工作建设中的作用。这些综治视频监控能很好地被智慧应急平台所共享。

●管理范围。将所属辖区按照一定的标注划分网格,并依托现有的监控系统搭建统一的信息化平台,把人、地、物、情、事、组织全部纳入其中,实现精细化、信息化、动态化的社会服务管理。

●实现整合统一。把政法、综治、维稳、公安、司法、信访、应急、安监、民政、人社等20多类管理服务部门的视频监控统一整合到一平台上。

●移动化办公。采用移动化办公模式,随时、随地、随身办公,打破地域、空间、时间的限制,同时对事件进行实时监控,高效快捷处理各种事件。

●实现管理一体。实现行政区、人口、楼、房、地、物、单位、组织、情、重点人群、民政、计生等信息视频监控,提升社会管理信息化管理 、高效、便捷。

●GIS地图。提供GNSS、视频监控、呼叫中心、短信、空巢老人求助、业务预警、防入侵等智能化服务,实现人、地、事物、房、组织、计生、综治、社会事务、安监、经济对象等地图搜索数据监控。

9.15.6 安监视频监控

安监视频监控的区域包括:矿山、煤矿、爆竹生产、建筑工地各进出口、化学材料加工区、有安全及火灾隐患区,及一些相关管理通道,实现对监视目标进行实时、直观、清晰的监视,全天24小时均可观察到前端现场的监控状况。这些安监视频监控能很好地被智慧应急平台所共享。

●重大危险源视频监控。

●重点企业视频监控。

●危化品视频监控。

●危化品运输车辆视频监控。

●安全生产视频监控。

●公共设施视频监控。

●特殊作业视频监控。

● 防爆环境视频监控。

9.15.7 水利视频监控

主要用于监视海岸、江、河流、湖泊、水利、运行情况,能够实时、直接地了解和掌握各个被监控现场的当前实际情况,能使在一线指挥的有关领导实时、客观、准确地了解水利工程设施的运行情况以及水体和水文情况。这些水利视频监控能很好地被智慧应急平台所共享。

(1)水利点位视频监控

● 水库:大坝、溢(泄)洪道、泄洪闸、泄洪洞、水位尺。

● 闸站:闸站建筑主体、闸门、上(下)游水域及堤防、水位尺。

● 堤防:堤顶、路面及附近水域。

● 分滞洪区:分洪闸、爆破点。

● 重要测流断面:水域、水位尺。

● 避风港:水域等。

(2)水利设施视频监控

● 水库视频监控。

● 河道视频监控。

● 航道视频监控。

● 水电站视频监控。

● 水位、水中漂浮物视频监控。

● 大坝视频监控。

● 防洪调度视频监控。

● 水源视频监控。

● 安全防护视频监控。

● 防洪减灾视频监控。

● 水文视频监控。

● 水利工程视频监控。

9.15.8 环保视频监控

主要用于监控污染及破坏、水质被污染、空气质量下降、固体废弃物污染等生态环境,将实际环境情况通过数字化以影像或数据形式输出,有利于人们对环保的决策。这些环保视频监控能很好地被智慧应急平台所共享。

● 水质监控。

● 空气黑度监控。

●烟气排放监控。

●污水监控。

●固体废弃物、生活垃圾胡乱倾倒监控。

●外来物种入侵监控。

●机动车尾气排放物联网监控。

9.15.9　人防视频监控

就是监控到各个重点人防工程的人群密度、空气质量、毒害气体浓度超标、水淹状态等状况，为人口疏散指挥调度提供参考，以便指挥人员快速反应，高效指挥，有序引导人员疏散，最大限度地保障人民群众的生命财产安全。这些人防视频监控能很好地被智慧应急平台所共享。

●人群自动智能监测。通过对人防工程各口部聚集的人群进行自动智能监控，指挥人员可以根据实际情况优化或者重新安排疏散计划，确保各个人防隐蔽工程的人员密度能得到有效控制，避免了人员密度过高，出现拥挤、踩踏等二次灾害的情况。

●重点区域视频监控。就是是对人防工程内部所有出入口、洞区、通道等所有重点区域进行实时视频监控，并显示在用户主机上。

●远程视频监控。通过高空和重点区域视频监控，做到监控无死角、上下视频呼应，满足人防重要经济目标的日常监管和协同作战的需求。

9.15.10　场所视频监控

是指政府或政府授权的单位为维护公共安全、提高社会治理水平而监控某些公共场所的视频监控系统，用于公共场所安全保障。这些场所视频监控能很好地被智慧应急平台所共享。

●武器、弹药，易燃、易爆、剧毒、放射性物品，易制毒化学品的生产、存放或者经营场所以及实验、保藏传染性菌种、毒种等单位的重要部位视频监控；

●国家重点科研机构，集中存放重要档案资料的馆、库的视频监控；

●博物馆、纪念馆、展览馆等集中陈列、存放重要文物、资料和贵重物品的场所和重点文物保护等单位重要部位的视频监控；

●金库，货币、有价证券、票据的制造或者集中存放场所，票据、货币押运车辆，金融机构的营业和金融信息的运行、储存场所等的视频监控；

●广播电台、电视台、通信社，电信、邮政及大型能源动力、供水、供电、供气等单位的重要部位或者经营场所等的视频监控；

●机场、港口、大型车站、码头、停车场的重要部位，高速公路、城市快速干线、城市道路、中心城镇和地铁的重要路段、路口、隧道，大型桥梁等重要部位等的视频监控；

●旅馆、公共娱乐场所、互联网上网服务场所的大厅、通道、出入口等重要部位等的视频监控；

●大型物资储备单位、大中型商贸中心、商业街和大型农贸市场等重要部位等的视频监控；

●体育比赛场馆、公园、大型广场、医院、学校、幼儿园等公众活动和聚集场所的重要部位，住宅小区的出入口和周界等的视频监控；

●城市公共交通、客运车辆和客轮等公共交通工具等的视频监控；

●江河堤防、水库、人工湖、重点防洪排涝区域及其他重要水利工程设施等的视频监控；

●法律、法规、规章规定需要建设公共安全视频图像信息系统的其他场所和区域等的视频监控。

9.16　应急视频分析

9.16.1　应急视频分析概念

应急视频分析技术能够在图像或图像序列与事件描述之间建立映射关系，从而使计算机从纷繁的视频图像中分辨、识别出关键目标的应急行为，过滤用户不关心的非应急信息，其实质是自动分析和抽取视频源中的关键应急信息。

●应急对象识别。视频分析的重要任务是结构化应急目标的识别，包括应急人、车、物的位置与类别信息，如人员电子围栏、车流量统计等应用。

●应急属性识别。属性是被测应急目标颜色、大小、长宽、位置等描述性信息，可靠稳定的应急属性信息可产生极具价值的应急决策应用。

●应急行为识别。应急行为是被测应急目标在特定时间段内产生的动作以及表现出的行为等描述性信息，与应急属性识别相比时序特性更明显，因此，在技术实现上也更加复杂。可应用于应急异常行为动作或动作流程检测中，如打架检测、摔倒检测、操作规范检测中。

●应急事件识别。应急事件是对象、属性、行为等要素的综合，应急事件识别为强业务导向分析，通过 AI 视频分析引擎建立端到端的应急事件智能分析，如跨模态视频检索，通过输入对象、属性、行为等文字性描述检索目标视频。

9.16.2　应急视频分析设计

应急视频分析的逻辑结构主要分为视频采集、智能视频分析、监控中心三部分。

●视频采集:由来源于智慧应急平台固定视频、智慧应急平台移动视频、应急共享视频、应急社交媒体视频、应急机器人视频等的监控摄像机进行应急视频数据采集。

●智能分析模块:实现应急运动目标检测、分类、跟踪并进行行为和事件检测,同时还负责当出现应急异常行为或事件时发出报警信息,是应急智能视频监控系统的核心模块。

●监控中心:监控人员可以在监控端可以进行报警准则的设定,建立应急事件、异常行为等模型,也可以制定报警响应,并能对整个监控系统进行监视和管理。

9.16.3 应急视频分析应用

应急视频分析的组成主要分为视频图像采集、数据通信、传感器控制系统、数据通信、决策报警和视频图像处理(目标检测、目标分类、目标跟踪、目标行为)等部分。

基于上述应急目标检测、应急目标分类、应急目标跟踪、应急目标行为识别、应急目标行为理解等功能,其具体应用举例如下:

●突然入侵检测:在视频图像的设定区域内,检测突然出现和入侵的物体并及时报警。可以应用在灾区军事重地、军械库、监狱,重要人物住所,涉枪防爆和剧毒化学等重点单位。

●移动物体检测:在视频图像设定的区域内,对移动物体进行动态跟踪,可以检测设定区域内是否有可疑人物进入,逗留或徘徊,对检测到的目标物跟踪并且提出报警。可以应用在灾区军事重地、军械库、监狱,重要人物住所,机场、高速公路、火车站和港口等。

●运动路径检测:在视频图像设定的区域内,集中监控人、车或其他物体是否沿着某一方向穿越进入某一指定区域,对进入设定区域内的目标物进行探测,跟踪并及时报警。可以应用在灾区车辆逆行、违章掉头、违章左转、违章右转、闯红灯,人在机场、海关出入口逆行等行为检测。

●异常行为检测。异常行为分析不仅要识别出人的行为,还要结合所处的灾区环境理解人的异常行为。通过对人的异常行为的描述,来判断行为是属于正常行为还是异常行为,与正常行为相比异常行为往往具有突发性大、不可预知、持续时间短、无周期性等特点。

●遗留物体检测:在视频图像设定的区域内,检测车辆或其他目标物停靠或滞留超过一定的时间,对被蓄意放在设定区域的物品进行探测并报警。可以用于灾区机场,地铁等交通要塞的反恐行为侦测或者应用在灾区复杂环境的公共场合,并且可以应用于灾区隧道、高速公路违章停车的检测。

●运动方向检测:在视频图像设定的区域内,监控车辆或行人按预定义的多个方向朝确定目标的接近或背离运动,能够对物体的运动方向进行准确识别和判断。可以应用在灾区军事重地、军械库、监狱、油田、国家重要办公机关、重要人物住所等场合。

●移走物体检测:当设定的监控区域内目标物被移走、替代或恶意遮挡时发出报警。可以用来保护灾区财产安全,非常适合应用在灾区博物馆、珠宝店、展览会等放置贵重物品的场所。

●目标识别。主要就是识别监控系统关心的内容,包括灾区人脸识别、车牌号识别、车辆类型识别、船只识别、红绿灯识别等等,最关键的要求就是识别的准确率。

●运动轨迹识别。主要包括灾区虚拟警戒线、虚拟警戒区域、自动 PTZ 跟踪、人数统计、车流统计、物体出现和消失、人员突然奔跑、人员突然聚集等等运动轨迹识别。一旦发现了异常情况,就发出报警信息。

●灾害监测识别。对灾区监视场景中的烟雾、火焰等信息进行监测和报警,目前此方面的检测方法主要根据当时的情况发生的严重程度进行评估,给出不同程度的警告。

●人群密度统计。通过全景监控设备观测和分析灾区人群密度,以不同颜色的标注区分分析结果,使视界范围内的密度分布情况直观地显现出来,并将密度信息和现场地图传送到态势管理终端。

●人群动向估计。将全景监控设备作为工具检测和评估灾区人群动向,根据人群层次的不同映射其动向信息和地图网格,并将人群动向信息传送到态势管理终端。

●人群流量统计。将灾区出入口的监控设备作为工具,系统地统计人群数量和通过速度,并通过视频图像直观地叠加采集到的信息。同时,还可以将灾区人群的流动方向、流量等数据映射于地图网格上,将人群流量信息传送到态势管理终端。

9.17　应急语言理解

9.17.1　应急语言理解概念

应急自然语言处理(NLP)是指用计算机对应急自然语言的形、音、义等信息进行处理,即对字、词、句、篇章的输入、输出、识别、分析、理解、生成等的操作和加工,实现人机间的信息交流。NLP 包括应急自然语言理解和自然语言生成:自然语言理解是指计算机能够理解自然语言文本的意义,包括口语的理解(如语音识别、语音合成、语音分析等)和书面语的理解(如机器翻译、自动文摘、信息过滤等);自然语言生成则是指能以自然语言文本来表达给定的意图。

9.17.2　应急语言理解设计

(1)词典构造

包括单词词典和语义词典:单词词典它收录所支持的命令中的全部单词,词条由单词中文原字、词性位和该单词在语义词典中的首位置三项构成。在对输入的命令进行词法分析后,进行语法分析,先在单词词典中查到该单词,然后用该词条中记录的该单词在语义词典中的位置信息来查语义词典;语义词典收录全部单词的语义信息,在本系统中用一个或多个文件形式实现。可以把所有单词放在一个语义文件中,由于不同词性的单词的语义信息量差别较大,也可将不同词性的单词的语义分别放入不同文件中。

(2)语音分析

就是研究语音和文字,即基本语言信号的构成,研究词和其语音是如何相关联的,是语音处理的基础;要根据音位规则,从语音流中区分出一个个独立的音素,再根据音位形态规则找出音节及其对应的词素或词。

(3)语法分析

就是研究词法分析和句法分析(合称"语法分析"),即语言基本运用单位的构成和组合的形式规律,这种层次结构可以是从属关系、直接成分关系和语法功能关系。词法分析的主要目的是找出词汇的各个词素,从中获得语言学信息;句法分析是对句子和短语的结构进行分析,目的就是找出词、短语等的相互关系以及各自在句子中的作用等,并以一种层次结构来加以表达,这种层次结构可以是从属关系、直接成分关系和语法功能关系。

(4)语义分析

就是研究语言所要表达的概念结构,解决句中的词、短语,直至整个句子的语义问题,就是通过分析找出词义、结构意义及其结合意义,从而确定语言所表达的真正含义或概念。在语言自动理解中,语义分析愈来愈成为一个重要的研究内容。

(5)语用分析

就是研究语言与语言使用环境的相互作用,就是对语言符号与语用符号使用者之间联系的研究分析,研究语言所存在的外界环境对语言使用者所产生的影响。

（6）篇章分析

又称为篇章理解、语篇分析、语篇理解，它是自然语言理解研究中的一个重要组成部分。篇章分析处于自然语言理解的较高层面上，研究句子间的关系以及整个篇章中包含的相关知识。一般来说，篇章知识要大于构成篇章的各个句子知识之和。而自然语言理解研究的最终目的，是使计算机能够理解完整的篇章，而不仅仅是一个个独立的句子。

9.17.3　应急语言理解应用

（1）应急文本语言理解

●应急文本信息检索。如何从大量文本数据中按主题检索出相关应急信息文章，如何对该文章的文本进行语法、错别字等的自动检查改正。

●应急文本信息提取。如何根据主题在应急信息文章中提取应急信息，例如灾害发生的时间、地点、人物、事件等。

●应急文本信息文摘。如何从应急信息文章中概括出中心思想，做出应急信息文摘。

（2）应急口语语言理解

●应急口语信息检索。如何从大量口语数据中按主题检索出相关应急信息口语集合，如何对该集合的口语进行语法、错别字等的自动检查改正。

●应急口语信息提取。如何根据主题在应急信息口语集合中提取应急信息，例如灾害发生的时间、地点、人物、事件等。

●应急口语信息文摘。如何从应急信息口语集合中概括出中心思想，做出应急信息文摘。

（3）应急机器人理解

●应急机器人翻译。把输入的源语言文本通过机器人自动翻译获得另一种语言的文本，目前的机器翻译准确率已经很高了。

●应急机器人智能问答。对一个自然语言表达的问题，机器人自动进行某种程度的分析（例如实体链接、关系式、形成逻辑表达式等），分析完毕后在知识库中查找可能的候选答案，通过排序机智找出最佳的答案进行回复，可大大帮助灾民进行心理疏导。

9.18　应急机器人

9.18.1　应急机器人概念

机器人是一种可编写程序的、具有多种功能的机械装置,通过改变它的编程动作,完成不同的作业任务。应急机器人是指具有智能化、数字化、精准化、专业化等特点的一类应急救援装备,其能够实现人—环境—任务的高效融合,并具有一定决策能力,从而适应未来"快速、精确、高效"的应急救援需求。主要涉及的应急机器人共性技术有如下几种。

●环境感知技术。由于灾难现场一般具有复杂性和不确定性,室内结构化环境中传统的环境感知算法不能满足救援工作的需求,而应急机器人则能通过传感器来获取环境信息并搜寻幸存人员。

●运动控制技术。智能的运动控制和导航技术可以使得应急机器人极大地摆脱人的干预,实现智能的、自主的运动,大大提高应急机器人的运动精度和任务完成的可靠性。

●自学习技术。灾难废墟环境的不确定性使得应急机器人的运动能力与救援需求不符,需要利用有限的轨迹样本进行自学习,使得应急机器人在崎岖地形下具有自适应能力。

●人机交互技术。旨在协调人与应急机器人之间的关系,消除两个智能系统之间的通信及对话边界。在复杂的灾难现场,救援人员可通过有线或无线的方式遥控应急搜救机器人。操作者需要根据人机交互系统提供的大量数据和信息,有效地对应急机器人本身及其所携带的有关装置进行控制。

●网络协同技术。灾害发生后,需要准确、快速、高效地将应急救援装备送达灾区,以减少人员损失,加速灾区重建。因此,应急机器人的调度需要网络协同技术。

9.18.2　应急机器人设计

应急机器人系统是由机器人和作业对象及环境共同构成的,其中包括机械系统、驱动系统、控制系统和感知系统四大部分。

(1)机械系统

机械系统的作用相当于人的身体(如骨髓、手、臂和腿等),包括机身、臂部、手腕、末端操作器和行走机构等部分,每一部分都有若干自由度,从而构成一个多自由度的机械系统。

（2）驱动系统

驱动系统的作用相当于人的肌肉，主要是指驱动机械系统动作的驱动装置，包括电气、液压和气压三种以及把它们结合起来应用的驱动系统。

● 电气驱动系统。

● 液压驱动系统。

● 气压驱动系统。

（3）控制系统

控制系统的作用相当于人的大脑，主要由计算机硬件和控制软件组成。其主要任务是根据机器人的作业指令程序及从传感器反馈回来的信号控制机器人的执行机构，使其完成规定的运动和功能。如果机器人不具备信息反馈特征，则该控制系统称为开环控制系统；如果机器人具备信息反馈特征，则该控制系统称为闭环控制系统。

（4）感知系统

感知系统的作用相当于人的五官，由内部传感器和外部传感器组成，其作用是获取机器人内部和外部环境信息，并把这些信息反馈给控制系统。内部状态传感器用于检测各关节的位置、速度等变量，为闭环伺服控制系统提供反馈信息；外部状态传感器用于检测机器人与周围环境之间的一些状态变量，如距离、接近程度和接触情况等，用于引导机器人，便于其识别物体并做出相应处理。

9.18.3　应急机器人应用

应急机器人是一种自动化的机器，这种机器具备一些与人或生物相似的智能能力，如感知能力、规划能力、动作能力和协同能力。因此，按功能划分，应急机器人可分为三类：空中应急机器人、陆地应急机器人、水下应急机器人和通用应急机器人。

（1）空中应急机器人应用

● 空中技术搜救。

● 应急测绘。

● 紧急投送。

● 飞行基站。

● 控制照明。

（2）陆地应急机器人应用

● 应急搜救机器人。

● 应急消防机器人。

●应急工程机器人。

●应急保障机器人。

(3)水下应急机器人应用

●水下搜索。

●水下观察。

●水下定位。

●水下抓取。

(4)通用应急机器人应用

●救灾侦察机器人。

●生命探测机器人。

●可穿戴装备。

第10章　应急业务应用层技术方案及实现

10.1　功能层次架构

应急管理业务按照全生命周期理论划分,可分为应急准备、应急响应、应急处置、应急保障、应急善后等五个过程,而应急决策和应急政务则是凌驾于这五个过程之上的两个更高的过程。因此,智慧应急平台的应急业务应用层就是上述七个过程的智慧化建设。基于智慧应急平台总体技术架构,设计出应急业务应用层的功能层次架构,如图 10-1 所示。

应急政务智慧化层	综合办公系统	综合执法系统	综合档案系统	综合网站系统	综合门户系统	公众服务系统
应急决策智慧化层	突发事件决策系统		承灾体决策系统	应急管理决策系统	灾害因子决策系统	
应急善后智慧化层	灾害统计系统	应急评估系统	绩效评价系统	心理干预系统	灾民救助系统	恢复重建系统
应急保障智慧化层	救援队伍系统	物资保障系统	应急物流系统	避难场所系统	社会综治系统	卫生防疫系统
应急处置智慧化层	指挥调度系统	应急救援系统	应急医疗系统	航空救援系统	灾金监管系统	应急广播系统
应急响应智慧化层	应急值守系统	快速反应系统	舆情监控系统	灾害环境系统	社会动员系统	心理咨询系统
应急准备智慧化层	数字预案系统	隐患监管系统	监测预警系统	培训演练系统	宣传教育系统	自救互救系统

图 10-1　平台应急业务应用层功能层次架构

10.2 应急准备智慧化

10.2.1 技术架构

基于第 3 章的"智慧应急平台总体技术架构",设计出如图 10-2 所示"应急准备智慧化技术架构"。两者绝大部分内容相同,只是前者的"应急业务应用层"被后者的"应急准备应用层"替代了。这些技术架构与总体技术架构相同的组成内容,在此不一一叙述。

10.2.2 数字预案系统

(1)基本概念

数字预案就是利用计算机技术和网络技术,根据突发事件的处置流程,形成全面、具体、针对性强的直观高效的数字化应急预案,使预案的制定和执行达到规范化、可视化的水平。①可以根据突发事件的发展、救援过程中出现的新情况,及时对数字化应急预案进行修订,并能够在最短时间内及时通知到相应人员和部门;②救援结束后,能够快速准确实现对数字化应急预案修正和调整;③快速生成针对具体突发事件的预案,并能不断重构与再造;四是通过开展应急演练,实现对预案的评估。

数字化应急预案包括三大部分内容:

●基本情况。包括基本地理信息、公共安全信息、应急救援力量数据、应急救援装备设施信息、应急组织机构、监测监控体系等内容,不同类型专项应急预案其基本情况部分包含的内容有所不同。

●事件设定。依预案类别不同,根据危险源调查和危险性分析结果,设定突发事件场景。利用各种分析模型,分析事件发生发展的趋势和影响范围以及影响程度。根据预警分级原则确定不同区域的不同危险等级,作为制定应急决策、采取应急行动的参考基础。

●应急行动。是根据事件设定环节设定突发事件发生发展情况以及危险等级,考虑基本情况,按照应急预案的应急响应原则、应急启动流程和行动流程、各类工作规划和各类注意事项,制定出的一套应急行动流程,作为应急响应的行动指南和进行应急响应演练的计划方案。由于预案是预先制定的,必然包含某些假设,与实际的灾害发生发展存在一定的差别,因此,有必要根据实时的灾害监控信息和气象条件,在原预案的基础上对各项行动和处置等进行优化调整,形成具有具体指导意义的数字化动态预案。

因此,应急数字预案系统就是对数字化应急预案进行结构化、信息化处理,

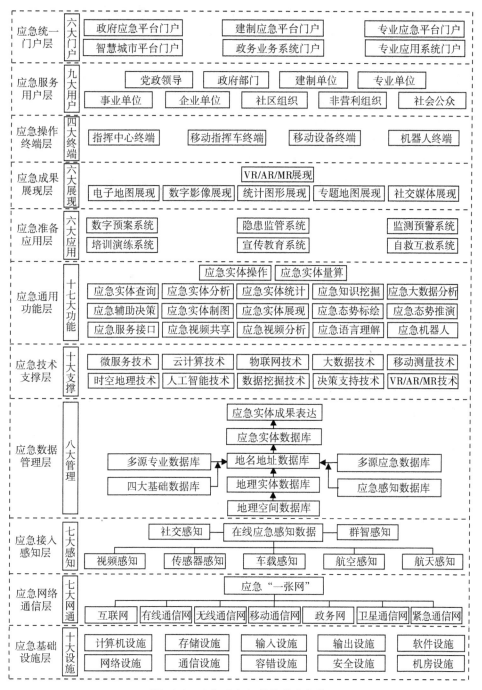

图 10-2　应急准备智慧化技术架构

使应急预案使用过程中实现智能化、可视化、科学化。它主要包括：

●对文本应急预案结构进行分解，提取应急处置的主要功能模块和应急预案中的主要信息进行分类，分析应急预案需要描述的应急处置流程。

●以应急预案描述的应急处置流程为主线，按照突发事件发生过程，提取应急处置中的关键节点，如信息上报、接警、判断响应级别、现场救援指挥等，按照逻辑关系生成应急处置流程图。

●以应急处置流程图为核心，将突发事件信息、应急人员信息、现场应急处置信息、监控视频及电话记录、应急物资等信息进行结构化处理。

●建立突发事件应急处置典型案例库，总结应急处置过程中积累的经验，制定应急处置过程中的行为准则和应急处置流程的推理规则，为以后的应急处置工作提供智能化辅助决策。

（2）主要功能

应急数字预案系统主要包括应急预案管理、应急案例管理、应急方案智能生成、应急资源管理四大主要功能模块。

1）应急预案管理

●新建应急预案模块。用户可以输入预案名称、选择预案类别、选择预案等级、输入编制部门、人员信息等内容，同时可以自定义预案的文本格式及字体，最终生成完整数字应急预案存入预案数据库。

●应急预案查询模块。一是可以根据需求按照预案级别、预案类型、突发事件类型分类查询，也可以按照预案编制时间、预案版本查询；二是可以通过关键字模糊查询。

●应急预案管理模块。包括预案的类别划分、级别划分、突发事件分类、预案维护、预案上报、预案审核、预案修订、预案退回、预案发布等。

●应急预案统计模块。按照之前的分类方式或预案创建时间对预案库进行统计，通过饼状图、柱状图、表格的方式展示给用户。

2）应急案例管理

●应急案例管理。管理员依据典型案例的事发地点、事件详述、应急措施、应急流程、经验总结等信息将案例整理录入，将时间久远不符合当前应急环境的案例及时删除。

●应急案例查询。可根据录入时间、案件类别和关键词模糊查询。

3）应急方案智能生成

●预案生成模块。根据突发事件种类、现场环境情况和一线应急人员的分析结果，通过与应急预案库和应急案例库中的应急方案进行比对，快速生成与当前情况相符的科学应急预案。

●预案执行。在应急预案生成后,平台依据预案生成的数据将应急任务分配给各个部门,各部门也根据现场情况及时上报应急进度、应急需求,形成信息反馈。

●预案修正。将现有预案与信息反馈进行数据对比,出现应急流程、救援方法或应急资源数量与现场不相符时,迅速对应急预案进行修正,及时满足现场应急需求。

4)应急资源管理

●应急物资管理模块。可以在平台中标记应急物资的种类、数量、所在位置、所属单位及联系电话,同时具备按照资源类别、资源名称、所属单位查询功能。

●应急知识管理模块。将应急知识按案件类型归类存储,方便工作人员查询、学习,在提高应急技能的同时也保护了应急人员自身生命安全。

●组织机构管理模块。包括机构添加、机构删除、机构信息查询、人员添加、人员维护、人员信息查询,实现了对人员和机构的信息管理。

●应急法规管理模块。是对法律法规、指导文件的添加、删除、分类、查询。

10.2.3　隐患监管系统

(1)基本概念

重大隐患定义为:具有潜在的重大事故隐患,可能造成重大人员伤亡、巨额财产损失、严重环境破坏或污染等的危害物质或危害物质设施,主要包括:

●储存易燃、易爆、有毒物质的贮罐区或者单个贮罐。

●储存民用爆破器材、烟火剂、烟花爆竹及易燃、易爆、有毒物质的库区或者单个库房。

●生产、使用民用爆破器材、烟火剂、烟花爆竹及易燃、易爆、有毒物质的生产场所。

●输送可燃、易燃、有毒气体的长输管道,中压以上的燃气管道,输送可燃、有毒等危险流体介质的管道。

●蒸汽锅炉、热水锅炉。

●易燃介质和介质毒性程度为中毒以上的压力容器。

●煤与高瓦斯突出,有煤尘爆炸危险,水文地质条件复杂,煤层自然发火期小于个月,煤层冲击倾向为中等及以上的煤矿矿井。

●金属非金属地下矿井,包括瓦斯矿井、水文地质条件复杂的矿井、有自燃发火危险的矿井、有冲击地压危险的矿井。

●全库容大于一百万立方米或者坝高大于三十米的尾矿库。

●重大化学品仓库、煤矿事故危险源、重大生产事故隐患、城市危险品运输车辆。

●泥石流、崩塌、滑塌、地面塌陷、地面沉降等地质灾害。

●危旧房屋、火灾重点监控点、病险水库、医学科研试验室。

●可能产生地震的活动断裂。

●城市燃气、热力、供水、电力输配线等生命线基础设施,城市病险道路、桥梁、大中型畜牧、家禽养殖场、病险地下工程。

●放射源管理、环境污染重点监控地区等。

●其他重大隐患源。

(2)主要功能

1)重大隐患源普查登记模块

主要是用于掌握重大隐患源数量、状况和分布情况,通过电子地图表现重大隐患源的地理位置、周围重点建筑物、人口分布、商业建筑等,为重大隐患源评价、分级、监控和管理提供基础数据。

2)重大隐患源辨识模块

主要是用于对重大隐患源的辨识,包括已辨识的隐患源和未辨识的隐患源,并可以对未辨识的进行批量和单个辨识,重大隐患源的辨识依据是物质的危险特性及其数量。

3)重大隐患源数字地图制作模块

制作灾区级1:1万、重点区域1:2000自然灾害综合风险数字地图;制作灾区1:5万活动断层条带状填数字地图;制作灾区重要流域1:10万~1:25万、重点地区1:5万~1:10万、重大工程项目建设区和部分人口密集1:1万~1:5万地质调查数字地图;制作灾区1:1万地面沉降数字等值线地图;制作灾区江河干流重点堤防、重点大中型水库、重点蓄洪区隐患调查与风险数字地图;制作灾区有毒有害、易天易爆危险品分布数字地图;制作灾区主要疫病疫情分布风险数字地图;制作灾区应急物资保障分布数字地图;制作灾区城市应急避难场所分布数字地图。

4)重大隐患源隐患管理模块

主要是根据现有的普查数据建立重大隐患源数据库,并根据隐患情况,进行安全检查,督促进行整改,再把整改情况录入数据库,形成一套比较完整的重大隐患源数据库。

5)重大隐患源事故管理模块

主要是为了更好地掌握事故发生情况,跟踪已处理、处理中、未处理事故的进展情况,并形成相应的处理报告。

6)重大隐患源风险评价分级模块

包括:辨识各类危险因素及其原因与机制;依次评价已辨识的危险事件发生的概率;评价危险事件的后果;评价危险事件发生概率和发生后果情况;将上述评价结果与安全目标值进行比较,检查风险值是否达到了可接受水平。

7)重大隐患源监测预警模块

●在线监测信息管理模块。分为重大隐患源信息管理,传感器、摄像机和其他监控设备管理,分级预警方案设计和分级预警指标设计等模块组成。

●在线监测模块。主要实现对重大隐患源储罐的实时监测,使重大隐患源及重大安全事故隐患处于被监管状态。主要包括重大隐患源的视频监控和储罐状态参数在线监控两部分。

●监测分析及预警处理模块。由动态分析模块、分级预警模块、安全状况趋势分析模块、统计分析模块等组成,主要功能应包括:实时隐患数据与预警数据的对比分析、数据存储、声光报警、发送处理意见、对本地历史图像、数据的检索、回放和管理。

8)重大隐患源地理信息模块实现

主要由数据采集和输入、数据更新、数据存储管理、空间查询与危险源分析、数据显示、重大隐患源评估分析等几个模块共同组成。

9)重大隐患源应急预案管理模块

主要是根据实际情况,将不同的应急预案分门别类地集中录入,事先定义好一些规则,比如这个隐患源发生事故时有谁来领导,相应的技术专家组是哪些,成员通信方式,有什么样的救援物资,放在什么地方有谁看管等,在发生事故时能在第一时间将应急预案调出来。

10)重大隐患源统计分析模块

包括:①隐患风险清单。按区域、时间、行业、类型生成管控清单;②隐患风险总览。可按区域汇总统计企业数量、风险点数量、各级别风险点数量,采用红橙黄蓝对 4 级隐患风险点进行标识提醒;③隐患地图展示:分为地图分类展示、地图分级展示、线性风险展示、区域风险展示。

11)重大隐患源决策支持模块

利用应急救援预案库、空间分析技术,为事故应急救援工作提供事故发生的地点、现场的逃生路线、救援的最佳路径和疏散路径、隐患源特性和处置措施、最佳应急资源调配方案生成、应急机构分布、事故影响范围等信息。

12)重大隐患源评估分析模块

●隐患事故影响范围预测。结合事故后果模型,开发隐患事故影响范围预测功能,可以在事故前为监管人员提供事故发生后的最大影响范围。

●隐患风险评估。根据各地区人口密度、街道、管道布置等实际信息数据,能够识别出区域内明显或潜在的防护目标,可实现对监管区域的隐患风险分析和评估。

●隐患评估结果输出。将隐患风险评估及事故影响范围预测的结果以专题图的形式输出。

10.2.4 监测预警系统

(1)基本概念

应急监测预警系统就是通过运用监测物联网与监测大数据应用技术,实时采集各监测点的形变数据,形成大数据采集、大数据分析、大数据全网化作业的监测大数据应用技术,在出现险情前就可提早发出报警。系统功能特点有:①多种灾害全面监测:利用遥感技术和人工智能等技术,对灾害异常信息进行全面监测;②综合风险评估:利用灾害评估模型、人工智能等技术,对不同强度灾害进行定量和评估,形成区域自然灾害风险图,为应急管理提供技术保障;③灾害态势分析:运用多种灾害态势分析模型及大数据、人工智能等技术,形成灾害发展趋势推演成果;④灾害预警发布:支持依据预警规则自动生成预警信息,实现预警信息定向,精准推送至相关责任人、工作人员及社会公众。

(2)主要功能

1)隐患风险监测功能

就是对隐患风险进行实时、持续、动态的监测,及时发现各种变化,收集相关的数据和信息,做好预控措施,同时,隐患风险监测得到的数据和信息为风险评估提供依据。

2)隐患风险评估功能

即将调查、监测到的结果和其他收集到的信息进行整理和归纳,结合脆弱性分析,确定隐患风险的大小,判别突发事件发生的可能性和危害性。只有经过风险评估,判别突发事件发生的可能性和危害性较大时才能发出预警信息。

3)预警发布与传递功能

●预警条件和程序。预警条件是"即将发生或者发生的可能性增大时";预警程序包括:①发布警报并宣布有关地区进入预警期;②向上一级人民政府和上一级主管部门报告,必要时可以越级上报;③向当地驻军和可能受到危害的毗邻或者相关地区人民政府和公众通报。

●预警发布与传递内容。预警信息内容上应包括突发事件的类别、预警级别、起始时间、可能影响范围、警示事项、应采取的措施和发布机关等。

●预警发布与传递手段。①多样性。媒介包括电话、手机、广播、电视、报刊、网络、警报器、宣传车等;②针对性。要针对不同的群体采取不同的手段;③全覆盖性。保持对特定群体发布预警手段的稳定性和经常性;四是互动性。手段最好具备双向可达性。

4)预警调整与解除功能

突发事件从孕育到发生有一个过程,各种要素是不断变化的,其发生发展往往具有确定性和随机性的双重特性,因而预警的级别也可能在不断变化中。有可能会出现突发事件的影响和危险可能增大的情况,需要提高预警级别;有可能会出现突发事件的影响和危险可能减少的情况,需要降低预警级别;有时会出现突发事件不可能发生的情况,需要解除预警。

5)公众应急响应功能

公众根据所接收的警报采取必要的响应行动,避免或者减少了突发事件所造成的损失,监测预警的目的才最终达到,预警要能够促使公众迅速地采取适当的响应行动以规避风险。

10.2.5　培训演练系统

(1)基本概念

1)应急培训

应急培训是一种有组织的应急知识传递、技能传递、标准传递、信息传递、信念传递、管理训诫行为,让受训者通过一定的教育训练手段,达到预期的目标。因此,应急培训工作是提高各级领导干部处置突发事件能力的需要,是增强公众公共安全意识、社会责任意识和自救互救能力的需要,是最大限度预防和减少突发事件发生及其造成损害的需要。应急培训对象包括:

●领导干部培训。培训内容包括法律法规、应急预案、应急决策方法、应急指挥程序与交流沟通方式等。

●公务员培训。培训内容包括法律法规、应急预案、应急准备、应急响应、应急处置、应急保障、应急善后等。

●专业人员培训。培训对象包括抢险救护、医疗、消防、交通、通信等人员以及企业单位设立的专职或兼职应急救援队,培训内容主要包括相关危险品特性、病毒细菌防范、污染处理、具体技术设施等技术内容,以及现场救护与应急自救、应急设备操作、应急装备使用等技能内容。

●岗位培训。培训对象包括发现事故险情并及时报警的岗位人员,如保安、门卫、巡查、值班人员等,培训内容主要是人员素质、文化知识、心理素质、应急意识与能力等。

2）应急演练

应急演练是在事先虚拟的事件（事故）条件下，应急指挥体系中各个组成部门、单位或群体的人员针对假设的特定情况，执行实际突发事件发生时各自职责和任务的排练活动，简单地讲就是一种模拟突发事件发生的应对演习。应急演练对象包括：

●应急指挥、管理人员演练。可以采用体验式演练使应急指挥人员熟悉应急响应程序，正确掌握突发事件的应对方法，培养提升应急指挥协调能力与素质。

●专/兼职应急救援队伍演练。主要通过实战演练使队员熟悉各类事故的特点，熟练操作使用应急救援的装备、器材，掌握相应的事故应急救援技能及措施，提高在不同情况下与不同救援人员和队伍配合实施救援的协同作战技能。

●企业全体员工演练。演练他们在应急情况下的心理素质，掌握基本的事故应急逃生、自救互救知识和技能，全面提高企业员工安全素质和安全技能。

（2）主要功能

1）应急培训信息管理功能

●应急培训资源库管理。主要对各种应急培训课程、培训资料进行管理，可自定义应急培训资源分类和培训内容，支持多种应急培训内容类别。

●应急学习管理。包括应急课程列表、课程信息查看、网上学习、学习信息统计等功能。

●应急培训过程管理。对应急培训过程进行记录和管理，包括培训计划管理、培训记录管理等。

●应急培训考试管理。对于某些应急培训，需要在培训之后进行考试，包括自测和统一考试，能够对统一考试和自测考试的过程进行管理。

2）应急演练信息管理功能

●应急演练计划。包括应急演练名称、演练内容、演练时间、演练相关单位等。

●应急演练设计。设计应急演练步骤。

●应急演练事件和相关的资源数据。设计应急演练的各类以及相关的资源数据。

●应急定义演练事件。设计应急演练的事件内容，发生时间、事件级别等。

●应急分析和配置演练资源。根据应急演练的事件，分析和配置需要的演练处置资源。

●应急定义演练人员行为。根据应急演练的内容，设计演练人员行为。

●应急演练总结。

3)应急三维仿真演练功能

●应急场景任务设置。根据不同的应急演练目标和任务,提供一个演练场景,并在场景内设置相应的灾害或突发事故现象,形成一个逼真的三维仿真应急演练环境。

●应急角色演练。根据登陆的不同角色,提供不同的角色应急演练内容,包括群众、社会救援力量、现场专业救援力量、指挥中心等。

●应急地图基本操作。支持用户通过不同的终端访问应急演练概览地图数据,进行基本的地图操作,分为放大、缩小、平移、漫游、全图、测距等。

●应急三维仿真漫游。可以对应急演练地区进行三维仿真漫游,用户浏览相关位置的三维仿真场景,可以获得身临其境的感受,提供施展应急指挥决策演练的效果。

●应急演练数据查询。可方便对应急演练的全过程进行全方位观看和数据查询。

●应急演练信息浏览。支持用户通过浏览应急演练相关基础数据信息、视频信息、语音信息等,支持不同格式的信息的浏览操作,如文字、图片、声音、视频等。

●应急演练控制。提供人为添加和改变应急演练环境的功能,具体功能包括:天气状况调整、灾情状况调整、救援力量调整、新任务下达、其他突发事件等。

●应急演练记录/编辑。记录并能回放整个应急演练过程,包括所有的事件细节、处理过程、通信语音录音等,为演练总结提供手段。

●应急演练考核。分为应急预案演练考核和突发事件演练考核。

4)应急虚拟现实演练功能

虚拟现实技术为应急演练提供了一种全新的开展模式,人们通过电脑、头盔、数据手套等终端设备进行虚拟演练。其功能除了具备上述三维仿真演练功能模块之外,还需具备如下功能:

●应急沉浸式。结合 VR 头盔将人们带入 360 度灾害全景三维环境中,即与现实同比例的仿真物体,如学校、家庭、商城、高层办公楼和地铁等场景,能快速切换不同场景进行虚拟现实应急演练。

●应急互动性。利用 VR 头盔切换和转动视角,利用 VR 手柄能在应急虚拟环境中移动行走,与灾区虚拟物体进行实时交互,比如操作灭火器、拿起湿毛巾等。

●应急趣味化。按照提示进行拟真感的应急逃生演练,除了画面逼真外,加上音效、体感体验、佩戴的热源手套发热等,营造出置身灾区的危险境地。

●应急游戏化。系统具有计时功能,没有在规定时间完成逃生的,系统自动判定逃生失败,体验者需要重来。

10.2.6 宣传教育系统

(1)基本概念

是指以政府和相关责任部门为主体,旨在预防和减少危机,提高整个社会的危机应对能力,通过多种渠道,在一系列原则的指导下,围绕着危机知识、危机意识、危机心理、危机行为、危机责任等方面,针对人们进行的一系列制度和方法的宣传教育。需要政府、媒体、企事业单位、教育行政组织、培训院校、社区、科协、志愿者组织协力推进,才能构造一个健全有效的主体知识辐射宣传教育网络。应急宣传教育的形式有:

●应急科普知识宣传教育。可围绕防灾减灾、医疗保健、节能减排、食品卫生、公共安全等相关主题,进行现场咨询、有奖知识问答、发放科普宣传资料手册,建立应急科普图书阅览室、科普画廊,广泛的宣传预防、避险、减灾、自救和互救等应急知识。

●应急预案知识宣传教育。应急预案发布之后并不能保证相关政府、企业和个人就能掌握预案并熟练地按预案处置相关应急事件,只有对其实施宣传教育,才能使公众掌握相应的应急知识和提升其应对技能。

1)应急宣传教育网络

在内容体系的编排和设计上,要着重对科普应急知识和预案演练中各部门职责知识的传递,使得公众在任何时间和地点都能在各级各类主体的应急宣教网站查询到相关的应急知识。可通过相关媒体、公益网站与相关政府网站进行链接互通,进而拓宽宣教对象学习应急知识的快捷途径。

2)应急宣传教育自媒体

自媒体以现代化、电子化的手段,向不特定的大多数或者特定的单个人传递应急知识和信息,主要包括博客、微博、微信、论坛等网络社区。

(2)主要功能

1)应急法律法规宣传教育

重点宣传教育应急法律法规的主要内容,既要让政府各部门工作人员掌握,也要让社会公众充分了解。

2)应急预案宣传教育

应急预案制定者、处置突发事件的组织者和实施者往往是分离的,如平时不对应急预案内容和处置规程宣传教育,不了解和不熟悉应急预案的内容和处置规程,在处置突发事件时就会惊慌失措。

3）应急知识宣传教育

●按照事前、事发、事中、事后的不同情况，分类宣传教育。

●按照自然灾害、事故灾难、公共卫生事件、社会安全事件等开展宣传教育。

●按照典型案例开展宣传教育。

4）应急意识宣传教育

公众的应急意识与应急心理密切相关，应急意识是一种"安而不忘危、存而不忘亡、治而不忘乱"居安思危的忧患意识，这种意识的形成将会大大提高公众的应急心理素养，因而系统有意识地宣传教育应急意识和锤炼应急心理十分重要。

5）应急情景仿真与演练宣传教育

由于应急事件的非完全可实验性与不可逆性，建立相应的应急情景仿真与演练系统来获得应急宣传教育知识，具有极强的针对性。

10.2.7　自救互救系统

（1）基本概念

应急自救互救系统主要采用基于计算机或便携式设备，依托有线、无线网络形成应急自救互救教学网络。利用现代信息技术与灾害自救互救技术相结合，通过百分百还原灾害实际场景，给受训人员以沉浸式的各种体验，让其能够在虚拟环境中适应不同灾害环境，为将来灾时挽救伤员生命、防止伤情加重及为后期救治创造更好条件。

（2）主要功能

1）自救互救网络训练课程

"自救互救网络训练课程体系"分为十章节，如表 10-1 所示。

表 10-1　自救互救网络训练课程体系表格

课目	训练课程	训练课程体系主要内容
第 1 章	现场急救六大技术	止血、包扎、固定、搬运、通气、心肺复苏
第 2 章	常用急救操作技术	气管插管技术、气管切开术、心胸穿刺术、腹腔穿刺术、腰椎穿刺术、趾骨上膀胱穿刺术、三腔管填压术、洗胃术、肠胃减压术、静脉切开术
第 3 章	意外伤害急救	枪弹伤、爆炸伤、肢体离断伤、电击与雷电伤、烧伤、冻伤、溺水伤、自缢伤、坠落伤、狂兽咬伤、毒蛇咬伤、气道异物
第 4 章	灾害事故急救	水灾、火灾、道路交通事故、泥石流

续表

课目	训练课程	训练课程体系主要内容
第5章	急性中毒急救	急性食物中毒、急性镇静催眠药物中毒、急性酒精中毒、刺激性气体中毒、急性汽油中毒、急性煤气中毒、急性重金属中毒、毒瘾发作、急性亚硝酸中毒、化学毒剂中毒
第6章	常见急病症急救	昏迷、喉水肿、咳血及呕血、晕厥、胸痛、腹泻、腹痛、尿滞留、癫痫、中暑、低血糖症、高血糖症、过敏、休克、分娩、猝死、上消化道出血、脑出血、脑水肿、肺水肿
第7章	急救器材使用与维护	急救车标准配置、心肺复苏仪、心电监护仪、除颤仪和AED、简易呼吸器
第8章	业务学习	业务知识学习
第9章	业务知识培训	培训、集训
第10章	健康教育	个人卫生

2)自救互救医学知识库

一是医学知识内容管理,包括:内容的展示与归档,展示又包括了常规展示和搜索展示;二是医学知识内容生成,包括官方自建渠道与众筹众包渠道的建立,内容审核流程的建立。

3)自救互救学习

利用云计算技术,将大量的自救互救知识无缝接入到云中,人们可以访问云中的自救互救知识,并向云中提交各种自主经验知识形成众包机制,系统学习各种突发事件的急救、自救、互救、野外生存等其他医学领域相关知识。

4)自救互救VR训练

通过一套完整的虚拟现实训练系统,不仅可以模拟各种灾害环境,还能让受训人员在训练学习中增加临战感,增强处理各种突发状况的能力,可以更有效提高一线人员应急自救互救的能力。

5)自救互救信息查询

搜索引擎具有高准确性、高查全率、更新快以及服务稳定的特点,能够帮助广大需求者在浩如烟海的应急自救互救信息中找到自己需要的信息。

6)自救互救体验馆

引入"物联网+"、移动互联、云计算以及VR技术,多类别、多维度、广覆盖的建设自救互救体验馆,内含自救互救文化、突发事件、生命健康、家庭安全、交通安全、科学转运、车祸事故、空中救援、野外自救等,以及基础生命支持(BLS)、应急救援救护、高级生命支持(ACLS)培训等功能模块,配有声、光、电视觉效果设备与体验空间、互动设施。

10.3　应急响应智慧化

10.3.1　技术架构

基于第 3 章的"智慧应急平台总体技术架构",设计出如图 10-3 所示的"应急响应智慧化技术架构"。两者绝大部分内容相同,只是前者的"应急业务应用层"被后者的"应急响应应用层"替代了。这些技术架构与总体技术架构相同的组成内容,在此不一一叙述。

10.3.2　应急值守系统

(1)基本概念

应急值守工作是确保政令畅通、信息及时报告的关键环节,是有效应对和处置突发事件、维护社会稳定的重要保障。应急值守通过借助现代通信和信息系统并结合 GIS 地图展示,及时掌握现场视频监控动态,汇总监测预警信息,并通过系统自动报警警示值守人员,确保在第一时间内获取事件信息,为组织事件应急救援赢得时间。

(2)主要功能

●应急值班排班管理:应急值班表录入、值班表打印、值班表显示、值班人员查询、值班表分级显示;

●应急值班业务管理:各级单位每日上报当日应急值班的领导、办公室主任、指挥中心值班员的姓名、电话;

●应急值班日志维护:包含天气情况,异常情况,应急值班信息、值班人等信息维护模块;

●应急值班交接:应急值班人按照上下班时间交接班功能;

●应急信息值守:应急信息接报、事件分类分级、事件上报、接报管理、接报日志;

●应急信息接报:支持通过电话、视频上传、AI 自动识别等方式进行应急信息报送,内容包含事发时间、事发详细地点、事件类型、事件等级、事件原因、事件情况描述、伤亡人数、失踪人数、受困人数、经济损失、影响范围、事件损失程度、已采取措施、资源调度请求等;

●应急事件研判:组织应急专家进行突发事件的预评估,分析事件的起因、危险因素等判定事件的类型与等级,将评估结果上报上级政府进行审批,综合研判后启动相应预案

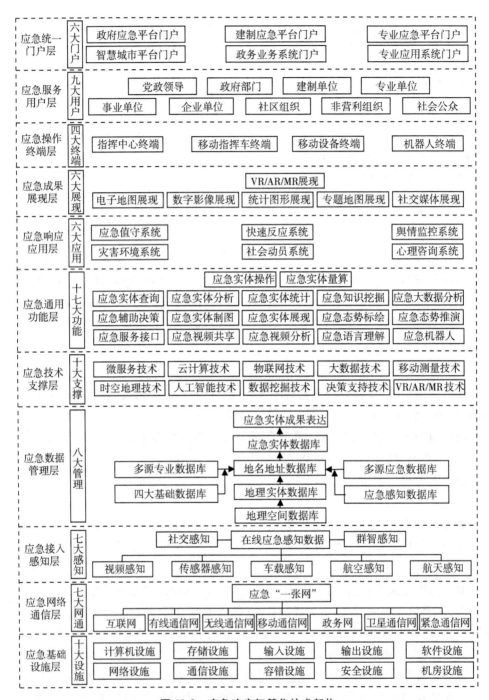

图 10-3 应急响应智慧化技术架构

●应急任务管理：根据应急辅助决策生成的方案，形成各单位在应急处置过程中应完成的各项工作任务和配置资源，工作任务包括任务编辑、审核和分发等功能。

●应急处置跟踪：任务分发后，应急指挥人员可以跟踪任务的执行情况，查阅当前正在执行的应急任务及相关信息。应急任务执行过程中，各单位可以通过反馈跟踪功能，及时反映任务执行情况或碰到的问题；

●应急会议功能：功能有召集应急会议、禁言、单独通话、会场放音、将成员踢出会议、指定主席、结束会议、预置会议等。

●应急录音录像功能：通过配置录音录像服务器，对所有经过调度台的应急通话，包括任何呼入、呼出、转接以及会场电话，进行全程 IP 录音录像。

●应急传真功能：利用计算机实现对应急传真的接收、发送、自动分发、备份管理、分类管理，为指挥发布指挥命令、重要通知的有力手段。

●应急通信录管理模块：包括应急通信录维护、通信录关联、通信录共享、通信录更新；

●应急大事记：记录应急事件并提供表格化输出到 Excel 文件；

●记应急事本：对范围内出现的应急事件的实时记录，供下一班值班人员随时掌握情况；

●应急统计分析：具有报表分类的功能，能按照年月日或某一时间段进行应急报表数据自动汇总。

10.3.3　快速反应系统

(1)基本概念

应急快速反应系统就是把人的专业能力与计算机的数据与计算能力集成并融合，以有效地提高应急过程中的数据质量和应对效率，来扩展使用者处理复杂问题和处理信息的能力，缩短分析时间，降低错误风险，有利于使用者对问题空间或决策境况的理解，具有较好的辅助作用，大大提高应急反应速度。应急值班人员可以通过该系统快速预测灾害造成的建（构）筑物破坏情况、经济损失以及人员伤亡情况，供决策者参考，以便合理的安排救灾资源，尽可能减少人员伤亡。

(2)主要功能

1)基础数据的信息收集、录入功能

对基础信息数据进行收集和归类汇总，主要包括灾害等专业类别数据，经济、人口、医院、学校等社会灾害重点数据，建筑物、危险源、重要设施等城市坐标和属性数据，应急响应文件等政府信息。数据搜集完成后，对各类数据进行格式分析转换，规范化之后方便录入数据库使用。

2）灾害应急快速反应与灾害预评估功能

开展灾害预评估,掌握灾害影响范围和人员密集区情况,同时做好灾害趋势跟踪,随时修正预评估结果,为政府应急救援提供资料信息。

3）灾害产生的情况研判和灾后趋势会商

通过系统内置的灾害数据,结合灾害事件的数据录入,对破坏性灾害的产生进行分析研判,同时根据后续灾害实时监测情况,叠加图件资料后进行灾后趋势分析,为政府应急处置提供专业依托。

4）应急指挥辅助决策及文档产出功能

自动产出相关报告文档,如:灾害影响预估范围、可能受灾的人口区域、一定烈度范围内的危化企业、生命线工程等需重点关注的目标,为抗灾救灾指挥工作提供辅助决策材料。

10.3.4　舆情监控系统

（1）基本概念

应急舆情监控系统就是整合信息智能处理技术,通过对互联网海量信息自动抓取、自动分类聚类、主题检测、专题聚焦,实现用户应急网络舆情监测和追踪等信息需求,形成应急简报、报告、图表等分析结果,为全面掌握群众思想动态,做出正确舆论引导,提供分析依据。在突发事件中,系统要起到"信息耳目"和"决策参考"的作用。

●网络舆情监测与收集。在可能或已经发生突发事件时,开展调查与访谈,关注报刊、广播、电视、网络等媒体,举行各种会议,接受群众信访,广泛收集舆情信息,及时、动态性地了解和掌握有关突发事件舆情的最新进展,特别是涉及"三敏感"（敏感时间、敏感地点、敏感事件）的舆情信息。

●网络舆情分析与挖掘。对所收集的应急舆情信息进行比较、鉴别、筛选、总结、归纳、分类,同时要拓展舆情的深度,从中挖掘出有价值的信息,编写、报送高质量的应急舆情快报,及时地供应急管理决策者参考。

●网络舆情控制与引导。应急舆情信息具有一定的传染性,对于那些涉及国家机密、商业机密和个人隐私的舆情,以及受国外组织教唆、借突发事件丑化国家形象的舆情,政府应采取必要的控制措施。

（2）主要功能

●全网舆情监测:只需提供需要监测应急主题的关键字或关键字组合,系统自动在国内外知名的搜索引擎上进行搜集,并将搜集结果返回到系统中,按设定的监测主题进行全面、细致的关键字过滤,并将监测结果归属到各个监测主题。目前全网舆情监测引擎包括:网页类、新闻类、论坛类、博客类、微博类与其他类。

●定向舆情监测：只需要提供需要定向舆情监测的网站 URL 地址，设定监测深度，可以设置过滤条件只监测或不监测网站上的某一部分应急内容等。

●微博舆情监测：只需要提供需要舆情监测的关键字，即可以在新浪、腾讯等多家知名的微博平台上进行搜集与监测。

●论坛舆情监测：将自动抽取出论坛上的所有应急栏目，支持天涯论坛、新浪论坛、腾讯论坛、网易论坛、凯迪社区、猫扑社区等大型社区类论坛舆情监测。

●平面报刊舆情监测：只需按照系统设定的格式输入需要舆情监测的报刊地址与报刊发行时间，即可实现平面报刊的电子档应急监测。

●聚合类新闻舆情监测：随着 Web 2.0 的发展，聚合类新闻已成为互联网媒体的一种新的格式，系统提供了对聚合类新闻媒体舆情监测。

●多主题分类舆情监测：利用关键词与同义词可以配置多组舆情监测主题，并对监测到的应急舆情内容对吻合的关键词高亮套红，便于舆情工作者快速定位到有用的信息。

●舆情统计与分析图表：提供实时统计互联网上最新舆情的各项数据指标，并绘制成曲线图、饼图、柱状图等，提供相应的数据表。

●舆情全文检索：提供应急历史舆情监测数据的检索功能：可以指定媒体类型、指定检索字段、指定关键字所在位置以及设定相关舆情的采集或发表的时间或时间段范围，可以采用复合关键词组合对历史舆情监测结果进行检索。

●舆情自动简报：为了便于舆情工作人员对舆情数据的进行上报或通报，系统提供了图表相结合自动简报与分主题的简报，可以下载成 PDF、Word 或 Excel 文档。

●舆情辅助功能：提供重大舆情事件的专题舆情监测与跟踪分析，提供一键删除重复或无关的舆情数据。

10.3.5　灾害环境系统

（1）基本概念

环境是指人类赖以生存和发展的物质和文化条件的总体，灾害环境的定义为"灾害地区及其周围对应急活动有影响的各种情况和条件的统称"，包括：

●灾害自然环境。包括地形地貌、气象气候、陆地水文、植被、土壤、地质地震等因素类型，是构成灾害环境的物质基础，也是灾害环境中内容最丰富、关系最复杂的因素，是影响灾害环境的重要内容和关键因素，如表 10-2 所示。

●灾害人文环境。包括国家、政党、社团、人口、民族、宗教、科技、教育、文化、医疗、农业、工业和商业贸易等，是灾害环境中的人文条件，这些因素贯穿于应急行动过程中的各个环节，直接或间接影响灾害环境。

表 10-2　灾害自然环境类型及内容

类型	内容
地形地貌	山地、丘陵、平原、高原、盆地、沙漠、沼泽、冰川
气象气候	气压、相对湿度、绝对湿度、露点温度、云量、气温、降水、风向、风速、云雾
陆地水文	泉、井、河、渠、湖、潭、特殊水体
植被	森林、灌木丛、草原、农田
土壤	热带土壤、亚热带土壤、温带湿土壤、温带干旱半干旱土壤、寒温带土壤、寒带土壤
地质地震	火成岩、沉积岩、变质岩

应急灾害环境系统是集信息分析、管理、决策支持、工作统筹等为一体的信息化平台,目标是实现灾害环境的"四化建设"。

(2)主要功能

●通观全貌整体分析:灾害环境空间分析的首要环节就是总体审视、把握大势,比如分析某灾害地区地形,其总体特点就是"广、要、密、远、难":"广"是指灾害地区地幅面积广;"要"是指灾害地区地处东南沿海;"密"是指灾害地区内大型军用民用机场、重要交通干线、应急物资保障仓库、重要应急救援力量多等等;"远"是指灾害地区与省会城市距离较远;"难"是指灾害地区应急救援难度大,区内目标众多,分布分散,且区内交通不发达等等。

●着眼特点分区分析。就是根据灾害地区地形自然构成或明显特征,把应急行动地形划分成若干地区,按照一定的顺序,依次对灾害环境进行分析判断,对各个区域的灾害环境进行深入分析,找出其对应急行动的独特影响。

●区分要素逐个分析。就是把灾害地域内具有战术价值的灾害环境要素,分门别类进行分析判断,从中得出每个环境要素对应急行动的影响与对策措施,比如分析一下灾害地区的交通要素。

●服从任务重点分析。就是要在应急行动中,严格服从于不同各级指挥员下达的不同的应急任务,在总体分析判断情况的前提下,根据各方救援力量的一些特点,针对主要应急任务区域和灾害环境关键要素进行深入具体的分析。

●形成灾害环境分析报告。包括总述部分,通常讲明上级赋予的任务及总体评价灾害地区地形及战略地位;正文部分,通常按位置形态、地形地貌、气候水文等自然地理环境,以及政治、经济和社会状况等人文环境等进行逐一分析,最后提出分析结论。

10.3.6　社会动员系统

(1)基本概念

应急社会动员主要是指各级政府为调动非政府资源应对处置突发事件的行为过程,或者说是为预防和应对突发事件,各级社会团体、企事业单位、公民个人在政治、经济、科技、教育等方面统一组织的应急动员准备、实施和恢复活动,再通过一系列行政、法律、经济措施,整合全社会人力、物力和财力,形成强大的应急合力,以有效预防和应对突发事件。

应急社会动员系统指的是利用物联网、大数据、云计算和移动互联网等新一代信息技术,依托军地基础网络资源,采取云方式部署,创新构建"感知—决策—行动"三位一体的"智慧动员"体系模型,构建面向应急社会动员职责的泛在互联、全面感知、智能控制的,包含各种应急社会动员分类和对象的体系的信息系统。

(2)主要功能

1)应急动员态势感知

主要解决"智慧动员"的"人""物"等动员要素进入系统的问题,为辅助决策提供近似"真实、准确"的数据支撑。通过安全隔离手段,获取应急指挥信息系统推送的动员计划要求。采用射频、指纹、条码和卫星定位等多种技术,动态获取动员部门调动应急车辆、物资、装备等的位置信息。通过有线和无线方式接收各级应急动员机构和执行人员上报任务进度、行动状态和动员效果等信息。

2)应急动员潜力挖掘

利用智慧城市数据中心、国家统计局数据库,以及 Web 端、智能手机和各类传感设备,支持离线交互、网页填报、智能终端 APP 填报等多种应急动员潜力上报方式,实时或近实时地掌握应急人员动员、应急经济动员、应急交通战备动员、应急信息动员和应急科技动员等相关信息,利用大数据技术为系统提供快速准确的应急动员潜力信息。

3)应急动员数量计算

基于 GIS、人口基础信息、应急潜力数据等基础数据库,构建集录入、修改、检索、统计、分析等功能于一体的应急社会动员数据库。依据应急管理需求,围绕人民武装、人民防空、信息动员、国防教育、交通战备和经济动员等具体任务,按需定制应急业务动员数量可度量模型,通过资源池化、快速伸缩、数据挖掘、人工智能分析等,对应急社会动员数量进行计算。

4)应急动员指挥决策

提供应急社会动员潜力需求对接匹配和方案智能辅助生成能力,可根据预先设定的应急动员任务,考虑多种约束条件,自动计算出应急社会动员最优分配方案,辅助用户拟制应急社会动员计划、下发社会动员指令。基于统一的 GIS 对应急动员要素状态、行动计划和路径规划等进行二维/三维展现,提供应急动员态势生成、订阅、分发等能力。再根据应急社会动员预案响应标准和对应的组织机构、力量编成、指挥流程、行动等级等动态编配力量,智能生成一套或多套应急社会动员任务行动指挥决策方案。

5)应急动员行动管控

利用智能手机终端、无线电台、集群通信和卫星电话等各种移动设备,指挥控制应急社会动员力量,开展应急集结、输送、交接、防护和救援等活动,并根据应急进程或事件进程调整应急社会动员指挥行动方案。完成动员任务后,对应急动员资源的移交和返还工作进行指挥调度。

6)应急动员评估体系

围绕"感知、决策、行动"各主要环节,以感知能力、决策能力、行动效果为核心,探索建立应急社会动员的全维、综合评估体系,科学规范能力评价标准,既注重专项能力评估,又注重工作机制评估和体系评估。通过应急阶段评估、应急状态评估、应急质量评估、应急效果评估等,不断完善和提升应急社会动员效益。

10.3.7 心理咨询系统

(1)基本概念

应急心理咨询系统是一个综合一体化的专业心理健康教育软件平台,是一个采用现代信息技术建立的、面向正规心理咨询建立的第三方信息平台,致力于在灾害心理危机产生之后,要对社会突发公共事件引发的灾害心理进行有效的咨询。为广大心理咨询师和来访者提供一个交流平台,让更多的人享受到专业的在线心理咨询服务,共同营造一个和谐、健康的心理世界。

(2)主要功能

1)灾害心理测评

包括灾害心理健康、个性特征、智力能力、心理素质、学习心理、职业倾向等几大方面,可系统地反映出现人们的灾害心理健康状况和心理素质水平。测评方便简易,支持电脑和手机等移动设备,自动处理和分析测试结果,形成灾害心理档案。不仅有直观的灾害心理测试结果数据表和统计图,还有详细的心理特点分析,又提供了根据该心理特点所做的教育建议或指导。

2)灾害心理档案

通过问卷的方式或心理测试的方式建立起灾害心理档案,可以通过不同的条件检索人们的个体灾害心理档案,也可以查询团体灾害心理档案。前者包括个体的基本资料、灾害心理测评情况、灾害心理咨询情况,每份档案内容包括档案封面、基本信息表、量表测评记录、心理咨询记录、心理辅导记录等多方面的信息;后者包括团体灾害心理测评报告,可以快速得到团体的测评结果总体报表,包括平均状况、最高、最低、结果类型分布等数据和图表。

3)灾害心理预警

存储在数据库中的灾害心理档案,作为灾害心理预警系统发布预警的依据,通过灾害心理预警系统周期的发布灾害心理预警报告,为心理教育工作者提供参考意见。

4)灾害心理咨询

包括灾害心理留言、心理咨询预约管理、在线心理咨询室等功能,人们可以通过系统提交自己的问题留言,也可以在咨询中心安排的日期表中进行预约,选择面谈、电话或网络咨询等咨询方式,然后由灾害心理教师进行问题解答回复或通过系统在线对人们进行心理辅导。功能主要包含:

●病历系统。主要用于多次记录灾害心理病人的各种数据,同时包含量表导入功能,病人测试的量表直接导入到软件中,让心理咨询师对病人的分析更加直观。

●量表开发系统。通过直观的界面,心理咨询所可以开发出适合自己的量表套件,通过"病人灾害心理测试系统"给病人使用,同时也可以生成 Word 文档供心理咨询师查看。

●病人心理测试系统。与量表开发系统、病历系统相结合,提供各种灾害心理测试量表,方便病人使用。

●日程安排预约系统。提供专门的定时提醒功能。

5)灾害心理训练

提供灾害心理放松、心理激励、注意力训练、记忆力训练、思维训练、反应训练等灾害心理训练模块,全面地训练提高人们灾害心理素质及综合能力。

6)灾害心理网站

网站的设计应该充分考虑访问者的内在需要,做到动静结合、科学性与趣味性相结合、沟通交流与自我展示相结合。从设计构想上,应包括灾害在线咨询、心理论坛、学习园地、留言板和心理测试等多项内容,还提供了灾害心理咨询记录、查询、管理和统计等心理咨询日常工作功能。

10.4　应急处置智慧化

10.4.1　技术架构

基于第 3 章的"智慧应急平台总体技术架构",设计出如图 10-4 所示的"应

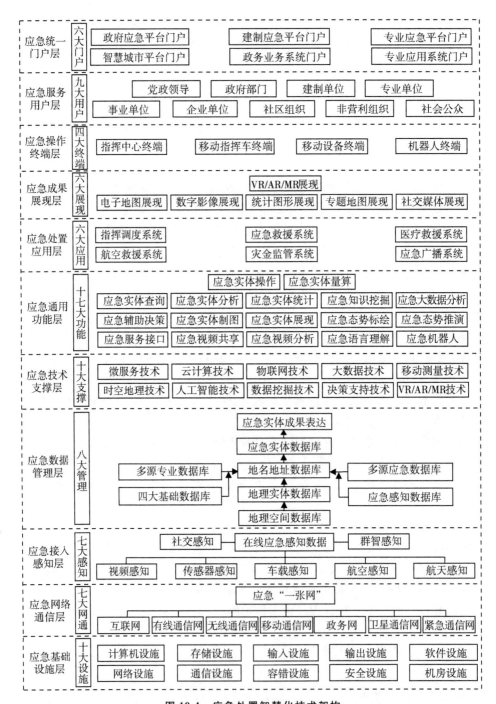

图 10-4　应急处置智慧化技术架构

急处置智慧化技术架构"。两者绝大部分内容相同,只是前者的"应急业务应用层"被后者的"应急处置应用层"替代了。这些技术架构与总体技术架构相同的组成内容,在此不一一叙述。

10.4.2　指挥调度系统

(1)基本概念

应急指挥调度系统是一个集地理信息系统、全球卫星定位、数字智能调度、呼叫中心及视频监控、计算机网络技术及通信等技术手段,集有线、无线通信相结合,文件、语音、数据、图传输相结合的,集监测预警、信息接收、应急处置、资源调度、指挥监控于一体的综合信息系统。其一,是一个横向互联与纵向贯通的体系:横向到边,涉及自然灾害、事故灾难、公共卫生和社会安全;纵向到底,涉及省、市、区、县和基层。形成以日常监管为主、应急指挥为辅、信息服务为增值的智能化应急指挥工作格局。同时遵循"统一指挥、专常兼备、反应灵敏、上下联动、平战结合"规划要求,促进应急处置指挥调度能力现代化;其二,分为平时状态和紧急状态;在平时状态,全面、迅速、准确、可靠的采集前段现场信息,并将信息自动传送至各职能指挥中心,由各职能指挥中心进行日常的监控、管理和指挥;在紧急状态,政府及相关专家可以迅速进入系统,系统为他们提供快速、准确、全面的现场决策信息,实施统一的指挥调度模式。

(2)系统组成

1)应急融合通信

将音频、视频、数据进行融合和联动,形成一体化的"平时协作,战时应急"的应急融合通信子系统。该子系统是采用 NGN 通信技术,以软交换为核心,实现多种通信网络融合、多种音频融合、多种视频融合和多业务融合的综合指挥通信。

2)应急职能中心

●应急多媒体受理中心。借助固定电话、手机、传真、手持终端等设备获取应急信息,运用有线和无线语音、网络报警、来人报告、纸质公文等方式,可以将上级领导的应急指示和下级机关的请示汇报、同级兄弟部门之间的沟通等多种信息来源整合起来,并且进行语音、图像等形式的呈现。

●应急立体式调度中心。运用多种方式手段,涵盖多维空间,实现应急指挥调度功能的良好效果,确保政令畅通。同时运用电话、传真、网络等方式作为调度手段,建立应急指挥调度、卫星电话传真、网络和 OA、可视指挥调度等功能模块。以视频方式对重特大突发事件进行现场应急指挥调度,对于现场环境一目了然。

●应急集成化控制中心。以应急指挥调度为纽带,按照一定的规则和逻辑将众多的子系统和设备进行集中控制管理,从而实现了各关联系统的联动,应急指挥员和操作员的劳动强度大大地减轻,办事效率显著提高。

●应急综合性信息中心。要在同一化的信息交换和共享平台上,更好地统计、分析和查询重大突发事件信息,对所储存的应急语音、图片、视频等多维信息进行综合研判和发布。

3)固定应急指挥调度系统

●大屏显示。主要采用高清显示屏拼接的方式,让会场内所有的人员都能够看得清大屏所展示的内容。

●音频扩声。主要采用数字音频处理、功放及音响等,扩声系统采用主扩＋辅助扩声部署方式部署,以保证声场的均匀。

●数字会议。主要采用会议主机、主席单元和代表单元,所有的与会人员都能够参与会议的发言讨论。

●全媒体融合。与全媒体融合连接的模块有:信号源输入模块(视频会议、视频监控、通用音视频设备、超高分图、KVM 坐席组成)、指挥调度(对讲、单兵、电话)、音频扩声模块、环境控制模块、视频监控、视频会议、大屏显示模块,各模块系统通过 IP 网络与全媒体融合平台连接。

●KVM 坐席。基于 IP 网络的坐席系统,可实现应急指挥中心各子系统桌面远程操作,并可将坐席桌面画面投送到大屏显示系统,可对 KVM 坐席进行分组管理。

●指挥调度。功能包含指挥业务子系统、一张图辅助决策子系统、移动指挥应用子系统、可视化分析展示子系统、应急门户子系统、多媒体调度子系统、数据交换与共享子系统,通过外部接口实现与下属单位视频、视频会议、单兵对接,获取数据、下达指令、消息抄报等,实现系统“统一平台、统一通信、统一部署、统一指挥、统一调度”。

●在线呼叫。支持应急情况下电话服务,具备呼入智能路由、来电弹屏、自动话务分配、交互式语音应答、丰富的电话交换功能。

●可视化呈现。对分析结果进行矢量可视化描述,并能够将图形化动态数据随时随意匹配显示在各种不同尺寸、不同分辨率、不同地点的显示终端,使管理人员能够在第一时间实时、全面掌握业务运行信息,实现泛终端全信息可视化。

4)移动应急指挥调度系统

支持集卫星通信、集群通信、多种 4G/5G 网络、WIFI 网络、COFDM 区域通信、无线办公、协同指挥为一体的全时域、全地域、全网络、全功能的移动应急指挥调度系统。系统具备纵向贯通、横向连接、反应迅速、技术先进、信息全面、功能完善的特点,满足移动应急指挥的需要,提高应对突发事件的应急处置能力及响应水平。系统主要包括移动应急指挥车和移动应急终端。

（3）主要功能

1）应急预警信息发布

汇总各部门灾害相关预警信息,构建多灾种事件链影响关系知识图谱,智能化生成不同类型和等级灾情预警信息发布产品。建立灾害信息审核、发布策略,通过与突发事件预警信息发布、新闻网站等对接,实现灾情预警信息的多渠道、多策略一键式发布,包括灾情预警信息录入、信息查询、信息审核、信息发布、发布统计分析等功能。

2）应急信息查询与分析

● 灾情信息:查看灾情的基本情况,当前伤亡失踪被困人数、现场状况、灾情趋势、力量出动到场情况等。

● 处置对象信息:关联灾情的处置对象,可以查看该处置对象的基础信息、图纸信息、救援预案、消防设施情况等综合信息。

● 救援力量信息:对灾区救援力量、装备、器材进行智能化查询,支持分析周边救灾力量信息,配合路径规划。

● 保障物资信息:根据灾情信息、灾情地周边物资分布信息、交通信息进行综合分析,自动计算出救灾所需物资调度方案。

● 路径规划信息:支持常见的道路规划,并自动规避本灾情涉及的道路、桥梁等破坏情况跟踪;支持查看下发任务的反馈、进展情况,以进行跟踪事件处置情况。

● 受灾点信息:支持对较分散的灾区提供多受灾点基于时序的灾情管理信息。

● 周边信息:支持快速获取受灾点周边信息,通过设定距离或选择影响场过滤灾区周边信息,进行灾损研判、隐患分析。

● 周边重要基础设施信息:汇聚灾区附近安全风险源数据,及时进行重要设施保护和受灾人员安置。

3）应急综合分析研判

基于 GIS 实现应急信息的综合分析研判,内容包括:突发事件地点快速定位及影响范围的确定,现场各角度视频监控,周边环境、救援路线、生产设施信息、救援力量分布和配置情况,各方会商信息,人员、车辆跟踪和定位,应急资源调配跟踪,单兵定位,音视频互动,处置指令跟踪信息,预案和案例信息,相关部门值班及负责人联系方式,各行业及其他信息等,以及突发事件动态、舆情动态、应急响应、资源调度、监测预警、专业研判、救援进展等各类应急信息的综合分析研判。

4)应急视频会议

主要包括三大功能:应急指挥视频会议功能,应急指挥音视频存储功能,应急事件视频点播功能。当应急指挥中心针对应急突发事件进行指挥时,与各应急指挥部门之间任意组合召开会议,进行应急指挥调度。视频对话可输出至大屏,也可将监控图像、应急指挥现场图像传输至视频会议终端,供其他应急指挥部门分析使用。对视频会议的音视频资料进行存储,分类归档,通过视频点播功能为平时查询、培训、演练使用。

5)应急协同会商

通过整合现场监控图像、单兵设备、移动终端和视频会议等,建立应急数据传输、语音通话、视频接入的融合通信,实现:前后方和相关部门的可交互式、可视化的音视频应急协同会商,支持与各节点进行应急数据和资源的共享交换;事发现场(包括现场应急通信指挥车、现场各处置小组、单兵)与指挥中心的音视频互动;应急指挥中心与各区县、行业、镇街的音视频互动;应急指挥中心与各级政府应急管理部门的会商;基于GIS一张图实现多方协同综合研判会商。

6)应急指挥调度

●通信调度。一是将普通电话、手机、IP电话、短波电台、超短波电台、数字集群、卫星通信等集成进行指挥调度;二是可以与无线集群系统、短波系统、海事卫星通信系统、北斗通信系统对接,实现语音的相互调度;三是可以实现与会议发言系统对接,通过麦克风和音响进行调度;四是提供交互式多方会议系统,实现各种通信终端的会商调度。

●视频会议调度。无缝对接第三方视频会议、语音电话、集群对讲等系统与设备,实现外部系统和设备与视联网设备融合组会、互联互通,满足多种终端混合接入场景下、大规模、综合性视频应急会议应用需求,提供强大的应急统一会议管理与调度服务。

●视频图像调度。以视频监控联网管理调度为核心,支持固定点视频监控、临时布控、移动指挥车、无人机、移动单兵等视频监控源的接入、管理与调度,可将各类视频监控源接入各级应急指挥中心大屏进行全网调度,满足应急视频资源跨区域、跨部门、跨系统调度与共享使用需求。

●GIS可视化调度。基于GIS技术,为用户提供全局、动态、直观的突发事件态势一张图调度功能,包括事故定位,事故周边环境展示和分析,相关应急物资的地理分布、可视化展示、分析和调度,相关应急力量的可视化展示、分析和调度,相关应急装备的可视化展示、分析和调度,相关应急车辆的可视化展示、分析和调度,相关资源的三维可视化展示、分析和调度,相关应急预案的可视化展示、分析和调度。

●移动指挥车调度。移动指挥车能够在第一时间驰赴灾害现场,构筑前沿应急指挥中心,为不同专业应急力量提供技术支撑,为领导部门提供应急决策支持和指挥调度服务。可与后方应急指挥中心互联互通,实现前后方综合协调、统一调度,满足各类突发事件现场应急指挥工作的需要。

●单兵调度。以 4G 移动单兵手持终端、视联网 4G 图传终端、无人机终端等单兵装备为载体,实现应急指挥调度协同应用。单兵装备适应各种复杂的地形,可通过卫星、4G、本地自组网等无线网络与移动应急指挥车、应急指挥中心建立通信连接,支持视频监控、视频会议、语音对讲、数据上传、地图定位等功能,进而实现灾害现场的单兵调度。

●手机调度。依托各种 APP 应用软件,实现灾害现场监控查看、视频会议、视频通话、实时直播、资料上传、一键报警等功能。以手机作为调度平台载体,实现应急指挥调度体系的移动化延伸。

●布控指挥调度:针对人员和车辆布控需求,构建的智能视频分析与指挥调度联动的新型应急指挥体系,支持监控、会议、通信"多端"联动,发现警情可立即通知相关人员,统一指挥、迅速处置。

7)应急资源调派

●调配的资源直接形成任务指令,通过短信或电话方式发送给负责人。

●物资调派:建立可动态检索查询储备物资和救援装备的功能,自动检索就近的物资站点。

●队伍调派:实现应急队伍的快速查询、调派和跟踪,提供基于 GIS 按队伍类别、按事件类别、距离事发点距离的数据查询。

●GIS 标注,可在 GIS 中标注事件发生的相关区域、位置和资源信息。

●在调度资源过程中,与运送车辆进行关联,动态掌握救援力量、救援物资的状态。

8)应急事件跟踪

建设完备的事件跟踪体系,实现各类突发事件的接报、任务安排的记录和跟踪,对于超出预设反馈时间的进行提醒。

●任务下达:实现应急任务安排的上通下达。

●事件跟踪:建设完备的事件跟踪模块,实现各类应急任务、指令全程事件记录和跟踪。

9)应急辅助决策

在综合信息汇聚、专题研判基础上,建立面向各类事故灾害的辅助决策知识模型,采用系统自动生产、人工干预等方式,分析各类事故灾害发生特点、演化特征、救援难点等内容,提出风险防护、应急处置等决策建议,为高效化、专业化救援提供辅助决策。

10)应急处置方案

●方案组织模型。用来管理应急处置方案中的组织信息,包括各种应急处置机构、相关单位,各个组织单位的相关人员的姓名、单位、责任、任务分工等内容。通过该模型可以非常方便与个人或者一组人进行通话或者电话会议,也可以灵活发送各类文本指令。

●方案任务模型。是对应急处置方案中的各种任务进行模型管理,以便可以灵活控制、查看、更新、修改任务执行情况。通过该模型可以整体上了解应急事故处置的态势,通过选择每个任务,可以查看更加详细的信息,包括任务名称、任务启动时间、任务负责单位、任务负责人、任务需要的各种条件、任务说明、目前完成状态等。

●方案资源模型。通过对应急执行方案中的各类资源进行数字化管理,以实现应急指挥调度对相关资源的方便调度,主要包括应急资源名称、资源型号、需要的数量、资源所在位置等。

●方案流程模型。为了灵活显示方案的执行状态,以及各个关键点完成情况,因此需要利用应急方案流程模型,通过该模型描述各个应急组织机构任务执行的相互关系情况。

●方案专题图。基于电子地图上,用标绘符号进行标绘并保存到矢量数据库中,并建立应急方案图形数据,并与应急方案文本信息、组织信息、任务信息、流程信息、资源信息等进行关联,可根据需要制作、演练、完善各种应急处置方案专题图。

11)应急任务下达反馈

●任务指令下达。把相关应急事故处置方案通过网络、微信、QQ、短信、传真、电话等多种方式进行下达。

●接收任务执行信息反馈。把相关应急事故处置方案接受情况通过网络、微信、QQ、短信、传真、电话等多种方式进行反馈。

●处置情况反馈。把相关应急事故处置方案通过网络、微信、QQ、短信、传真、电话等多种方式进行处置情况反馈。

10.4.3 应急救援系统

(1)基本概念

应急救援是指政府等危机管理主体为了控制或者消除正在进行中的灾害,

减少其带来的损失,保障人民的生命和财产安全,根据应急预案或应急救援计划,针对可能或正在危及生命、财产安全、造成环境破坏等的突发事件,采取应急救援行动的紧急处置行为。应急救援的主要任务:

●抢救受害人员。突发事件发生后,抢救受害人员是应急救援的首要任务,快速、有序、有效地实施现场急救及安全转送伤员是降低伤亡率、减少人员财产损失的关键。与此同时,应及时指导和组织事发现场的公众开展自救和互救工作,采取各种措施进行自身防护,并迅速撤离危险区域和潜在危险区域。

●迅速控制危险源。及时控制造成突发事件的危险源是应急救援的重要任务,防止事态进一步扩展,才能快速有效地进行应急救援。

●消除危害后果。针对灾害产生的对人体、动植物和环境造成的现实及潜在危害,迅速采取各种措施。对可能对人和环境继续造成危害的物质,应及时组织人员予以清除,消除危害后果。

●评估事件原因和后果。灾害发生后应及时调查事发原因和事故性质,评估事故的危害范围和危险程度,查明人员伤亡情况,做好事故调查。

应急救援信息系统是基于地理信息技术的专业地理信息系统,是为事故、灾害和紧急事件应急救援服务的信息系统,一个完整的系统一般包括 4 个方面:信息管理,实现实时监测数据的输入、存储、运算、分析、模拟,为系统的稳定运转提供必要信息基础;安全预警,包括灾害的监测预报、环境容量预警、污染物超标预警提示等;应急救援,根据实时数据和事故发生实况,生成事故应急预案,指挥和调配相关职能部门实施救援活动;办公服务,进行系统与数据日常维护与管理。

(2)主要功能

1)救援信息管理模块

包括应急救援管理机构数据、应急救援单位数据、应急救援预案数据、应急救援队伍数据、应急救援物资装备数据和应急救援专家数据的录入和管理等。

2)现场灾情信息采集

灾害发生后,应急指挥中心派出无人机搭载红外设备以及其他救援设备到达灾区,通过红外设备快速地进行现场灾情信息采集,从倒塌建筑物中搜寻生命,并将采集到的数据实时传回应急救援指挥中心和现场搜救人员,帮助指挥中心和现场搜救人员对幸存者进行快速施救。

3)现场监控信息接入

负责接收和识别各专业监控视频系统的灾区现场监控信息,包括移动目标的实时位置信息、视频监控信息、门禁监控信息等,并将其统一进行汇总和转发,并根据信息统计结果比照预先设定的不同级别报警阈值在系统中显示异常信息。当预警系统发现异常信息时,会将相关救援信息和定位数据发送到应急救援指挥中心和现场搜救人员。

4)救援信息查询

提供丰富的应急救援数据查询,为用户的救援决策提供依据,分为普通查询和高级查询:普通查询可以对应急管理机构、单位数据、救援预案数据、应急救援队伍数据、救援物资装备数据、救援专家数据等进行模糊查询;高级查询可以自定义查询条件,方便用户进行过滤,更快更准地搜索到相关救援信息。

5)救援信息展示

●现场灾情信息动态展示:包括通过无人机采集的救援现场高清影像展示、红外图像动态展示、救援点动态展示。

●现场无人机及人员动态展示:灾区应急救援期间,救援设备和救援人员众多,合理调度人员和物资可以提高救援效率。可实时显示无人机设备和救援人员所在位置,通过直观展示应急期间的救援情况,可以方便应急救援现场指挥中心进行统一资源调度。

●现场灾害定位:灾害发生时,救援管理人员可以添加发生灾害的位置,移动 GIS 通过在线更新可以获得灾害发生的位置。

●救援所需相关信息。应在 GIS 中展示出救援所需相关信息,主要有机构、单位、预案、队伍、物资、专家等应急救援信息。

6)救援路径分析。

给出所有救援出发地、救援目的地、救援物资仓库点和救援力量点与道路组成的地理网络,分别计算出距离该救援目的地最近的救援物资仓库点和救援力量点,并通过 GIS 分析出救援最佳路径。

●通行路径:求解网络中从救援出发地到救援目的地,有多少条救援可行路线? 每条救援可行路线的通行程度如何?

●最佳路径:求解网络中两点间救援阻抗度最小的通行路径,如救援距离(阻抗度)最短、救援时间(阻抗度)最短、救援费用(阻抗度)最少的救援路径。

●静态求最佳路径:地理网络中每条链上的救援阻抗度(距离、时间、费用等)是静态的,求解两点间的静态最佳救援路径。

●动态最佳路径分析:地理网络中每条链上的救援阻抗度(距离、时间、费用等)是动态变化的,求解两点间的动态最佳救援路径。

● N 条最佳路径分析:确定救援出发地、救援目的地,求救援阻抗度(距离、时间、费用等)依次变化的几条救援路径,如可能因为某种因素不走最佳救援路径,而走次之最佳救援路径。

7）救援态势推演

可以使用态势推演功能动态模拟应急救援过程,实现以动画方式动态地模拟应急救援行动进展,生动形象地反映救援情况发展过程,即对相关应急救援执行的全生命周期进行跟踪监控,动态演示执行过程,可实现救援警力标注、救援重点部位标注、救援线路标注、救援岗位标注、救援视频加载、救援周边分析等功能。

8）救援辅助决策

用于灾害发生时根据预测分析给出的灾害影响范围而计算得出的应急救援辅助决策,包括:

● 周边分析:根据预测分析生成的灾害影响范围,分析灾区周边影响范围内的学校、居民区等人群聚集地,得出应急救援辅助决策,用以确定要进行紧急疏散的单位和位置。

● 疏散分析:根据周边分析结果,分析灾区影响范围外可进行人群疏散的目的地,主要有宾馆、饭店、银行、学校、医院等可疏散场所,得出应急救援辅助决策。

● 救援分析:分析离灾害点最近的救援机构,如消防机构、医疗队伍、消防队伍等,得出应急救援辅助决策,指挥他们进行应急救援。

9）救援方案生成

对所采集的现场灾害信息和救援人员反馈的信息进行综合分析,自动判别突发事件类型,再根据数据库中各种类型的救援资源的当前状态,确定需通知的相关救援部门并按优先级排列,同时提供不同部门赶往突发事件地点的救援路线。对灾害多发地段的典型灾害,能自动调出预先输入的处理方案,包括文字信息和地理信息,如详细的道路走向、水源图、交通参数、事故处理流程以及其他辅助信息等。自动生成各种突发事件类型的救援方案,并根据不同参数进行合理优化,为领导决策提供救援方案支持。

10）救援总结报告生成

对突发事件基本信息和整个救援过程信息的整理和归档,并自动生成突发事件救援总结报告,包括灾害现场处理情况报告、灾害最终处理报告,详细记录灾害现场勘察情况(灾害地点、车号、责任人姓名、伤亡人员情况、污染面积、路产设施损坏情况等)报告,救援实施的临时措施(指挥滞留人员撤离、抢救伤员、防止二次污染、抢救财物、保护路产等)报告,灾害性质及涉及范围,现场询问笔录等。

11）救援预测分析

根据应急救援的业务需求建立适当的数据模型,对发生的灾害选择相应的分析模型进行分析,预测灾害可能的发展趋势、危害范围、危害程度,结合现场救援力量和救援物资,预测可能出现的意外情况,制定意外状况下的应急救援对策。

12)救援 APP

为满足抢险救援指挥的需求,可联动救援 APP,现场救援人员可通过手机终端实时了解最新灾情信息,并基于智能终端完成与指挥中心人员、上级领导的实时沟通,形成自上而下和自下而上的指令流、信息流。

●突发事件报送:通过移动终端上报突发事件信息,支持发送照片、视频、录音、文件等现场反馈的信息。

●自动组群:支持一对一或者一对多的实时通信,以及进行多人间的音视频呼叫、接收与通话。

●灾情信息展示:支持灾情基础信息、位置信息展示,并支持位置纠正以及基于互联网实时路况的导航。

●灾情动态信息展示:按需过滤展示现场实况、灾情变更信息、灾情指令、请求增援、调派力量、调派物资、救援进展等不同种类信息。

●位置上报:支持上报个人、车辆、机构等的位置信息,并可以查看历史上报记录。

●现场地图标绘:支持点、线、面三种对象类型,用于标绘受灾位置、中断位置、集结位置、现场指挥部。

●事件视频回传:运用实时摄像功能实现图像和视频实时回传共享,即拍、即传、即共享。

10.4.4　应急医疗系统

(1)基本概念

应急医疗是指在灾害现场,为伤病员提供初步、及时、有效的救护措施。这些救护措施是对伤病员受伤的身体和疾病的救护,核心内容为心肺复苏、创伤救护(创伤止血、伤口包扎、骨折固定、伤员搬运),并辅以危险因素(交通、水、火、电等)预防、灾害中逃生避险、常见急症处理等。

因此,应急医疗信息系统设计目的旨在探索应急救援条件下,整合信息技术和医疗技术,通过建立网络体系和应用软件体系,配合及时感知需求、掌控各类资源、精确定向配送全过程数据记录的需求,使伤病员的各类信息得到快速传输和实时共享,增强应急医疗救援的指挥控制能力。

(2)主要功能

1)现场医疗数据采集

在 GNSS/GIS 等技术的支持下,获取灾区灾情的演变情况、现场医疗救治情况、救治人员与医疗物资分布信息等数据,为现场应急医疗指挥决策提供依据。

2)现场伤病员收救管理

●伤员收治管理:包括伤病员分类工作,伤员管理工作,以及伤情上报工作,其核心是伤病员的分类工作,具体为收容分类、救治分类、后送分类三种基本形式。

●伤病员收救管理:对收入的伤病员进行分类,录入基本信息,为后续处理打好基础,完善其基本医疗数据,将数据整合,做好导出准备。

●伤病员录入:主要用于伤员在送至急救医院后,第一时间记录患者基本信息、伤部信息、伤类信息、伤情信息和伤型,以明确抢救方向(紧急处理、放射污染处理、隔离处理、毒剂处理);另外还记录抗感染、抗休克、紧急手术以及伤患的离开方式。

●伤情上报:主要对象是伤病员的基础信息和自然情况,其中基础信息包括负伤地点、负伤原因、伤类、受伤部位(头部、面部、上肢、下肢、躯干等)、受伤程度(轻伤、中度伤、重伤、生命危险等)及特殊处置情况(放射沾染、紧急处置、隔离等);自然情况包括姓名、性别、年龄、部职别、职务、家庭住址和紧急联系人等。

3)现场医疗救治管理

●伤病员分检:主要实现伤员信息记录、分检,确定针对性治疗措施前所耗时间及治疗效果等功能。

●诊治护理:则主要提供伤病员的基本医疗信息管理的功能,包括登记伤病员的出入科情况,医嘱及病历管理等。

●检查管理:除了支持患者基本信息的查询、检查申请的录入、检查报告的编辑之外,还提供检查类别、项目的分类统计功能。

●手术管理:负责全面管理手术室的患者手术安排、手术记录、手术医嘱、麻醉记录、麻醉医嘱等信息。

4)现场伤病员后送管理

主要部署于应急医院、应急医疗队等前方医疗救治机构,完成的功能主要包括:编辑伤病员的基本信息,录入、查询伤情信息;查看未分类、已分类以及已收治的伤病员情况;对未分类的伤病员,按照伤势、伤情等信息为其分类;编辑伤病员的后送信息,登记伤病员的转归情况,查询所有已登记的转归信息。

5)现场医疗处置管理

主要功能是对收治的伤病员进行医疗处置,根据伤病员的具体情况,筹划涉及救治方案,优化处置流程,按照职能分组展开处置,主要包括床位管理、护理管理、治疗管理、血库管理和检验管理等。

6）现场医疗指挥管理

主要包括对应急事件的进行判定，判断其事件类型和规模。基于这些判定的结果，初步计算医疗救援力量的需求；抽组应急医疗机动卫勤力量，并进行部署、展开和使用；组织各医疗保障要素的协同、配合；拟制应急机动医疗保障预案和实施计划；组织基本医疗救援训练，包括消毒、救治和后送等。

7）现场医疗物资管理

包括医疗物资品种维护、入库操作、出库操作、退回来源地、科室报废、仓库报废、科室调拨、科室部分报废等功能，主要是血库管理和药材库管理。

●血库管理。以医疗指挥机构血液管理、血站采供血管理和救治机构输血管理为核心，支持应急前血液需求测算、血液储备计划，应急救治时血液供应调控、动员补给、库存管理、汇总上报，应急救治后数据全程统计、分析等功能，实现血液计划、储备、供应、动员、调配等信息化管理。

●药材库管理。依托基地药材仓库、地方动员药材力量，对应急医疗机构实施不间断的药品、医用耗材、卫生装备供应，包括实施药材筹措请领、机动和展开、分发与补充、撤收与转移、药材储存管理、药材核算统计等在内的各项功能，在此基础上实现药材申请、运输、存储的供应保障流程，并提供动态监控、统计查询等功能。

8）现场医疗物资调度

利用多方数据资源，建立医疗物资调度模型，以调度距离最短为优先选择目标，同时兼顾运输成本等其他因素，综合利用包括最短路径算法在内等多种处理方法，以得到最合理的医疗救援物资调度策略。

9）现场远程会诊与治疗

通过远端的专家支持系统，对应急救援、疑难问题进行会诊，包括医学知识咨询、临床实践会诊、伤员检查、伤情诊断、伤员监护、治疗指导、医学研究、学术交流、远程教育、远程手术和治疗等方面。

10）现场防疫消毒管理

主要功能是对伤病员及救援过程中涉及的物品进行检查并登记，对需要进行防疫消毒的伤病员进行消毒处理登记，对需要消毒仪器、设备及其他物资器材进行消毒登记，主要包括人员消毒管理和物品消毒管理等。

11）现场病案数据统计

将救援过程中搜集、产生的所有病案数据进行汇总、整理和分析，为决策提供可靠数据依据，主要包括伤病员出入院统计、病历病案统计、医疗处置质量统计和辅助诊疗情况统计等。

10.4.5　航空救援系统

（1）基本概念

航空救援是指在灾害发生时，为满足灾害事故中应急管理人员和受灾人群的需求，使用航空器并通过航空活动对灾害发生地区实施空投、空运、空降、搜救等多种方式的应急救援活动总称，其目的是减少灾害发生的人员伤亡，以及减少灾害所造成的经济损失。航空救援具有以下特点：

●快速反应。灾害发生的时间和地点往往是不可预测的。航空应急救援必须快速反应和在一定的时限内展开。

●环境不确定。灾害发生后，人们很难准确评估灾害的范围、严重程度、持续时间、次生灾害等，这些因素导致航空救援的救援机场准备、物资运输、人员到位、航线安排、空降点确认都很难一步到位，即使是制定好的飞行计划也经常因为偶发事件而打乱。

●超常规。航空救援时，整个系统软硬件都处于超越常规状态。许多航空管制的申报程序被简化，灾区周边的军民机场昼夜不停地起运物资和人员到救援灾区，并在灾区上空建立了临时空中管制区。

●社会公益。航空救援的对象是人，实施主体有政府部门、军队、非政府组织等，其关注的对象是社会效益或是政治效益，即救援活动的社会公益性。

●高科技。航空器本身就是高科技平台，所配备的技术装备如通信、导航、医疗、卫星定位等设备，通过高效的管理，再搭配训练有素的团队，可以极大地缩短救援时间、提高救援效率。

●施救范围广。航空活动可以不受地域限制，可以从一个地点直接飞到另一个地点，这是陆上和水上交通难以匹敌的优势。

●任务杂。在灾害救援中，航空急援的任务各式各样。前期对灾情进行航空侦查，这就包括定位、摄影等工作；中期空运伤员、空投物资、空运装备等，还有利用通信中继飞机进行通信的保障等；后期执行消毒防疫的飞行作业等。

●环节多。航空系统是典型的复杂系统，涉及通信、指挥、调度、监控、后勤等多个环节，组织难度巨大。一次救援飞行除了有机场地面完成的油料保障、机务保障、飞行员准备，还有飞行过程中要处理的气象、通信、航管等诸多环节。

●协调难。分系统多，有气象、空管、机场、雷达、机务、飞行、调度、指挥等，一次成功的救援需要各方良好的协调配合。

因此，应急航空救援系统主要由机场系统、气象系统、通信系统、雷达系统、调度系统、信息系统等要素组成，包括机场、受灾地区以及为实施航空应急救援所需要的资源，如航空器、人员、物资、雷达、通信、指挥、航空管制、后勤保障设备等,涵盖机场和受灾地区,以各类直升机、固定翼飞机等航空器作为运载工具。

（2）主要功能

1）航空救援信息传输

是航空救援飞行器与灾害地面飞行服务站进行信息交互的接口,负责接收其航空救援飞行计划信息、航迹信息、报告点位置信息等,并将接收到的信息进行处理。

2）航空救援信息处理

对收到的航空救援数据（飞行计划信息、航迹信息、报告点位置信息等）进行解析,解析的这些信息传送给三维动态仿真模块,用于航空救援飞行姿态仿真。

3）航空救援信息查询

可以进行航空救援的航行通告、航图、飞行计划、救援机型、地点查询、气象信息、救援单位信息等查询,可以详细查询航空救援飞行器的航行资料;需要具备对航空救援飞行器相关机型的查询能力;可以通过地点名称或经纬度迅速定位到航空救援飞行器地理位置;可以帮助操作人员了解查询地点的天气状况;具备对航空救援单位进行信息查询的能力。

4）灾害地点确认

接到灾害报警信息后确认灾害的性质、类型和严重程度,并通过 GNSS 进行灾害地点的定位,获得其准确的地理位置,将灾害地点的经纬度通过 GIS 系统显示在航空救援电子地图上。

5）航空救援飞行路径规划

在复杂地形环境下利用航空救援飞行器开展救援工作,制定合理的救援飞行路径能够保障飞行安全并使飞行器可以在较短的时间内到达灾害现场。因此需要具备对复杂地形环境下救援路径规划的功能,保障飞行器飞行安全同时使救援飞行路径最短。

6）航空救援预案制定

主要任务是完成航空救援信息汇总和救援路线确定,包括航空救援单位信息、飞行计划信息、灾区时间信息、灾区地点信息、救援路线确定等。

7）航空救援三维动态仿真

负责对航空救援飞行器的飞行姿态进行实时三维动态仿真,具体包括灾害事故位置定位及标识、救援资源信息搜索和定位、三维 GIS 与网络地图同步以及救援过程仿真等。

8）航空救援方案生成

●航空救援方案生成。根据灾害的类型和严重程度将事故划分为不同的等级,结合专家数据库中已有不同等级灾害处理方案数据,通过不同等级对应的灾害处理数据生成应急航空救援方案。

●航空救援方案修改。生成的初步方案毕竟不能完全满足不同灾害的处理要求,需要对方案进行修改,通过反复的交互修改进而生成符合实际要求的应急航空救援方案。

●航空救援方案发送。根据灾害的类型和严重程度以及需要的资源,按照救援方案的要求,通过网络将航空救援方案发送到相关的航空救援部门。

9)航空救援指挥调度

向航空救援任务的飞行人员、地面人员、保障人员等下达救援指令;统筹应急救援航空力量、场站和起降点建设、管理、调度和综合保障等工作;整合现有航空资源,协调军、民航相关航管部门,做好应急救援任务前无人机、直升机、固定翼飞行相关手续工作;加强系统与各级政府应急指挥平台的对接联系,实现各种航空救援力量信息、资源同步化;聚集航空公司、空管、机场、气象、地面保障等航空运营核心资源,实现信息、人员、装备等各种要素的全程监控,最终对航空救援进行科学合理的调度。

10)航空救援功能处置

●空中侦查勘测。利用无人机、直升机、固定翼等航空器载配高精度侦测设备,开展重大活动现场监测和灾区航拍、勘察、测绘、监测,实时将相关信息传送至应急指挥中心,为分析灾害发展趋势、评估灾情、指挥决策提供支持。

●空中指挥调度。保障指挥员及时飞临灾区,了解掌握灾情现状、发展趋势和救援救灾工作进展情况,对地处重点地区和复杂环境的空中、地面、直升机、无人机、固定翼等航空救援力量统一调度,实施"面对面"指挥,必要时提供空中引导服务。

●空中消防灭火。利用吊桶、机腹式水箱、灭火弹水炮等机载吊挂设备,对灾区特殊火灾实施空中灭火作业,及时对大范围火灾险情进行处置。

●空中紧急输送。通过空运、空投、机降索降等手段,快速向灾害现场和灾区投送救援力量、装备器材和救灾物资,转移疏散灾区或被困"孤岛"的遇险人员。

●空中搜寻救助。利用图传设备、高音喇叭、搜索灯等设施,结合手持GNSS 等辅助设备对遇险被困人员展开空中搜寻、定位,及时准确地开展营救,在第一时间将遇险被困人员运送到安全地带或后方医疗机构救治。

●空中特殊吊载。利用载重能力较强的直升机等航空器,解决山地、峡谷、水域等地区交通不便的困难,通过空中吊运的方式,将救援急需的装备、器材、物资等精准投放到现场。

●空中应急通信。在通信信号未覆盖或通信设施遭到破坏的灾区,以及高山峡谷等难以快速建立地面通信保障的地区,通过建立空中基站、中继平台,保障救援行动通信需要。

●空中水上救援。利用配备浮筒、绞车等专业救援设备的双发直升机,在岛屿、船只、内陆河道及沿海等区域开展水上救援,及时进行物资投放和人员运输。

10.4.6 灾金监管系统

(1)基本概念

灾金监管工作是应急管理工作的核心工作之一,作为应急资金管理的基础和重点,贯穿项目审批立项、投资概算、建设实施、资金拨付、资金使用、竣工验收等各个环节,关系到财政资金的使用效益和应急工作的社会效益。

因此,为提高灾金监管工作的精细化水平,开展应急灾金监管系统建设,实时准确掌握灾金项目立项审批、计划执行、资金监管等各环节信息,实现对各级应急管理行政主管部门、项目法人等各环节的资金监督,形成系统信息共享和公开的新局面。

(2)主要功能

1)资金监管门户

实现应急政策文件、通知公告、信息浏览、信息发布等功能,以及向灾害项目资金监管涉及的各级相关单位展示依法公开的信息,提供登录入口。

2)灾害项目库管理

按灾害资金来源划分包括中央预算内、中央财政专项、省级财政专项、市县立项投资、其他类型等灾害项目,需要针对这些项目基本信息、立项审批、资金安排、计划完成及建设进展等业务情况,以及与业务数据相关联的电子文档和地理信息等数据进行管理,包括灾害项目从立项到实施、再到成果全过程的管理。

●储备项目。提供查询、新增、编辑储备灾害建设功能。

●三年滚动项目。提供按年度查询各年度三年滚动灾害建设情况。

●实施项目。可以查看灾害建设详细信息,包括项目、立项审批、相关单位、设计变更等信息,以及投资下达、资金拨付、投资完成、项目验收等情况。

3)灾害项目资金监管

主要是对预算内和财政专项等资金安排的灾害项目投资计划下达、资金下达、转移支付、资金支付、投资计划完成等环节进行监管,包括用于对投资计划下达、资金拨付、资金使用、资金查询、资金安全现状及时掌控,及时对资金下达使用和计划执行过程中出现的问题进行预警,及时掌控项目投资完成情况,有效遏制资金管理风险。

4）灾害项目信息统计直报

主要用于对已实施或在建灾害项目完成情况的信息填报，填报的信息能够自动汇入资金监管系统，辅助资金使用情况的监管。同时，还能够支持对其他统计业务的数据填报，填报的信息主要包括灾害项目基本情况、前期工作、招投标、合同、监理情况、设计变更、履约进度、项目验收等信息，功能包括任务管理、统计成果展示、名录管理，以及数据的采集报送、复合监控、查询汇总等。

5）灾害项目统计分析及成果发布

能够定制并生成灾害项目标准、规范的报表和统计图，能够生成图文并茂的分析报告，提供数据成果的多种展示方式，自动生成公报、年鉴等相关统计成果和资料汇编，实现通知公告、信息浏览、信息发布等功能。内容主要包括灾害项目前期工作完成、工程开工、投资完成、建设进度、示范县项目等情况，功能包括报表定制、统计分析、专题分析、数据发布等功能。

6）灾害项目资金移动监管

基于 4G/5G 通信方式，建立灾害项目资金移动平台，包括灾害项目、信息填报、统计分析、资金监管、时点等数据和业务通信录查询，文库管理的移动查询。

10.4.7　应急广播系统

（1）基本概念

是指当发生突发公共危机时，造成或者可能造成重大人员伤亡、财产损失、生态环境破坏与严重危及社会公共安全时，应急广播可提供一种迅速快捷的讯息传输通道，在第一时间把灾害消息或可能造成的危害传递到民众手中，让民众及时知道发生了什么事情，撤离和避险途经将生命财产损失降到最低。

因此，应急广播系统是国家重要信息基础设施，传播的信息具有公信力，既有声音又有图像，且覆盖面广、接收方便、抗灾力强，是当前公众获取可靠公共信息最直接、最便捷、最广泛、最经济的途径。

（2）主要构成

1）应急广播信息源

包括省级、市级、县级所有针对突发事件的应急广播信息源，涉及文本、音视频、图形图像、动画等应急广播信息形式。

2）应急广播平台

●信息接入和汇聚。主要实现与应急信息源对接，接收应急信息，并对应急信息来源单位进行合法性校验，对应急信息进行格式、完整性和合法性校验，并将接收处理结果和播发结果反馈给应急信息来源单位。

●消息制作。在接收到合法的应急信息后，将应急信息按照统一格式、统一标识、统一提示音、统一显示方式、统一播报方式等要求进行应急广播消息制作。

●调度决策。按照预先制定的应急预案和资源调度策略,自动或人工生成应急广播的资源调度方案,决定调用哪些传输覆盖资源对目标地区进行应急覆盖,同时生成应急广播调度控制指令。

●分发传输。通过卫星、微波、光缆等通道发送到电台/电视台、传输覆盖网前端/台站、机动应急广播系统等。

3)应急广播传输覆盖网

接收应急广播平台通过卫星、微波或光缆发送的应急广播消息,对消息进行合法性、完整性校验后,再根据所调度的传输覆盖资源进行对应的适配播发。

●中短波调频覆盖。应急广播适配器根据应急广播消息中所携带的应急广播音频文件或所指示的应急广播音频直播节目位置,将对应的中短波调频发射机的音频切换至应急广播音频节目,覆盖正在收听对应频率的收音机、大喇叭等终端。

●直播卫星覆盖。应急广播适配器接收应急广播消息,并协同直播卫星集成平台的相关系统,生成符合要求的直播卫星应急广播指令,一旦接收到指令将立即自动唤醒并接收应急广播节目。

●移动多媒体广播电视覆盖。应急广播适配器接收应急广播消息,并协同移动多媒体广播电视前端的相关系统,生成符合要求的移动多媒体应急广播指令,终端一旦接收到指令将立即自动唤醒并展示应急广播消息。

●有线电视网络覆盖。应急广播适配器生成应急广播表,与有线数字电视前端的复用器对接,一旦匹配成功,机顶盒立即将应急广播表中携带的文字或音频格式的应急信息,通过滚动字幕的方式展示,或将终端画面跳转至正在播出应急广播视频节目的频道。

●地面数字电视覆盖。应急广播适配器生成应急广播表,与地面数字电视前端的复用器对接,在所有频道上插入应急广播表,均能及时接收到该应急广播表。

●应急广播大喇叭播发。应急广播大喇叭一般由县、乡、村三级前端和终端组成,主要通过音频方式播出应急广播节目。

4)应急广播终端

应急广播信息通过电视台、电话、短信、微信、微博、QQ、邮件、传真、自动语音通知等形式发布,应急广播终端包括以下两种。

●个人终端。是指由个人家庭使用的终端,如 PC 机、电视机、电话、机顶盒、收音机、智能手机等,实现远程唤醒,及时通过声音、画面等方式播出应急信息。

●公共终端。是指部署在公共区域的终端,如收扩机、智能音箱、音柱、户外多通道智能终端、公共广播扩音系统、广场大屏幕等,实时接收一种或多种通道的广播电视信号和监听应急广播指令,及时唤醒和播出应急广播节目。

5)应急广播设备远程监管

对所有的应急广播平台设备、应急广播传输覆盖网设备、应急广播终端设备进行远程监管,一旦出现问题,立刻进行维修。

6)应急广播监测监管评估

通过与应急广播平台对接,获取应急广播平台设备、应急广播传输覆盖网、应急广播终端等多个环节的运行数据,同时要部署独立的应急广播效果监测终端,对各级应急广播系统的运行、发布、接收效果进行综合监测和评估。

10.5　应急保障智慧化

10.5.1　技术架构

基于第 3 章的"智慧应急平台总体技术架构",设计出如图 10-5 所示的"应急保障智慧化技术架构"。两者绝大部分内容相同,只是前者的"应急业务应用层"被后者的"应急保障应用层"替代了。这些技术架构与总体技术架构相同的组成内容,在此不一一叙述。

10.5.2　救援队伍系统

(1)基本概念

应急救援队伍是指能够完成灾害搜索与救援任务,特别是重大救援任务的队伍的总称,是经过良好培训和拥有资格认证、具有执行灾害搜索与救援任务能力的人员的集合。其任务定位为"可以对任何突发事件进行反应,除了进行搜索与救援外,还可以根据需要快速地对其进行配置以适应灾害的救援任务"。目前,应急救援队伍主要有以下五种力量:

●建制型救援力量以军队、武警、公安、民兵预备役为主;

●专业型救援力量以防汛抗旱、抗震救灾、森林消防、海上搜救、铁路事故救援、矿山救援、核应急、医疗救护、动物疫情处理等专业队伍为主;

●辅助救援力量以企事业单位专兼职队伍为主,由各级人民政府、各有关部门(单位)组建或依托有条件的企事业单位组建,是应对突发事件的骨干型救援力量,主要承担本行业、本领域突发事件以及跨灾种突发事件应急救援任务。

●基层应急救援队伍,以乡镇街道、村居社区组建的以及整合村居社区相关干部、物业人员、医护人员、志愿居民等成立的应急救援队伍。

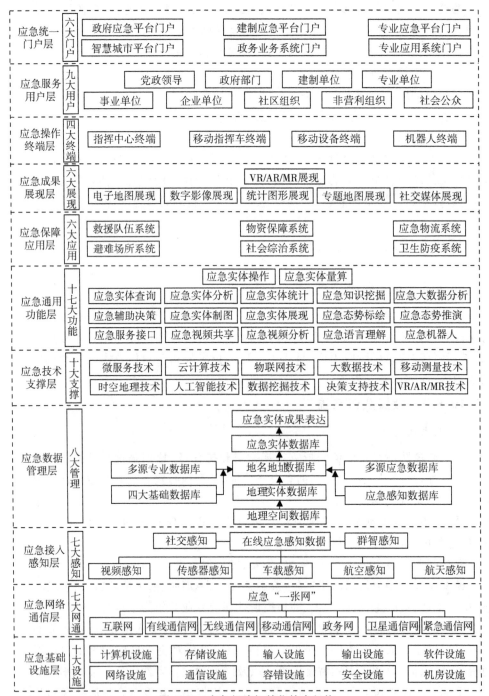

图 10-5　应急保障智慧化技术架构

●社会救援力量以社会组织、非政府组织、非营利组织、新媒体、志愿者等为主。其中,社会组织是社会救援力量的主要载体,主要包括社会团体、民办非企业单位和基金会三类。

应急救援队伍系统是一个综合教育训练、网上考试、表彰奖励、人事管理等功能的综合性平台,不但可以随时查询应急救援队伍人员的情况,还将实现以计算机辅助管理应急救援队伍训练各项业务,实现应急救援队伍编制、招入、任免、调配、教育、培训、奖励、组织等各项主要业务流程化管理,以及数据、信息自动汇总,进一步提高队伍管理信息化水平。

(2)主要功能

1)基础配置

包括:单位部门模块是针对应急救援队伍组织架构进行设计,显示队伍单位信息和组织结构;重点灾害管理模块是对应急救援队伍服务的突发事件进行管理,及时让队伍了解实时数据;灾害类型管理模块主要通过灾害类型、表现形式、原因等方面进行管理,为应急救援提供参考。

2)救援队伍管理

包括人员管理、专家管理、医疗队伍管理以及人员信息统计四个部分,实现在职和兼职救援队员的分层级管理功能,对所有救援队员所属单位部门、职务、职称、专业、学历、籍贯等个人信息进行分类管理,提供对应的查询筛选和针对学历、职称、年龄等维度的统计。同时,实现对应急救援所需专家库、医疗队伍资源库的管理。

3)训练管理

●训练类别管理:主要记录队员训练的类别,对训练纪录类别进行管理,当用户点击每项子类别时,能直接查看训练类别的标准要求。

●训练成效管理:主要记录训练结果,建立救援队训练情况综合数据库,为统计、分析训练情况,提升训练成效提供翔实数据。

●培训管理:根据办班单位、联系人、办班电话、办班地点、办班年份、培训对象、人数等内容创建办班期次,在办班期次中添加各类培训记录,方便日后用户查看培训信息。

●培训信息统计:根据用户需求,通过办班单位、办班年份和培训对象对培训信息进行统计并分析,了解救援队伍中每个队员、小队或中队的培训情况,发现存在的问题,改进培训方式。

4)计划管理

主要是管理应急救援队伍的周期性工作计划,实现应急救援队伍对工作计划的制定、上传、审批、执行。用户制订本部门对应类别的工作计划,提交由上级领导对计划进行审核,最终系统将该计划存档。

5)装备物资

●装备物资管理:记录物资装备的详细信息,并通过装备物资的类型、名称、规格型号、数量、存放地点等内容对装备物资进行管理。

●库房管理:通过库房编码、名称、所属单位、管理员、面积、电话对应急救援队伍的装备库房信息进行管理。

●装备物资出入库管理:依据装备物资的类型、出厂编号、厂家、开始使用日期、存放地点、数量等信息装备入库。在出库时,系统会自动获取入库时的装备物资信息,管理员选择编码、库房、数量参数后进行出库。

●装备维保管理:根据装备类型添加维保记录,并将维保信息保存至数据库中,可从数据库中读取维保记录。

●装备物资统计:让用户清楚直观地看到应急救援队伍现有的装备物资及其子类型的统计信息。

6)应急接警

●值班管理:主要记录应急救援队伍的值班信息,记录每天值班发生的情况和存在的问题,用户可以根据值班时间、人员对信息进行搜索。

●接警登记:主要记录队伍处理事故的整个过程,根据事故单位、事故地点、事故类型、遇险遇难人数、事故等级、救援队伍负责人、来电内容对应急接警信息进行管理。

●接警信息统计:方便用户统计队伍接警信息,总结事故处理经验。系统分别从事故类型、事故等级、遇险人数和遇难人数等方面对信息进行了统计。

7)救援方案

●案例管理:记录应急救援队伍参与灾害救援的总结,为突发的应急事件提供技术支持和经验,包括对以往案例时间、灾害类型、灾害等级、遇险人数、遇难人数、案例装备、案例专家、灾害地点、处理过程等。

●预案管理:主要记录救援规程中各种事件的处理方案,当有突发事件发生时,应急救援队伍依据现有的方案可以快速制定出救援办法。

●救援方案管理:根据事件类型、等级、遇险和遇难人数、事件发生地点等数据自动生成救援预案,内容包括装备数量、专家以及事件处理过程。

8)调度响应

当灾害发生后,受灾程度不同的灾区对应急救援队伍需求不同,合理的派遣应急救援队伍前往灾区救援可以极大地提高救援效率,系统根据目前灾区情况以及应急救援队伍申请情况,对符合条件的队伍进行优先派遣。

9）救援队伍现场部署

●搜救优先级排序：针对某一个特定的灾害现场，在没有进行搜救行动之前，以分数为依据从高到低对救援人员进行搜救优先级排序。

●搜索力量部署：搜索行动是指寻找幸存者并判断其位置，为营救行动提供依据，主要实现区域内建筑物的搜索优先级别和搜索力量部署两个方面。同时，根据救援队的工作时间、身体状态和心理状态，给出队伍及队员需要换班的提示。

●营救力量部署：在确定了幸存者位置之后，应立即前往该位置并展现场力量部署，主要实现区域内建筑物的营救优先级别和营救力量部署两个方面。

●营救方案优化：虽然根据现场灾情或预估信息给出了救援力量部署，但如果实际受灾程度与预测的受灾程度差距很大，救援队就需要现场反馈信息给指挥部，进而由指挥部给出救援优化方案。

10）资料管理

包括资料管理类型和资料管理两个子模块。资料管理类型主要管理救护队员常用的资料，包括战训科的质量标准化、以赛代练以及行业资料；资料管理实现资料的管理和共享，增强救护管理的理论知识学习，提升救护队员业务学习及知识储备。

10.5.3　物资保障系统

（1）基本概念

应急物资保障是指在突发事件应急救援和处置过程中所用到的各类应急救援物资的总称，其种类很多，根据主要用途和管理主体可分为以下几种。

●国家战略物资。指与国计民生和国防安全有重大关系的生活资料、生产资料和武器装备，包括重要原材料、燃料、设备、粮食、军械物资等，由国家专门部门负责管理。

●生活必需品。是维持人的生命和保障人的基本生理需求的日常生活用品，主要包括粮油、蔬菜、肉类、蛋品、奶制品、糖、食盐、饮用水和卫生清洁用品等。

●救援物资。是指用于救助受灾紧急转移安置人口，满足其基本生存需要的物资，主要包括帐篷、棉被、棉衣裤、睡袋、应急包、折叠床、移动厕所、救生衣、净水机、手电筒、蜡烛、方便食品、矿泉水、药品等。

●专用救援物资与装备。可分为三大类：一是生命救援与生活救助类，主要涵盖突发事件处置中各类与人员安全、搜救、救助、医疗等有关的物资；二是工程抢险与专业处置类，主要涵盖突发事件处置中交通、电力、通信等基础设施恢复，以及污染清理、防汛抗旱和其他专业处置所需的各类物资;三是现场管理与保障类,主要涵盖为维持应急处置现场正常运行所需的物资。在每一大类之下,又可以进一步细分为不同的中类和小类。

应急物资保障系统实现了功能一体化管理、流程一体化管理、信息一体化管理,使得资产从采购、入库、领用、归还、报修、报废实现了一整个生命周期的管理。同时也促进了物资管理工作的制度化、规范化,保证应急救援工作的正常开展,提高工作效率,降低维护成本。

(2)主要功能

1)物资供应商管理

提供对应急物资供应商的了解、选择、开发、使用和控制等综合性管理,指定应急物资供应商,可以是应急物资生产企业,也可以是应急物资流通企业,及时更新和维护应急物资供应商的信息,例如合同管理、可供应的应急物资种类、联系方式等。

2)物资区域管理

将整个应急区域按应急服务数量要求等划分成若干区域,指定各区域的地理范围及所要求的应急服务点数量等,按类型在地图上显示相应类型的应急物资分布图,可自动显示应急物资具体信息,如应急物资编号、类型、数量、负责人、联系方式、地址等。

3)物资仓储管理

●库存信息管理。需要对应急物资库存信息实时更新和设置,包括捐赠信息管理、基本信息管理、仓储基本信息管理三个主要部分。

●筹措管理。包括应急物资供应商管理、筹措计划管理、合同管理三个主要部分。

●入库管理。包括应急物资入库管理、质检管理、入库记账管理三个主要部分。

●出库管理。包括应急物资出库管理、出库确认管理、出库记账管理三个主要部分。

●应急物资盘点。仓储管理人员需要定期对应急物资进行盘点,检查应急物资的破损、保质期等情况,包括盘点计划管理、盘点审核、盘点存档入账三个部分。

●库存预警管理。实时监控仓储中心的应急物资,保障应急物资的存储状态一直在安全库存范围,包括预警信息管理、预警应急物资信息管理、预警单管理三部分。

4）物资仓储感知和安防

●智能感知模块。主要将应急物资仓储库中或周边的人、车、物、事件及环境设置为感知对象，设备感知到上述对象之后，通过网络将数据送至仓储管理信息数据库。

●综合安防模块。主要由视频监控、智能门禁和电子巡更组成：视频监控记录应急物资出入库及日常维护过程中进出仓库的人员；智能门禁设置了刷卡进门、卡号进门、生物特征对比以及卡＋密码进门等多种形式，确保应急物资仓储库的安全；电子巡更采用感应式电子巡更，可以准确记录巡查人员的工作状态。

5）物资需求设定

根据处置突发事件对应急救援物资种类、数量等需要，按照轻重缓急，确定供应应急物资供应的优先级、种类、数量等物资需求设定。

6）物资调度管理

在综合物资供应点到应急物资需求点的距离因素、物资运输费用、应急物资消耗速度等要求的基础上，调用应急物资调度模型，给出一个能够满足实际应急物资需求、应急时间最早、涉及的物资供应点最多的应急资源调度方式。

7）物资配送节点选址

根据应急区域服务质量要求，进行物资配送网络各节点优化选址。在考虑应急时间和应急物资配送网络各节点开设费用等因素的基础上，调用模型对应急物资配送网络各节点进行优化计算，并给出满足应急要求的配送网络节点总费用最小的选址方案。

8）物资配送最佳路径

结合 GIS，制定出优化的、从应急物资供应点到应急物资集中发放点的最佳路径并给予显示，包括通行路径、最佳路径、链最佳游历方案、点最佳游历方案、静态求最佳路径、动态分段技术、N 条最佳路径分析、动态最佳路径分析。

9）物资配送动态监控

当灾情发生需要调配物资时，对物资出库后的流向进行实时监控。由两部分组成：①安装在运输车辆上的信息采集和发送系统，包括车辆 ID、车辆图标、SIM 卡号、车辆名称和轨迹特征；②地面服务器的信息接收和处理系统，包括中心数据库、GIS 平台等。

10）物资统计分析

首先统计应急物资的时间分布或空间分布情况；然后确定统计对象和变量，对象包括对应的物资类别、物资属性、生产企业及仓库信息等，变量包括物资库存量、物资价格等；再确定物资统计的区域范围。

11)物资可视化

应急物资可视化是在地图上实现各种应急物资的相关信息的 2D/3D 可视化显示,目的是让数据更直观地展现在相关人员眼前,同时提供一定的决策辅助功能。

10.5.4　应急物流系统

(1)基本概念

应急物流是指为了完成突发性的应急物流需求,由各个物流元素、物流环节、物流实体组成的相互联系、相互协调、相互作用的有机整体。是指在一定的时间和空间里,由所需位移的应急物资、包装应急设备、装卸搬运机械、运输工具、仓储设施、人员和通信联系等若干相互制约的动态要素所构成的具有特定功能的有机整体。应急物流就是围绕着应急物流目标,由相关人员、技术装备、应急物资、信息管理、软硬件基础设施、相关主体以及法律、法规、政策等因素共同构成的特殊物流系统。

应急物流信息系统是指以追求时间效益最大化、灾害损失及不利影响最小化为目标,通过现代信息和管理技术整合应急物资采购、运输、储备、装卸、搬运、包装、流通加工、分拨、配送、处理等各种功能活动,对各类突发性公共事件所需的应急物资实施从起始地向目的地高效率地计划、组织、实施和控制过程,具有突发性、不确定性、非常规性、事后选择性、不均衡性、紧迫性等特点。

(2)主要功能

1)应急物流信息管理

具有信息采集、信息加工处理、信息发布、信息数据库维护等功能,实现对突发事件及相关应急物流信息管理:

●信息采集。利用各种公用或专用通信网络设施、报警系统、视频监控系统等采集所需要的应急物流信息。

●信息加工处理。对采集的应急物流信息进行加工处理、自动分析与评价,为应急物流决策、应急物流资源指挥调度提供依据。

●信息发布。通过信息板、广播设备、车载通话设备等发布详细的应急物流信息,方便使用者查询突发事件有关信息、应急物流进展情况、实施效果等信息。

●信息数据库维护。主要包括用户信息数据库、灾情信息数据、物资需求数据库、应急资源数据库、运输信息数据库、仓储信息数据库、预案数据库与日志(操作)数据库。

2)应急物流网络协作

完善的应急物流网络协作决定了在应急物流活动中能提供及时有效的资源

调度:一方面,指挥中心可发布应急物资需求和供给信息,实现信息的多向传递;另一方面,各应急物流企业也可借此网络与政府部门协商,完成应急物资的运输配送;另外,社会群体也可通过网络了解救灾工作信息,并向有关部门提出意见和建议。

3)应急物资储备

基础信息数据库中存储着大量的应急物资数据信息,包括应急物资的种类、数量,以及合同生产企业的名称、产能和位置等。突发事件一旦发生,系统分析后迅速将所需求的应急物资种类、数量、位置等信息反馈给决策者。

4)应急物资配送

应急物资的种类、数量、位置等信息确定后,就需要对每个应急物资需求点分配资源。通过对突发事件特性的匹配,科学合理地进行应急物资配给,给出应急物资运输车辆的种类、数量等具体配送方案。

5)应急物资监控

对整个应急物流过程进行全程监控:在应急物资运输的起点,通过 RFID 无线射频卡和手持机,及时将射频卡识别的、正在配送的物资的数量和批次,实时、准确地传输到系统中;在应急物资运输的终点,对应急物资的分发流向及利用情况进行登记处理,直至应急物流的最后处置阶段;在应急物资运输过程,通过车载 GNSS 和电子地图将被控车辆的位置、速度、轨迹等信息准确直观地展现出来,实现运输的全程动态跟踪。

6)应急物流决策

选择适用的应急物流预案,结合决策分析的结果,生成应急物流方案,制定相关的应急运输资源调度与交通管制策略,执行最终的应急物流方案,包括:

●突发事件决策分析。对突发事件应急物流保障进行决策分析时,不仅需要依据采集到的突发事件的信息,还要依赖相关的数据库信息,如灾区地理、人口、经济等信息库、应急运输资源数据库等,了解受灾地区的地理环境、道路状况、应急运输资源的配置与补给等信息。

●应急预案管理与方案制定。通过案例推理与事件关联分析,根据需疏散人员与应急物资需求,估测应急物流的需求,生成针对具体事件的多个应急物流方案,对各种方案从成本、效用、公平、合理、可行性等方面进行评估,从中确定找出最理想的方案。

●应急物流资源管理与指挥调度。包括应急物流资源的储备、优化和布局,根据应急总方案制定应急资源物流调度方案及具体措施,对参与应急物流的车辆和相关企业、人员、应急资金进行日常管理和应急调度。

●方案执行与过程监控。安排组织应急物流活动,各执行单位之间分工协作、相互配合,保证应急物流的及时与运输过程的安全;要对应急物流过程进行监督、控制,及时了解工作进展情况,以便及时对应急方案进行调整。

7)应急物流评价

应急物资及时送达,并不意味着应急物流的全部结束,还要对应急物流过程进行总结评估,找出处理过程中的缺陷和纰漏,总结相关经验,积累案例库,为以后的应急物流决策提供参考和借鉴。

10.5.5 避难场所系统

(1)基本概念

应急避难场所就是指依据相关法律、法规、标准,经科学规划、设计、建设的,灾时用于避难人员安全避难,并提供避难人员休息或宿住,保证避难人员基本生活的场所,其主要功能包括:

●安全功能。在突发事件发生之后,应急避难场所具有迅速、可靠的收容避难人员,保护避难人员生命安全的功能。

●宿住功能。避难人员在避难过程中有足够的宿住空间,良好的宿住环境,提高避难生活的质量。

●饮食功能。应急避难场所内一般会储存维持一定时间内避难生活的饮用水,供灾时使用。避难生活开始时,避难人员可以食用避难场所内储备的食品。

●排泄功能。应急避难场所内能发挥正常的排泄功能,不会导致厕所脏臭不堪、垃圾遍地、夏季蚊虫滋生,成为瘟疫蔓延的场所,提高避难人员的生活质量,预防瘟疫的发生。

●救护功能。在应急避难场所内会对伤员进行基本的医治,较为严重的伤员,将在得到基本医治后转移到应急医疗设施较好的避难场所或场所外的医院进行治疗。

应急避难场所信息系统是面向应急避难场所的综合性信息系统,可以实现应急避难场所网上登记备案、数据汇集上报、信息动态更新功能,满足平时管理、灾时指挥和公众查询的需要,可以对各地避难场所底数情况和防灾避险能力进行全面了解和准确掌握,实现各级应急管理部门平时管理、灾时指挥等功能,同时为社会公众提供有效避险避难信息的查询服务。

(2)主要功能

1)综合规划功能

避难场所的场址主要依托公园、绿地、广场、体育场、室内公共场所建设,一个地区需要多少避难场所,如何分布,需要科学地设计和规划。由于这些场所分布的不均衡性,要求根据城市人口、建筑、社区、道路、生命线工程、物资储备点等分布情况,科学制定疏散方案和不同级别的避难场所的规划。这些规划既要考虑避难场所场址的现状水平,还要考虑总体发展方向和规划要求。

2)远程通信功能

除了应急指挥中心,许多部门还建立了快速反应系统,例如:110 指挥系统、交警的道路监控系统、119 火警接警系统、公共卫生的 120 系统、城建的 12319 服务系统等,应急避难场所信息系统要具备与应急指挥中心和上述快速反应系统的远程通信功能。

3)物资供应功能

首先,要建立避难场所物资储备信息管理功能,包括物资分类、数量、厂商、使用期限、出入库等;其次,具有物资饱和与紧缺预警、紧急调配功能。第三,灾害后,食品、药品、工具等紧急救援物资,可能存在分布不均的情况,需要紧急调配。

4)平时管理功能

●场所管理。分为综合展示和详情查询:综合展示,是对不同地区应急避难场所的情况进行展示,如避难种类、建设类型、占地面积、物资情况、设施情况等;详情查询,可以通过事件、时长、空间、功能等不同分类,在地图中查看辖区内避难场所位置及详情。

●设施管理。避难场所的设施包括基本设施、一般设施和应急设施,主要有应急篷宿、应急供电、供水、排污,以及消防、物资储备等。

●信息管理。包含审核管理、统计分析和场所监控:审核管理,是指上级管理单位对下级申报的应急避难场所信息进行审核、管理;统计分析,可以依据筛选条件对某一区域内应急避难场所的数据信息自动生成统计表单;场所监控,则可以按区域、避难种类监控应急避难场所。

●标准管理。包含了国家标准、地方标准和行业标准,可以通过建设标准名称、标准代码来筛选、查看建设标准,也可以进行标准的添加,设置标准的启用状态。

●通知管理。是相关通知的管理和展示的平台,可以通过标题、发布日期、发布状态筛选通知。

5)灾时指挥功能

灾时应急避难场所也是应急指挥中心之一,应急指挥系统也是应急避难场所信息系统中至关重要的一部分,包含:

●场所资源管理。依据灾情信息位置,可以锁定灾难影响范围及服务半径内的应急避难场所位置,对服务半径内避难场所的种类、数量以及可容纳人数进行统计。此外,还提供新灾点周边查询、定位点周边查询、不规则范围查询、选择区划查询和全国范围查询等功能,满足不同情况下对应急避难场所资源筛选的需要。

●灾情信息管理。管理全部灾情记录,可以通过录入、导入的方式增加灾情信息,也可以对灾情信息进行查看、编辑、删除、新增、打印、下载等。

6)公众查询功能

主要是为社会公众提供有效避险避难信息的查询服务,包括应急避难场所的分布和功能,特别是疏散方案和启用方法、管理制度等,确保灾时能发挥最大功效。

10.5.6 社会综治系统

(1)基本概念

社会综治也即社会治安综合治理,就是各级党政机关、企事业单位、群团组织等一切社会组织、经济组织,包括人民群众,在党委、政府统一领导下,充分发挥各自的职能作用和力量,本着化解社会矛盾、预防和打击犯罪的目标,综合运用所有能利用的手段,包括政治的、经济的、行政的、法律的、文化的、教育的等等,主要目标是达到社会稳定、秩序良好、群众满意,具体来说就是重大恶性案件、多发性案件得到控制并逐步下降,重点地区和重点问题得到有效整治,治安状况不断好转,公共复杂场所治安秩序明显改观,群众有安全感。具有如下特征:

●社会管理:通过信息采集,案(事)件流转,动态掌握人、地、事、物、组织等基础信息,并整合政法、维稳、信访、公安、司法、城管、市政、残联、老龄、民政、人社、计生、安监、应急等相关业务数据,进行数据交换,关联比对,实现社会综治相关数据资源互联共享。

●全科网格:全面整合党建工作、社会保障、综合治理、应急管理、社会救助、城市管理、市容环境、气象管理等网格,统一划定网格区域,实行严格的工作准入,打造基层治理"一张网",实现社会人、地、物、事、组织全覆盖治理。

●平安社区:根据社区管理工作的难点,融入人员管理、车辆管控、出入口管理、物联网感知等多种系统模块,充分借助物联网、人工智能等技术整合社区资源,提升社区治理和小区管理的智能化,完善社区公共服务和便民利民的智能化。

因此,应急社会综治系统就是运用先进的信息技术和现代管理理念,建设涵盖社会管理群众互动、基层采集、业务处理、智能分析、领导决策等多个层面,形成横向覆盖所有成员单位,纵向贯通省、市、县、乡(街道)、村(社区)五级行政体系,集信息收集、数据整合、业务流转、资源共享、综合监测、分析研判、联管联动等功能为一体的跨部门、跨网络的应急社会治安综合治理系统。

（2）主要功能

1）通用基础功能

●把灾区政法、综治、维稳、公安、司法、信访、应急、安监、民政、人社等多类管理部门数据统一整合到系统上。

●结合电子地图和可视化数据分析工具，系统综合分析直观展示灾区社会综治的重要指标数据情况。

●智能手机上安装移动终端系统，集灾区图片采集、表单填写、位置定位、数据同步等于一体。

●集成平面地图、卫星地图、三维地图，具备地图浏览与辅助功能，实现灾区社会综治数据的人、事、地、物、情、组织六要素直观展现。

●多视频业务功能整合在同一系统上，实现灾区跨地区，跨部门，跨行业智慧调度、分析研判、服务管理等应急社会综治应用可视化。

●将所属灾区按照一定的标注划分网格，并依托现有的监控系统搭建统一的信息化平台，把灾区人、地、物、情、事、组织全部纳入其中，将发现、立案、派遣、结案四个步骤形成网环，实现精细化、信息化、动态化的应急社会综治管理。

●采用灾区移动化办公模式，随时、随地、随身办公，打破地域、空间、时间的限制，同时对事件进行实时监控，高效快捷处理各种事件。

●实现灾区行政区、人口、楼、房、地、物、单位、组织、情、重点人群、民政、计生等信息，提升应急社会综治信息化管理、高效、便捷。

●GIS 地图。基于 GIS 地图（平面、卫星、三维）的可视化、网格化、数字化管理及服务，提供 GNSS、视频监控、呼叫中心、短信、空巢老人求助、业务预警、防入侵等智能化服务，实现灾区人、地、事物、房、组织、计生、综治、社会事务、安监、经济对象等地图搜索数据监控。

2）9 大基础应用功能

●社会综治组织及综治业务管理。利用信息化手段对机构队伍进行统计汇总，掌握灾区各级社会综治组织和队伍建设情况，整体展现，组织基本情况一目了然。

●实有人口服务管理。对灾区户籍人口、常住人口、流动人口、境外人员、租户等的人口性别年龄构成及区域分布进行分类分项统计，依据社区—网格—楼栋—家庭—人口的五个层级架构，实现以房找人、以人找房、以小区找住户等功能。全面掌握灾区人口信息数据，实时了解人口变化动态。

●特殊人群管理。对灾区的社区矫正人员、刑满释放人员、吸毒人员、精神病人员、艾滋病人员、其他重点工作对象等特殊人群实行信息化管理,提高对特殊人群的服务管理水平。

●重点青少年管理。对灾区重点青少年情况的详情展现,用户可通过此处查看重点青少年的详情及走访情况。

●两新组织服务。可以对灾区经济组织的信息进行新增、修改、删除等操作,包括名称、住所、营业执照号码及有效期、类别、地址从业人数等基础信息进行维护,同时支持企业与员工个人之间的智能关联,支持以业管人。

●社会治安管理。主要是建立灾区矛盾纠纷信息动态采集、实时研判、预警分析、应对处理、督查考评等功能模块,对灾区的社会治安情况统一管理,维护灾区安全。

●矛盾纠纷排查调处。建立灾区矛盾纠纷信息动态采集、实时研判、预警分析、应对处理、督查考评功能模块,优化矛盾纠纷排查化解工作机制,全程记录每件事件的受理、处理、办结及反馈评价的全过程,并及时向群众反馈事件处理情况。

●学校及周边安全管理。对灾区学校、学校周边重点人员、重点场所及出租房进行管理和维护,实时掌握校园及周边治安综合治理各项措施落实情况,及时消除危及校园安全的各类治安隐患。

●护路护线管理。及时掌握灾区铁路、管线周边治安信息,消除安全隐患,实施动态治理,确保铁路设施安全,提升道路、管线周边治安防控能力。

3)6个特色应用功能

●平安建设。志愿巡防:打造灾区志愿巡防队伍;群防群治:支持查阅灾区平安志愿者协会名单、活动详情等信息;平安宣传:宣传灾区平安建设工作;公众安全感:对灾区公众安全感与居民满意度进行调查。

●四官服务。四官进社区:记录灾区四官日常服务内容;四官队伍:实现灾区四官服务队伍分组及人员信息管理功能;四官服务:开放灾区四官咨询渠道,实现群众法律咨询方式多元化与便捷化;法律宣传:实现灾区普法宣传,法律法规查询。

●事件综合服务。群众上报:灾区公众通过手机 APP 实现咨询求助、投诉建议、线索举报的查看和回复;待处理:对灾区事件进行驳回、反馈、上报等操作;归档事件:实现对灾区已处理事件的存档查看及检索。

●网格管理。将灾区网格工作划分为滚动排查、入户走访(人口、单位、沿街)、门岗技防检查,突出网格社工的信息感知职能。

●智慧党建。运用"互联网＋党建"的模式,整合灾区党务工作者、党员、群众数据,建立"1＋10"工作法,创办文化演出,开展知识讲堂,进行技能培训等,助力党建事业更好为人民服务。

●移动 APP。移动 APP 纳入了灾区网格社工、四官人员、巡防队员及民警不同角色的日常走访、入户排查、矛盾纠纷化解、巡逻防控、重点人员管控、应急处置等工作中。

10.5.7　卫生防疫系统

(1)基本概念

应急卫生防疫是指在发生突发公共事件等应急状况下,各级政府组织卫生防疫专业力量,运用预防医学的理论和技术,消除各种有害因素对社会大众人员的不利影响,促进健康,预防疾病,控制传染病暴发流行的卫勤保障活动,防止疫情暴发流行并进行有效控制所采取的各类方法、措施的总称。

因此,应急卫生防疫系统是以计算机为工具的人机交互系统,它利用计算机运算速度快、存储容量大等特点,应用决策理论与方法、心理学、行为科学、计算机网络和数据库等技术,以卫生防疫管理者的决策思维方式出发点,从系统分析的角度为管理者创造一种决策环境,帮助管理者利用自己的经验、知识,或者在系统的引导下详细分析突发事件处置中各种卫生防疫问题,激发管理者思维创造力,最终帮助管理者在应急状态下有效地做出正确的应急卫生防疫决策的过程。

(2)主要功能

1)防疫基础数据库模块

包括应急卫生处置力量信息(应急处置力量人员情况、防疫设备、经费保障、业务管理和机动卫勤分队建设等情况)、疫情处置地域信息(疫情发生地地理环境、水源水质、流行病和传染病、昆虫动物、地方卫生资源和突发灾害等信息)、类似事件卫生防疫处置经验信息(事件基本描述和处置相关方案等信息)以及各类卫生防疫标准等,可对灾区传染病发病及处置实时数据进行录入。

2)防疫信息查询模块

用户需要通过不同途径实现对所需应急卫生防疫信息信息查询,可按照不同检索词查询应急卫生防疫信息:

●相关资料查询:如人员、物资药械和各地区地理环境、水源水质、传染病、医学动物昆虫、相关标准等资料,也可显示应急卫生防疫保障文书格式、调查表等。

●历史案例查询:可编辑、查询以往同类灾害卫生防疫救援案例及经验总结,为现场处置提供参考。

●卫生资源查询:查询灾区卫生防疫机构所在位置、灾区自然疫源性疾病分布、以往传染病发病情况。

3）防疫疫情预警模块

主要是管理者根据突发事件的具体情况，以应急卫生防疫保障基础数据库为支撑工具，以专业知识为依据，借助疫情强度、处置人员抽组、药材筹措和分队机动判断模型，通过程序智能判断和综合分析，进行灾区卫生疫情强度判定，提供应急防疫疫情预警，疫情强度大、中、小分别用红、橙、黄色预警。

4）制定卫生防疫方案

●编制应急卫生防疫方案：如卫生防疫保障人员抽组方案、应急卫生防疫药械保障方案、防疫保障力量机动方案。在地图上标绘出卫生防疫指挥部位置、显示备选机动路线方案、灾区卫生防疫资源分布。

●应急卫生防疫方案发布：将确定的各类卫生防疫方案套用制式公文格式自动生成，并由打印输出设备输出。

5）防疫应急响应模块

●卫生防疫救援需求分析：根据灾情、疫情评估，输入参数计算理论上应该投入应急卫生防疫专业力量的量化指标，包括人员、装备、物资的量化需求指标；

●卫生防疫预案管理：显示相关各类卫生防疫预案及处置技术方案；

●卫生防疫救援力量管理：图表显示现有人员构成（年龄、性别、专业、职称）、防疫力量抽组方案、物资装备的储备情况。

6）防疫事件处置模块

综合运用声音、录像、动画等多媒体，生动地显示突发事件应急卫生防疫的组织指挥、人员物资器材准备、现场处置程序等现场处置过程，突出卫生防疫处置过程中的关键环节和重点技术。将现场处置划分为常态防疫、应急防疫两个阶段：

●常态防疫阶段。开展灾区食品卫生监督监测、饮水卫生监测、疾病监测、公众健康教育及宣传、灾区防疫人员培训等工作。

●应急防疫阶段。按照联络地方政府、灾区卫生机构信息调研、灾区居民生活习惯调研、灾区流行病学调研、灾区卫生状况调研、灾区疫情评估、灾区应急消毒、灾民应急心理干预等流程展开应急处置。

7）防疫保障方案模块

主要是卫生管理者根据突发事件发生的具体情况，以应急卫生防疫保障基础数据库为支撑工具，以专业知识为依据，借助疫情强度、处置人员抽组、药材筹措和分队机动判断模型，自动生成所需的卫生防疫保障方案，内容包括：一是卫生防疫保障力量需求预计，即应急卫生防疫专业人员抽组方案；二是卫生防疫药材筹措计算，即药品器械保障方案；三是卫生防疫保障分队快速机动路线判断，即应急卫生防疫处置分队机动方案。

8)防疫专家咨询模块

提供卫生防疫专家咨询,要对疫情处置地域基础信息进行咨询,向应急卫生防疫指挥者提供地理环境、水源水质、传染病和流行病、医学昆虫等基本信息,形成灾区卫生学流行病学应急卫生防疫专家咨询建议。

10.6 应急善后智慧化

10.6.1 技术架构

基于第 3 章的"智慧应急平台总体技术架构",设计出如图 10-6 所示的"应急善后智慧化技术架构"。两者绝大部分内容相同,只是前者的"应急业务应用层"被后者的"应急善后应用层"替代了。这些技术架构与总体技术架构相同的组成内容,在此不一一叙述。

10.6.2 灾害统计系统

(1)基本概念

灾害统计主要是对大量灾害现象的数量表现进行搜集、整理、描述、分析和开发利用,其实质就是对灾害现象的数量表现的一种调查研究活动。灾害信息统计工作是防灾、减灾和救灾工作的重要基础,及时、准确地掌握灾情信息,直接关系到经济建设中防灾减灾决策、救灾工作的重要决策、灾区群众的生活安排、社会稳定和经济的持续发展,以及应急管理的预警预报、应急处置、救援救助、恢复重建等工作。

应急灾害统计系统就是对灾害情况进行整理、汇总、计算、统计、分析等的信息系统,其基本目的是把各种基础性灾害信息进行系统的整理,达到如下目的:①及时、如实记录各种灾害事件的数量表现;②准确反映各种灾害事件的数量表现;③科学评估各种灾害的损失度;④研究发现各种灾害问题的总体变异规律;⑤提供各种灾害问题的数据资料;⑥开展灾害预测预报;⑦为防灾减灾提供等提供支持;⑧为社会提供完整的灾害资料。

(2)主要功能

1)灾害事件信息统计

包括突发事件的影响范围、灾害强度,灾害等级、灾害事件链等基本信息统计。

2)致灾因子信息统计

致灾因子是自然或人为环境中,由孕灾环境产生的各种异动因子信息,包括

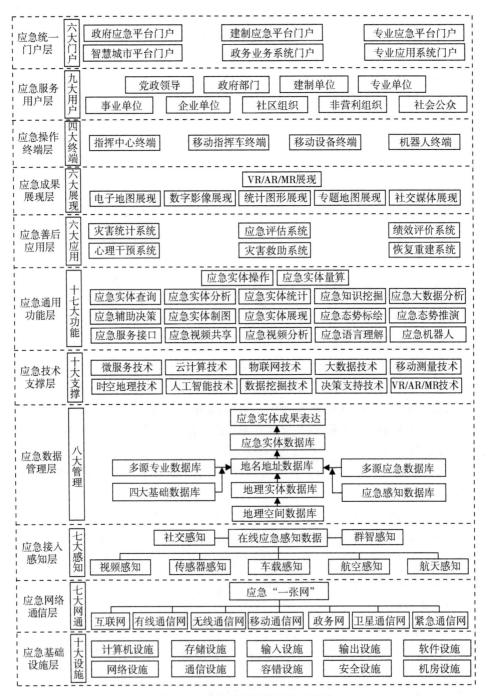

图 10-6　应急善后智慧化技术架构

各种自然异动(暴雨、雷电、台风、地震等)、人为异动(操作管理失误、人为破坏等)、技术异动(机械故障、技术失误等)、政治经济异动(能源危机、金融危机等)等致灾因子信息统计。

3)灾害危害信息统计

①生产信息统计。主要指灾害对有关生产部门的影响,造成产品数量和质量的下降,包括农业、林业、工业等方面信息;②社会信息统计。主要指灾害对人民生命财产造成的损失,包括人畜伤亡、房屋倒塌、灾民生活以及疫病蔓延、教育中断等信息;③设施信息统计,主要指灾害对公共设施的破坏情况,包括公路、铁路、工矿、通信电力设施、水利工程等信息。

4)灾害损失信息统计

①人员伤亡损失统计,包含人员伤亡数和受伤者的医疗费,以及失去工作和生活自理能力,或终生残疾人员的社会福利事业所支出的费用及死亡者的殡葬费用;②经济损失信息统计,除了可以按财产损失的经济类型统计,最常用的分类还是灾害的直接经济损失和间接经济损失。直接经济损失是指原生灾害、次生灾害、衍生灾害所造成的经济损失的总和。间接损失是指造成的工矿企业生产、商业金融合同履约、社会公益事业以及社会服务和管理等方面的缩减、失调减缓和停顿所造成的经济损失的总和。

5)灾害减灾信息统计

①测报信息统计,包括灾害发生前连续不断预测和发布的信息;②防御信息统计,针对预测灾害提出的避防性措施;③抗灾信息统计,灾害发生时国家、集体和个人对其危害的抵抗信息;④救灾信息统计,灾情已开始或遭灾之后采取的挽救措施;⑤援助信息统计,非灾区政府和群众对灾区的支援和帮助;⑥专门斜对政府、社会、单位、家庭及个人的减灾投入统计,包括:减灾资金的筹集指标,如政府拨款、社会集资、企事业单位投资等及其各占多大比重;减灾资金的投向指标,如减灾宣传费用、减灾工程措施投资、非工程减灾措施投资及其具体结构、所占比重等;减灾所取得的社会经济效益指标,如避免或减少了多少损失、产生了多大直接经济效益或社会效益等。

6)灾害补偿信息统计

专门统计灾害发生后通过各种方式对灾害损失的补偿情况统计,包括:①政府救灾指标统计,如救灾拨款、救灾粮食及其他生活资料的供应等及其占国家财政支出的比重;②保险赔款指标统计,如企业保险赔款、家庭保险赔款、货物运输保险赔款、机动车辆保险赔款等及其所占比重;③单位自保情况下对灾害损失的补偿统计;④家庭或个人对灾害损失的补偿统计;⑤社会各界对灾害救助的捐赠统计等。

7)灾害统计信息查询

①对灾害类型、灾害规模、危害程度、稳定状态、经济损失、死亡人数、威胁财产、威胁人数等八个统计表进行查询;②查询某省/市/县的灾害调查情况,包括区域灾害工作开展情况、调查单位及时间、灾害分类汇总信息等;③查询灾害发生地周围一定范围内或某一地区灾害点的数量、分布及灾害点调查表;④查询某区域的调查工作成果,包括灾害分布图、灾害易发分区图、灾害防治区划图等和灾害调查与区划报告、灾害点防灾预案等。

8)灾害统计信息展示

统计以不同级别的行政区划为单位的灾害类型,可以是一种或者多种,也可以是具体灾害类型中的具体一种。用户可以统计某一时间段内,一个或多个地区符合条件的灾害点数量,并按照规范报表格式生成统计报表,并可实时显示饼状图、柱状图、曲线图等类型的统计图。此外,可导出 Excel 格式的统计报表和统计图。

10.6.3　应急评估系统

(1)基本概念

应急评估是应急管理中一项复杂而重要的工作,它不仅是突发事件预防、救援和应对的基础,而且是科学决策的依据。按照时间维度,可将应急管理评估分为事前评估、事中评估和事后评估。

对应急行动进行评估不是单方面的,需要通过多种方式进行有效的评估,可分为综合评估、动态评估、评估标准管理、评估指标管理四点:

●综合评估。应急行动的关键要素有三个:时间、成本、质量。因此,要从整体上对应急行动进行综合评估,包括行动是否按照方案或预案执行和完成、行动实际投入成本与预算的偏离程度、行动在质量上是否满足了要求等。

●动态评估。应急行动评估不仅仅是对应急行动效果的评估,而且对应急行动处置过程进行动态评估,并通过前后对比分析,积累和总结经验,促进应急行动不断提高和体制的规范管理。

●评估标准管理。应急行动需要按照一定的评估标准来衡量、考核、评估、评估,评估标准包括两个层次:①量化标准,主要包括技术指标,是基于应急平台指挥下应急行动的效果;②指导性标准,主要是相关法律、法规等。

●评估指标管理。设计包含多个评估指标的评估指标体系,根据实际情况采用排序、专家判断等方法来确定各评估指标的权重。

因此,应急评估系统就是按照应急预案等相关规定建立评估模型再现应急过程,对应急过程前、过程中和过程后进行综合评估,形成应急管理能力评估报告。建立应急评估系统,可进一步提高应急现场处置建设能力、应急现场处置的指挥调度能力、应急现场监测能力,使得建设在突发公共事件应急处理的监测预警、决策支持、指挥调度、现状处置能力得到提高。

(2)主要功能

1)监测预警能力评估

监测与预警能力较强,可以较早预测事件的发生时间、规模、性质,提前将预警信息发布给广大群众,那么政府、组织、个人就可以进行更充分的准备来应对突发事件。反之,如果监测预警能力较差,那势必给应急管理工作带来更多的困难,影响应急能力的发挥。因此,监测预警能力是应急管理的基础部分,其高低能反映应急水平的高低,其评估包括四个方面的指标:监测、辨识、损失性评估、预警。

2)指挥决策能力评估

在应急管理中,指挥决策系统核心,高效的指挥、调度可以提高突发事件的处置力度和速度,使突发事件得到及早、有效的解决。不仅如此,指挥决策系统还要负责平时的应急能力建设。因此,指挥决策能力是应急能力的关键组成部分,能够直接反映城市的应急管理能力,其评估包括五个方面的指标:组织体系建设、指挥人员素质、指挥平台建设、信息发布管理、现场指挥控制。

3)紧急救援能力评估

紧急救援直接关系到能否把国家和人民的生命财产损失降到最低,它是衡量政府效能和社会文明程度的重要标志之一。因此,紧急救援能力是应急管理能力的集中体现,特点是急,要立即反应、立即开展、越快越好,关键是救,救治生命、抢救财产。其评估指标主要应包括三个方面的指标:医疗救治能力、专业救援队伍、救援技术或装备。

4)应急保障能力评估

在应急管理工作中,应急保障建设是十分重要的一项工作,是在突发公共事件出现时,政府各有关部门按照职责分工和相关预案做好应对突发公共事件的人力、物力、财力、交通运输、医疗卫生及通信等保障工作,以保证应急救援工作的需要和灾区群众的基本生活,以及恢复重建工作的顺利进行,其评估指标主要应包括五个方面的指标:人力资源、财力保障、物资保障、交通运输保障、公共设施保障。

5)社会控制能力评估

社会控制是指在突发公共事件发生时,社会系统按照有关的法规预案主动展开的应对反应。突发公共事件危害面广、涉及人数众多,仅凭一个部门的努力不可能有效扼制事态的发展。社会控制本身也是一个包含多方面内容的系统结构,而且在每一个系统中社会控制都发挥着动员社会力量和配置社会资源的作用,反映着社会和政府的工作效能,是实现应急管理目标的关键因素,其评估指标主要应包括四个方面的指标:法规建设、应急预案、培训演练、宣传教育。

6)恢复重建能力评估

恢复与重建是突发公共事件应急管理不可分割的组成部分,这个阶段主要完成两个任务:一是善后。即以突发事件为中心,解决与突发事件相关的,可能导致突发事件再度发生的各种社会问题。如果处理不当,事后恢复与重建期可能带来新突发事件;二是亡羊补牢。即通过对事件发生的原因、事件处理过程的细致分析,总结经验教训,提出在技术、管理、组织机构及运作程序上的改进意见,进行必要的组织变革,其评估指标主要应包括四个方面的指标:社会秩序恢复、评估总结、善后处置、重建。

10.6.4 绩效评价系统

(1)基本概念

应急管理绩效就是在考虑政府应急救援投入的人、财、物等成本与所获的效果、效益之间的关系的情况下,对政府在危机事前、事中、事后等全过程中所做的决策、计划、控制等工作进行有效的绩效评价,以合理的投入获得最大效率、效果、效益,减少人员伤亡和财产损失,维护社会稳定。

应急绩效评价系统就是采用现代信息技术,对包括应急组织管理、应急人员管理、应急过程管理、应急信息管理、应急资源环境保障程度、应急公众满意度、应急创新与学习等方面能力进行的评价,应急绩效评价的内容直接决定绩效评价的客观性、合理性和科学性。

(2)主要功能

1)应急绩效数据采集

包括应急考核数据录入和应急考核数据校验两部分:应急考核数据录入采用数据交换录入、网页方式录入、手工方式录入和考核数据导入 4 种方式;应急考核数据校验采用录入过程自动校验和录完数据后校验两种校验方式。

2)应急绩效指标设置

根据应急管理需求,不同层次的元素组成一个完整统一的应急绩效考核指标体系,由多个指标构成:

●合理性。主要用来评价在具体突发事件情景下政府应急资源动员是否合理、救援活动中应急决策是否合理、救援队伍之间的联动与调度是否合理、应急物资的配置与调度是否合理以及志愿者管理方面的合理性等内容。

●效率性。主要用来评价救援投入的人财等物资的到达速度和黄金救援期内救灾活动所能获得的成果,主要包括应急预案启动速度,政府专业救援队伍、应急资金等投入的救援资源到达灾区现场的速度,及在应急救援资源有限的前提下尽可能获得最大的产出。

●效益性。主要是指政府救援活动结束所产生的各类效益,效益性评价指标更多的是相对量,反映了突发事件应对的总体效果、灾情控制、各种次生灾害以及社会秩序等的控制情况,灾区政府的公信力等。

3)应急绩效指标管理

主要包括:①应急绩效指标抽取,是指从指标库里抽取部分指标构成绩效指标体系;②应急绩效指标权重计算,是指根据抽取的指标及其重要性计算各指标权重;③应急绩效指标方法集构建,是指根据抽取的绩效指标构建应急绩效指标方法集;④应急绩效指标删除、修改、查询等。

4)应急绩效数据查询

包括应急绩效分类查询和单项查询,选取对象单位,可以查看应急考核绩效数据;选取某一指标分类,可以查看属于这一指标分类所有指标的应急考核绩效数据;选取某一考核指标,可以查看该选定指标的应急考核绩效数据。

5)应急绩效统计分析

①纵向上应急绩效分析,即将当年应急绩效考核结果与往年应急考核结果进行对比,展现该考核指标绩效值在时间序列上的变动情况;②横向上应急绩效分析,包括应急单位间绩效比较分析,不同地区间应急绩效比较分析,以及用户自定义应急绩效比较分析;③应急绩效星级评定,是指根据综合绩效得分和设置的星级评定标准,对应急单位进行星级划分;④应急聚集性分析,是用于描述应急绩效处于同一水平的单位所属区域的分布,判断是否具有区域聚集性。

6)应急绩效结果预警

根据对各级指标制定的应急绩效预警阈值进行比对,若低于阈值,系统自动预警,急绩效结果预警包括参数设置、绩效预警、区域绩效预警和预警信息发布。

10.6.5　心理干预系统

(1)基本概念

心理危机是指突发事件发生后,这些遭遇超过了个体承受能力,进而出现抑郁、失去控制、极度焦虑、不能自拔的状态,也就是说心理危机是一种心理上的严重困境。突发事件往往给人以突如其来的精神刺激,对人的心理健康产生程度不同的危害,甚至可能发展为心理疾病乃至精神障碍。应急心理危机主要表现为:

●应急情绪反应。主要包括焦虑、紧张、害怕、烦躁、内疾自责、恐惧、绝望、怀疑、悲伤、沮丧、麻木等等;

●应急生理反应。当个体遭受沉重的打击后,机体处于高度的应激状态,心理上的许多创伤都能通过一些生理上的反应表现出来,主要表现为头疼、疲劳、失眠、食欲下降、做噩梦、呼吸困难等等症状;

●应急认知反应。常常表现为任意推断、选择性概括、过度引申、夸大或缩小、极端化等认知上的异常,平时生活中则具体表现为健忘、注意力难以集中、效率低、缺乏自信、过分关注而难以转移等等;

●应急行为反应,突发事件发生后常常出现两类行为反应:一类是符合社会规范或积极的适应性反应,如,避难反应、利他行为、领袖行为等等;另一类是社会规范之外或消极的不适应反应,前者如哄抢、偷盗、强奸等,后者具体表现为强迫思维、强迫行为、社交退缩、暴饮暴食,过度依赖、不敢出门,逃避等。

因此,应急心理干预系统是一款辅助心理工作者在危机事件后进行心理危机干预的专业软件系统,是指以心理学理论为指导,通过心理学的手段和技巧,通过信息化方式对处于突发事件危机中的个体进行心理活动性质、强度和表现形态等方面进行调整和控制,帮助个体恢复各项适应功能,预防、防止或减轻心理创伤潜在的负面影响,使个体迅速恢复心理平衡。根据心理危机波及的范围、程度等的不同,系统可以将事件发生中心理干预对象分为以下五类:①切身经历事件的幸存者;②存者的亲朋好友;③遇难者的亲朋好友;④救援人员,例如:参与救援的消防人员、警察、军人、医务工作者、应急服务人员、志愿人员等;⑤媒体新闻覆盖的人群。

(2)主要功能

1)心理危机信息收集。

可以根据需要指定特定的人员在特定的时间内进行突发事件当事人或人群心理危机普查,普查内容可自行定义,可以充分满足对特定人群的特殊心理危机普查需求。在此基础上,对突发事件当事人或人群心理健康信息进行采集。

2)心理危机测评

提供咨询过程中常用的心理健康、人格、情绪、智力、职业、人际关系、精神科临床等测评量表,采用在线授权、预授权、组合授权等多种授权方式进行突发事件当事人或人群心理危机测试,并提供完善的测试分析报告、测评数据剖析图、因子说明及指导意见等。主要目的在于诊断应急管理者和灾民心理健康状况,识别这些群体中存在心理危机的个体,并根据心理测试结果对心理健康存在问题的应急管理者和灾民进行分类,即分为轻度心理危机群体、中度心理危机群体和重度心理危机群体,为心理辅导和心理治疗做前期准备。

3)心理危机预警

可以自动筛查出达到预警标准的被测突发事件当事人或人群自动将该类被测者纳入心理危机预警系统,提醒管理员重点关注该类测试者的心理危机问题。支持两种灾害心理危机预警模式:一是由"依赖与成就导向控制量表"和"冒险行为量表"组成的预警模块预警模式;二是由各模块量表根据预警阈值自动进行危机预警模式。

4)心理危机干预

当发生突发事件时,有计划、有步骤地对突发事件当事人或人群进行心理干预,提供科学有效的心理危机干预方法:

●心理辅导。主要目的在于辅导轻度心理危机的应急管理者和灾民群体进行自我识别、自我疏导,从而消除心理危机产生的根源,化心理危机于无形。

●心理治疗。服务对象主要为中度心理危机的应急管理者和灾民群体,主要目的在于通过专业心理辅导、心理治疗,使中度心理危机的应急管理者和灾民逐步恢复自我识别能力,逐步剥离其危机内核,引导其走出心理危机阴霾。

●心理陪护。服务对象主要为重度心理危机的应急管理者和灾民群体,主要任务是跟踪调查出现心理危机的高危人群,一旦发现有离家出走、自杀意念的,立即转移到安全的环境,并成立监护小组,实行 24 小时全程监护,确保人身安全。

●心理在线交流。主要目的在于强化应急管理者和灾民与心理辅导教师的交流互动,动态监测他们的心理健康状况,实现心理危机晴雨表之功效。

5)心理危机维护

①由于种种原因,在突发事件发生时,心理危机干预人员无法到达现场,因而事后补救性的心理干预;②突发事件发生后,对当事人或人群的维护性的心理干预;③突发事件发生后,对与当事人相关的人或人群的维护性心理干预。

6)心理危机档案

建立心理危机档案,可以全面让心理咨询师了解被试的突发事件当事人或人群个人心理状况,包含个人基本信息、人口学调查项目、心理测评结果与报告、网络调查结果、心理咨询记录、个人成长报告、咨询师评价等。

10.6.6　灾害救助系统

(1)基本概念

应急灾害救助是国家或社会对因遭遇各种灾害而陷入生活困境的灾民进行抢救和援助的一项社会救助制度,其目的是通过救助,使灾民摆脱生存危机,同时使灾区的生产、生活等各方面尽快恢复正常秩序。灾害救助的形式：

●国家灾害救助。中央政府一直设有专项救灾款目，地方政府在财政预算中必须设立专项救灾拨款科目，经费为无偿救助与有偿使用并存。

●救灾保险救助。是指由政府负责组织，以各级财政和社会化集资作为物资基础，保障灾民基本生活和恢复其简单再生产的一种灾害保障形式，由中央救灾经费、地方财政补贴、灾民自己缴纳保险费形成的救灾保险基金。

●互助互济。由以前政府财政单一供款模式发展为资金来源社会化的模式，其主要形式有：救灾互助储金会、储粮会等。

●生产自救。是"生产自救，节约度荒，群众互助，以工代赈并辅之以必要的救济"，强调生产自救，同时加以群众互助和国家救助。

通过应急灾害救助系统建设，其达到的目标如下：

●灾害救助预案及科普信息宣教。面向公众宣传灾害救助工作的方针、政策和规划，促进协调开展重大灾害救助活动。

●灾害救助信息资源共享、实时管理与服务。帮助业务人员快速、有效地做好灾害救助的甄别、审查，掌握各地灾害救助情况，满足各级民政主管部门对救助业务的管理和服务需要，提供对各类灾害救助数据的查询、分析、统计等。

●组织协调灾害救助工作。做好灾害救助物资的存放、管理、预警、组织调配，接收和分配捐赠的款物等工作。

●灾害救助物资管理的智能化。对灾害救助物资筹集、分配、拨付、使用实行全过程、全方位监管，实现灾害救助物资的自动安全预警，保证救灾储备物资的数量准确、质量完好。

（2）主要功能

1）灾害损失与社会影响评估

主要包括灾害链损失评估、灾害社会影响评估等功能模块。

2）灾害救助预案管理

包括灾害救助预案管理、灾害救助制度管理、灾害救助案例管理等。

3）灾害救助灾情管理

●灾情登记。通过民政综合业务管理信息平台进行灾害登记，包括人口受灾、农作物受灾情况、损失情况登记、因灾死亡人口台账等信息。

●预案管理和科普宣教。针对各种灾害种类进行预案管理和科普宣教。

●灾情信息审核汇总。由民政部门根据所管辖行政区域内的总体灾情情况，对下属地区灾情进行认定，将属于同一灾害过程的数据进行合并汇总。

●灾民年报管理。实现对灾民年报信息进行管理，包括年报上报、灾民救助及监督检查,可生成多种形式的报表,提供各种汇总统计的当前状况。

●灾情数据库。实现对灾情信息综合数据进行管理,包括地理信息系统管理、灾情评估专家管理及历史灾情数据库。

●统计分析。实现对救灾救济管理系统综合数据汇总统计及智能分析,包括灾情汇总统计、自然灾害情况统计快报统计即年报统计。

4)灾害救助需求与能力评估

主要包括生活救助需求评估、区域救灾能力评估、评估结果空间表达功能模块,开展应急救助需求物资种类评估,部分生活类救助物资需求数量评估及省、市、县等不同层级灾害应急救助能力评估,并综合分析与展示需求与能力评估结果。

5)灾害救助物资调度评估

主要包括空间布局规划评估、空间布局优化、应急救助物资调度等 3 个功能模块,实现应急设施服务能力的评估和救助储备体系的综合服务能力评估,实现应急救助物资需求预测和路线规划。

6)灾害救助物资管理

对灾害救助物资筹集、分配、拨付、使用实行全过程、全方位监管,保证灾害救助储备物资的数量准确、质量完好,遇到突发事件能够及时调配,使用正常:

●实现灾害救助物资管理的流程化,建立从物资入库、出库、配送、签收全过程的物资管理流程,实现对灾害救助物资全生命周期管理。

●实现灾害救助物资管理的信息化,解决物品入库时摆放混乱,查找时又耗费大量时间,登记需时过长所导致的出货等候时间长、错拿物品现象,提前发现即将过期的物资、失效的药品,降低物资管理人员工作强度、提升工作效率。

●实现灾害救助物资管理的智能化,实现全省灾害救助物资存放、组织调配的智能化,在自然灾害发生后,便于及时有效实施救援工作。

7)灾害救助网站

网站具有先进性、稳定性、开放性、扩展性、安全性、集成性、易用性、经济性等特点,应包含以下栏目:

●组织机构。主要包含灾害救助机构职能、专家介绍、历史沿革、减灾委组成等介绍。

●政策法规。主要包含灾害救助法规制度以及相关技术标准、部门规章。

●新闻中心。介绍灾害救助相关工作情况。

●灾情信息。固定周期发布各地区灾情信息以及不定期发布突发灾情。

●工作成果。针对灾情发布灾害救助具体实施的工作进展及工作成果。

●应急联络。公布各地灾害救助应急电话、联系人、传真、邮箱等信息。

10.6.7　恢复重建系统

（1）基本概念

灾后恢复重建是消除突发公共事件短期、中期、长期影响的过程，主要包括两类活动：①恢复，即使社会生产活动恢复正常状态；②重建，即对于因为灾害影响而不能恢复的设施等进行重新建设。恢复重建关系到灾区社会公众的切身利益和长远发展，使灾区社会公众在恢复重建中赢得新的发展机遇，使社会生产生活恢复正常，提高社会的公共安全度。因此，灾后恢复重建内容主要包括：

●社会影响恢复重建。灾后会导致成百上千乃至数万人在灾害中遇难，许多家庭失去世代生活的家园，多年辛勤劳动积累的财富毁于一旦。为了消除突发事件的社会影响，灾后恢复重建需要恢复社会生活秩序，使整个社会呈现常态运转状态。

●经济影响恢复重建。灾后对经济的直接影响非常大，造成工农业、商贸业、服务业等停顿。间接影响难以估计，如国内外投资者会对在灾区的投资项目重新评估，可能会考虑撤资或者暂缓投资，这些都给当地经济产生了严重影响。

●环境影响恢复重建。灾后环境影响可以分为人工环境影响和自然环境影响。人工环境影响：①城乡居民住房大量损毁，部分地区几乎被夷为平地；②基础设施严重损毁，交通、电力、通信、供水、供气等系统大面积瘫痪；③学校、医院等公共服务设施严重损毁；四是产业发展受到严重影响，耕地大面积损毁，主要产业、众多企业遭受重创。自然环境影响：①生态环境恶化，植被、水体、土壤等自然环境被破坏，次生灾害隐患增多，导致生存发展条件变差，大量文化自然遗产遭到严重破坏；②资源环境承载能力下降，人均耕地减少，耕地质量下降；③生态环境遭到严重破坏，森林大片损毁，野生动物栖息地丧失与破碎，生态功能退化。

●心理影响恢复重建。灾后往往会给社会公众造成负面的心理影响，甚至造成严重的心理创伤。因此，有关部门在恢复重建过程中，要为这部分社会公众提供心理咨询服务，开展心理危机干预，进行心理辅导。

（2）主要功能

1）组织机构恢复重建模块

主要是组织机构及其功能和制度的恢复重建。应该尽快恢复这些组织的功能，完善组织机构的功能和设置，补充人员和设备，使其能够尽快履行职能，领导和组织当地的恢复重建工作。

2）社会方面恢复重建模块

主要指法律和社会秩序的恢复重建。当应急状态结束时，政府的首要任务就是尽快恢复当地的法律和社会秩序,加强社会治安保证其他恢复重建工作正常开展。

3)物资方面恢复重建模块

物资方面的恢复重建主要是指人们生产和生活方面的各种设施的恢复和重建。事后物资方面的重建涉及 4 个方面的内容:

● 紧急安置和救助,包括居民临时住宅的修建和提供,受伤人群的搜寻与救助;

● 恢复公共服务设施及其供给,水、电、气、通信、电视等事关民众和社会发展的生活必需品与服务供给;

● 住房、交通和商业设施等的恢复和重建,主要是对受到破坏的建筑物、道路桥梁、通信设施等进行恢复建设,以保障人们正常的工作和生活,其中也包括各种社会经济关系的恢复;

● 通过重建改善当地居民的居住环境,①在进行城镇和工程选址时,要充分考虑灾害综合区划,既要防止类似的灾害重复发生,又要防止其他灾害的侵袭;②进行城镇规划时,要设计避防灾害的安全空地、疏散渠道和救灾设施;③进行城镇建设时,要保证建筑物特别是诸如供水、供电、供暖、供气、医院等生命线工程、交通枢纽、高技术中心的抗灾能力;④严格控制城镇易引发次生灾害与衍生灾害的工程和企业建设;⑤农村被毁住宅的重新建设规划可以与新农村建设同步进行。

4)生产方面恢复重建功能模块

恢复生产作为灾后重建中的重要一环,是减轻灾害损失、保证社会秩序稳定和人民生活正常化的重要措施,重点包括:

● 统筹规划统一组织。将恢复生产作为一项紧迫的工作来对待。要重视国际与国内的援助,更要注意发挥社会保险、社会互助的作用和自力更生、奋发图强的精神。

● 先急需和先重点。首先恢复生命线工程,如供水、供电、医院和与国家建设、人民生活密切相关的大型厂矿企业。

● 先易后难。首先恢复破坏较轻的厂矿企业和农业,然后逐步恢复其他产业。

5)精神方面恢复重建功能模块

主要是对突发事件当事人与受灾者提供精神和心理救助。抚慰他们受伤的心灵,帮助他们从突发事件的阴影中走出来,恢复生活和对社会的信心。

10.7　应急决策智慧化

用一个三角形来表征突发事件公共安全管理框架,其中三条边框分别代表了突发事件、承灾载体以及应急管理,三角形中间区域为诱发灾害的要素即灾害因子,主要包括物资、能量和信息等因素。突发事件、承灾载体、应急管理、灾害因子等四大要素共同组成了整个突发事件公共安全"三角形"理论模型。因此,突发事件公共安全管理三角形框架如图 10-7 所示。

图 10-7　公共安全管理三角形框架(出自范维澄著——《公共安全与应急管理》)

由此可知,应急决策就是在紧急状态和不确定性很高的情境下,受到有限的时间、资源和人力等约束的压力,以控制灾害蔓延为目标,调动有限决策资源,通过非常规、非程序和手段所作的一次性快速决断,产生针对突发事件、承灾载体、应急管理、灾害因子这四大主体及相互之间应急管理准备、响应、处置、保障、善后等五大过程的关联性、因果性、规律性、趋势性、预测性的应急决策方案。

10.7.1　技术架构

基于第 3 章的"智慧应急平台总体技术架构",设计出如图 10-8 所示的"应急决策智慧化技术架构"。两者绝大部分内容相同,只是前者的"应急业务应用层"被后者的"应急决策应用层"替代了。这些技术架构与总体技术架构相同的组成内容,在此不一一叙述。

10.7.2　突发事件决策系统

(1)基本概念

突发事件是指突然发生,造成或者可能严重社会危害,需要采取应急处置措施予以应对的自然灾害、事故灾难、公共卫生事件和社会安全事件。

基于各种突发事件数据库、预案库、案例库、模型库、算法库、方法库、指标库、知识库以及各种应急决策支持模型,面向突发事件孕育、发生、发展、应对、后期等各个阶段能量、物资和信息等风险作用类型、强度及时空特性描述的,涉及

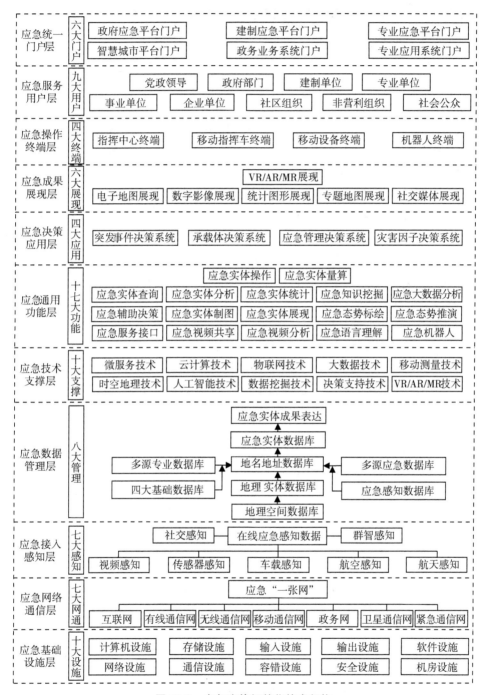

图 10-8　应急决策智慧化技术架构

突发事件关联性、因果性、规律性、趋势性、预测性等决策的信息系统就是突发事件决策系统。

（2）主要功能

1）突发事件规律性决策方案

分析突发事件发生、发展、演化、消亡的规律性，即在灾区发生、发展、演化、消亡等各个过程中有何规律性？如突发事件发生地理空间分布规律、时间点规律、频率频次规律、持续时间规律、事件等级规律、气象气候规律等，记录下这些规律性，产生描述突发事件规律性的应急决策方案。

2）突发事件关联性决策方案

分析突发事件发生、发展、演化、消亡的关联性，即在灾区发生、发展、演化、消亡等各个过程中有何关联性？如突发事件发生与其他突发事件及承灾载体、应急管理、灾害因子有何关联？何地区、何时间点、何应急行动、何应急人员、何气象气候有关联？记录下这些关联性，产生描述突发事件关联性的应急决策方案。

3）突发事件因果性决策方案

分析突发事件发生、发展、演化、消亡的因果性，即突发事件在灾区发生、发展、演化、消亡等各个过程中有何因果性？如突发事件发生与其他突发事件及承灾载体、应急管理、灾害因子有因果？何地区、何时间点、何应急行动、何应急人员、何气象气候有因果？记录下这些因果性，产生描述突发事件因果性的应急决策方案。

4）突发事件趋势性决策方案

分析突发事件发生、发展、演化、消亡的趋势性，即在突发事件在灾区发生、发展、演化、消亡等各个过程中有何趋势性？如突发事件发生的地区、时间、频率频次、持续时间、事件等级上的趋势等，记录下这些趋势性，产生描述突发事件趋势性的应急决策方案。

5）突发事件预测性决策方案

分析突发事件发生、发展、演化、消亡的预测性，即在突发事件在灾区发生、发展、演化、消亡等各个过程中有何预测性？如突发事件发生地区、时间、频率频次、持续时间、事件等级上的预测等，记录下这些预测性，产生描述突发事件预测性的应急决策方案。

6）突发事件综合决策方案

基于上述面向突发事件规律性、关联性、因果性、趋势性、预测性产生的各分支决策方案，由平台按照决策支持方案格式，采用人工智能算法对它们进行自动抽象和融合，产生集成描述突发事件规律性、关联性、因果性、趋势性、预测性的综合应急决策方案。

10.7.3　承灾载体决策系统

（1）基本概念

承灾体是突发事件直接作用的对象，通常是指各种人、物以及经济社会运行系统，他们是通过客观实体之间的关联构建形成的承灾体，分为三种基本类型：一是人员；二是人类劳动所创造出的各种物资财产；三是人类赖以生存和发展的环境，主要指地理环境和各种资源如土地等。承灾体在突发事件作用下和自身演化过程的状态及其变化，可能产生的本体和/或功能破坏，有可能发生的次生灾害、衍生灾害。

基于各种承灾载体数据库、预案库、案例库、模型库、算法库、方法库、指标库、知识库以及各种应急决策支持模型，面向承灾载体孕育、发生、发展、应对、后期等各个阶段能量、物质和信息等风险作用类型、强度及时空特性描述的，涉及承灾载体关联性、因果性、规律性、趋势性、预测性等决策的信息系统就是承灾载体决策系统。

（2）主要功能

1）承灾体规律性决策方案

分析承灾体发生、发展、演化、消亡的规律性，即承灾体在灾区发生、发展、演化、消亡等各个过程中有何规律性？如在地理空间分布、时间点、频率频次、持续时间、事件等级、气象气候上的规律等，记录下这些规律性，产生描述承灾体规律性的决策方案。

2）承灾体关联性决策方案

分析承灾体发生、发展、演化、消亡的关联性，即承灾体在灾区发生、发展、演化、消亡等各个过程中有何关联性？如承灾体的发生与其他突发事件及承灾载体、应急管理、灾害因子有关联？与何地区、何时间点、何应急行动、何应急人员、何气象气候有关联？记录下这些关联性，产生描述承灾体关联性的决策方案。

3）承灾体因果性决策方案

分析承灾体发生、发展、演化、消亡的因果性，即承灾体在灾区发生、发展、演化、消亡等各个过程中与何因素有因果关系？如承灾体的发生与其他突发事件及承灾载体、应急管理、灾害因子有何因果？何地区、何时间点、何应急行动、何应急人员、何气象气候有因果？记录下这些因果性，产生描述承灾体因果性的决策方案。

4）承灾体趋势性决策方案

分析承灾体发生、发展、演化、消亡的趋势性，即承灾体在灾区发生、发展、演化、消亡等各个过程中有何发展趋势？如承灾体发生的地区、时间、频率频次、持续时间、事件等级趋势等，记录下这些趋势性，产生描述承灾体趋势性的决策方案。

5）承灾体预测性决策方案

分析承灾体发生、发展、演化、消亡的预测性，即承灾体在灾区发生、发展、演化、消亡等各个过程中有何预测？如承灾体发生的地区、时间、频率频次、持续时间、事件等级预测等，记录下这些预测性，产生描述承灾体预测性的决策方案。

6）承灾体综合决策方案

基于上述面向承灾体规律性、关联性、因果性、趋势性、预测性产生的各分支决策方案，由平台按照决策支持方案格式，采用人工智能算法对它们进行自动抽象和融合，产生集成描述承灾体规律性、关联性、因果性、趋势性、预测性的综合应急决策方案。

10.7.4 应急管理决策系统

（1）基本概念

应急管理是一项综合运用科学、技术、管理等方法，用于处理和应对可能造成巨大危害的、极端突发事件的公共管理工作，维护社会和人民生命财产，减少突发事件给国家和人民带来负面影响的管理活动，具有高负荷、高压力、高风险的特点。

基于各种应急管理数据库、预案库、案例库、模型库、算法库、方法库、指标库、知识库以及各种应急决策支持模型，面向应急管理孕育、发生、发展、应对、后期等各个阶段能量、物资和信息等风险作用类型、强度及时空特性描述的，涉及应急管理关联性、因果性、规律性、趋势性、预测性等决策的信息系统就是应急管理决策系统。

（2）主要功能

1）应急管理规律性决策方案

分析应急管理发生、发展、演化、消亡的规律性，即应急管理行动在灾区发生、发展、演化、消亡等各个过程中有何规律性？如应急管理地理空间分布、时间点、频率频次、持续时间、事件等级、气象气候等，记录下这些规律性，产生描述应急管理规律性的决策方案。

2）应急管理关联性决策方案

分析应急管理发生、发展、演化、消亡的关联性，即应急管理在灾区发生、发展、演化、消亡等各个过程中有何关联性？如应急管理的发生与其他突发事件及承灾载体、应急管理、灾害因子有关联？何地区、何时间点、何应急行动、何应急人员、何气象气候有关联？记录下这些关联性，产生描述应急管理规律性的决策方案。

3）应急管理因果性决策方案

分析应急管理发生、发展、演化、消亡的因果性，即应急管理在灾区发生、发展、演化、消亡等各个过程中与何因素有因果关系？如应急管理的发生与其他突发事件及承灾载体、应急管理、灾害因子有因果？何地区、何时间点、何应急行动、何应急人员、何气象气候有因果？记录下这些因果性，产生描述应急管理因果性的决策方案。

4）应急管理趋势性决策方案

分析应急管理发生、发展、消亡的趋势性，即应急管理在灾区发生、发展、演化、消亡等各个过程中有何发展趋势？如应急管理行动地区、时间、频率频次、持续时间、事件等级趋势等，记录下这些趋势性，产生描述应急管理趋势性的决策方案。

5）应急管理预测性决策方案

分析应急管理发生、发展、演化、消亡的预测性，即应急管理在灾区发生、发展、消亡等各个过程中有何预测？如应急管理行动地区、时间、频率频次、持续时间、事件等级预测等，记录下这些预测性，产生描述应急管理预测性的决策方案。

6）应急管理综合决策方案

基于上述面向应急管理规律性、关联性、因果性、趋势性、预测性产生的各分支应急决策方案，由平台按照决策支持方案格式，采用人工智能算法对它们进行自动抽象和融合，产生集成描述应急管理规律性、关联性、因果性、趋势性、预测性的综合应急决策方案。

10.7.5　灾害因子决策系统

（1）基本概念

灾害因子实际上是一种客观真实的存在，当灾害因子中的物质、能量和信息等因素一旦超过其临界量或者被一定条件触发时，就有可能导致突发事件。

基于各种灾害因子数据库、预案库、案例库、模型库、算法库、方法库、指标库、知识库以及各种应急决策支持模型，面向灾害因子孕育、发生、发展、应对、后期等各个阶段能量、物资和信息等风险作用类型、强度及时空特性描述的，涉及灾害因子关联性、因果性、规律性、趋势性、预测性等决策的信息系统就是灾害因子决策系统。

(2)主要功能

1)灾害因子规律性决策方案

分析灾害因子发生、发展、演化、消亡规律性,即灾害因子在灾区发生、发展、演化、消亡等各个过程中有何规律性？如灾害因子的地理空间分布、时间点、频率频次、持续时间、事件等级、气象气候规律等,记录下这些规律性,产生描述灾害因子规律性的决策方案。

2)灾害因子关联性决策方案

分析灾害因子发生、发展、演化、消亡的关联性,即灾害因子在灾区发生、发展、演化、消亡等各个过程中与何因素有关联关系？如灾害因子的发生与其他突发事件及承灾载体、应急管理、灾害因子有关联？何地区、何时间点、何应急行动、何应急人员、何气象气候有关联？记录下这些关联性,产生描述灾害因子关联性的决策方案。

3)灾害因子因果性决策方案

分析灾害因子发生、发展、演化、消亡的因果性,即灾害因子在灾区发生、发展、演化、消亡等各个过程中与何因素有因果关系？如灾害因子的发生与其他突发事件及承灾载体、应急管理、灾害因子有因果？何地区、何时间点、何应急行动、何应急人员、何气象气候有因果？记录下这些因果性,产生描述灾害因子因果性的决策方案。

4)灾害因子趋势性决策方案

分析灾害因子发生、发展、演化、消亡的趋势性,即灾害因子在灾区发生、发展、演化、消亡等各个过程中有何发展趋势？如灾害因子的地区、时间、频率频次、持续时间、事件等级等,记录下这些趋势性,产生描述灾害因子趋势性的决策方案。

5)灾害因子预测性决策方案

分析灾害因子发生、发展、演化、消亡的预测性,即灾害因子在灾区发生、发展、演化、消亡等各个过程中有何预测？如灾害因子的地区、时间、频率频次、持续时间、事件等级等,记录下这些预测性,产生描述灾害因子预测性的决策方案。

6)灾害因子综合决策方案

基于上述面向灾害因子规律性、关联性、因果性、趋势性、预测性产生的各分支应急决策方案,由平台按照决策支持方案格式,采用人工智能算法对它们进行自动抽象和融合,产生集成描述灾害因子规律性、关联性、因果性、趋势性、预测性的综合应急决策方案。

10.8　应急政务智慧化

10.8.1　技术架构

基于第 3 章的"智慧应急平台总体技术架构",设计出如图 10-9 所示的"应急政务智慧化技术架构"。两者绝大部分内容相同,只是前者的"应急业务应用层"被后者的"应急政务应用层"替代了。这些技术架构与总体技术架构相同的组成内容,在此不一一叙述。

10.8.2　综合办公系统

(1)基本概念

应急综合办公系统是指利用计算机技术、通信技术、系统科学、管理科学等先进的科学技术,处理应急单位内部的工作,实现协同审批,辅助办公管理,改善办公环境和条件,缩短办公周期,并利用科学的管理方法,实现办公效率的提高和管理规范化的软件系统。应急综合办公系统的重点是应急综合办公应用,包括应急文字处理、应急日程安排、应急行文处理、应急文档资料管理、应急电子报表、应急编辑排版、应急人事管理等。

(2)主要功能

1)统一用户管理

可提供集成化的应急部门、人员数据管理平台,通过它可以对所有应急信息系统中的用户进行管理,进行统一的用户集中存储和分布分级授权。通过它进行单点登录,用户以统一的身份进入到在权限范围内的所有应急信息系统中。

2)值班管理

主要包括对节假日值班、重要事项报告、日常值班进行统一管理,实现一键排班、自助换班,还可以一键生成值班表,操作方便、快捷,数据准确、有效,同时又能够根据不同应急人员的业务需要统计或导出各类值班数据文件,大量减少人工操作。

3)审批管理

为应急单位内部提供通过预先设定的标准的、规范的工作流程和表单模板,实现应急单位内部人员请假审批、费用申请报销、用车/用章申请、请示报告等单位内部审批流程。

4)公文管理

可以实现应急发文管理、收文管理、承办件管理以及建议提案管理,并对原

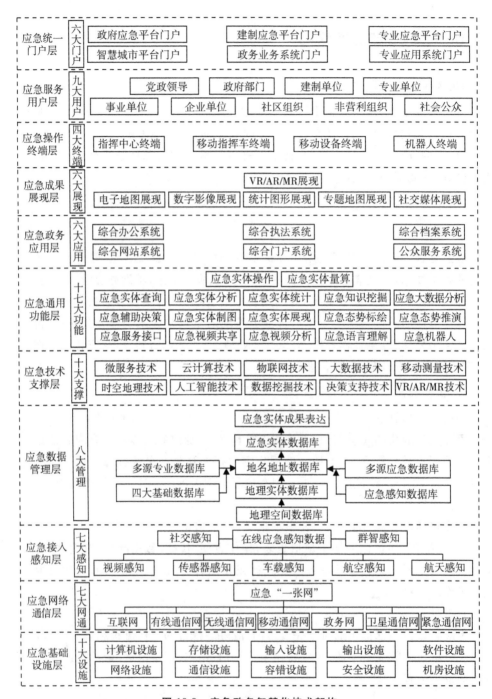

图 10-9　应急政务智慧化技术架构

应急办公系统的公文进行数据迁移,构建发文库,对收、发文进行统一的归档,方便应急用户进行查询。可以实现收、发文处理(批阅留痕、自动排版生成红头文件)、审批、监控、督办催办、公告、归档、查询等功能。

5)个人办公管理

主要为应急用户提供一个个性化的网上应急办公环境,用户可以在此处理个人工作事务、完成个性化设置和个人相关查询,包括应急待办事宜、工作委托两部分内容:待办事宜是通过流程提醒实现对日常办公的汇集,让用户在登录系统后,即可获得当日或最近需办结的事项;工作委托提供在外出或事假时候进行相关工作委托,事后进行权限的回收。

6)会议管理

主要是将应急单位内部的会议室信息以及每天会议的预约、使用信息加以统计、展示,可以方便地查看会议室的预约登记情况,方便地安排内部会议。另外还可以查看以往的会议登记信息,包括会议管理和会议室管理功能:会议管理即对会议申请、审核、通知、参会等进行全流程的电子化管理;会议室管理主要是对会议室的使用情况进行管理展示。

7)督办管理

主要用于应急督办工作的信息化闭环管控,实现对不同来源的督办事项进行督办立项,并将督办事项分派至需要承办的各个部门或下级单位,并可基于督办台账进行后续的任务承办进展情况跟踪、督办催办、任务变更、承办结果审核、督办结项审核,确保对重点工作的目标、结果、责任、时效清晰下达和督办。

8)即时通信管理

即时通信是一个异步协作平台,可以帮助应急用户很容易地发现在网上的同事,并能迅速与之进行通信,使他们加入会谈中,实现即时交谈、语音视频沟通、文件传递等功能,共享生动的文档和应用,极大地提高工作效率。

9)通知公告管理

具有使用权限的应急人员(各级单位的系统管理员)通过办公自动化系统登录后,可进入应急发布通知公告系统,包括:新建通知,是对内网发布通知原始稿件的录入和统一管理,由通知发起人员负责录入信息;通知审核、发布,由通知审核管理员负责对管理权限内的办公自动化系统的通知进行审核。

10)日常业务管理

● 应急信息发布管理。

● 应急差旅、公务接待管理。

● 应急信访管理。

● 应急内控管理。

●应急通信录管理。

●应急人事管理。

●应急财务管理。

●应急印章管理。

●应急问卷管理。

●应急党建管理。

●应急电子邮件。

11)物资资源管理

●应急办公用品管理。

●应急物资管理。

●应急车辆管理。

●应急文档管理。

12)应急档案管理

实现应急档案查询网络化,在完善公文处理的基础上,逐步实现文档一体化,包括:档案接收、实现文件和电子档案等形式的数据输入;整理编目,可实现类目设置、分类排序等档案整理编目的基本功能;检索查询,可根据主题词、分类号等基本检索项进行电子档案内容检索,支持关键词精确、模糊、组合查询;借阅管理,提供对借阅人员的借阅目的、时间、借阅、归还登记、催退处理、网上借阅等信息的登记及系统自动催还等功能。

10.8.3　综合执法系统

(1)基本概念

综合运用互联网、云计算、大数据等现代信息技术,建立统一的应急综合执法系统,实现了日常行政执法和行政处罚相对分离:在日常行政执法中,规范执法行为,执法过程做到全记录,实现执法动态、静态现场情况数字化记录,固定查纠证据、执法现场还原。在行政处罚中,做到严谨缜密,对立案查处的行为作出处罚决定前执行严格法制审核,确保行政处罚合法合规,并通过政务信息公开网对处罚结果进行依法公开,接受社会监督。

(2)主要功能

1)移动端+PC端综合执法办案

依托移动端+PC端的"两端"应用模式,实现应急综合执法办案全流程在线移动和固定办公,其功能包括应急综合执法线索管理、执法案由管理、执法案件管理、移动执法通等模块。

2)综合执法监督考核管理

通过全过程应急综合执法办案数据记录,实现事前、事中、事后的全方位应急综合执法监督考核,包括通过智能排班、智能考勤、脱岗预警、巡查抽查等方式,实现对每一个、每一辆车、每一个案件、每一个过程的实时动态监督考核。

3)综合执法勤务管理

依托应急综合执法移动终端、执法记录仪、便携式车载动态取证系统等综合执法装备,实现人、车、物、事的泛在感知,为日常应急综合执法勤务工作开展实时化、精细化的管理。

4)综合执法指挥调度

实现灾区应急综合执法队员、车辆位置分布的实时查看,事发案件现场快速定位和现场实时视频查看。应急调度指令直接传达到一线应急执法队员等功能。

5)专项综合执法管理

对发生灾害的应急管理领域进行专项综合执法管理,有利于各专项应用的精细化管理,包括查违建、门前三包、户外广告、人行道违停等专项应急综合执法管理。

6)综合执法辅助管理

主要是为应急综合执法过程提供丰富的辅助应用,包括应急综合执法法律法规、执法案由、执法标准文书、智能咨询助手等查询,实现随时随地、方便快捷地使用。

7)公众了解综合执法

通过建立统一对外的服务窗口,多渠道与公众进行互动,对内联通应急各业务应用,整合应急业务资源。通过数据和能力支撑,提供应急综合执法的法制宣传、案件统一受理、咨询互动、建议收集、案件公示等内容。

8)综合执法分析研判

对应急综合执法主体、人员、案件、权责清单、法律法规等以时间、空间、数量等维度进行研判,为应急综合执法部门方案修订、权责清单修订、地方立法等提供科学数据支撑,结合大数据为应急热点敏感问题进行信息收集、部门人员量化考核、依法行政考核等提供实时动态数据支撑。

10.8.4　综合档案系统

(1)基本概念

应急综合档案系统是集计算机技术、网络技术、大量影像数据管理技术、全文检索技术、安全控制技术于一体,以应急综合档案的目录数据、电子影像数据、电子文件数据、全文数据为管理内容,实现应急综合档案数据采集、实体管理、安全管理、安全控制、日志管理等诸多功能。

(2)主要功能

1)综合档案数据采集

主要完成对纸质应急综合档案材料的数字化采集处理,实现多人同时对多本综合档案、不同材料同时采集功能。

2)综合档案管理

可以对应急综合档案进行添加、修改、删除、查询以及调阅、归还、档案处理等操作处理,实现了对应急综合档案材料的收集、鉴别、整理、保管、转递、统计、查阅等业务功能。

3)综合档案查询

对应急综合档案资料进行下载、检索、查询等操作,在进行综合档案文件查询时,操作人员可以根据分类、项目等组合查询条件来进行。

4)综合档案借阅

以专网为网络基础,采用 B/S 模式架构,实现了本地及远程应急综合档案查档、阅档功能,并采用多种安全加密处理方式,确保系统运行安全可靠;负责相关应急综合档案文件的借阅和催还,包括综合档案借阅管理功能、电子档案检索统计功能、电子档案远程查阅等。

5)综合档案追溯化

可轻松查阅应急综合档案所有的出入信息,包括出入时间、借阅人等,实现了应急综合档案流转的可追溯化管理。

6)综合档案提取审批

对于重要、秘密应急综合档案,可设置审批权限,审批负责人可通过应急综合档案网页版对相关档案的出入库进行无纸化远程审批,提高效率。

7)综合档案统计

根据应急综合档案的种类、状态和档案的操作进行档案的统计,对存储设备的使用情况和使用率进行统计,统计时生成统计图并能导出统计列表。

8)综合档案销毁

就是利用销毁管理功能来销毁经鉴定的旧应急综合档案文件,这其实就是删除档案库中对应的数据。同时所做的相应操作都会被记录到系统日志中,所记录的信息包括销毁时间、销毁人等等。

10.8.5　综合网站系统

（1）基本概念

应急综合网站系统是指利用计算机技术、通信技术、系统科学、管理科学等先进的科学技术，为人们提供应急新闻、应急搜索引擎、应急聊天室、应急免费邮箱、应急影音资讯、应急电子商务、应急网络社区等应急服务的网站。

（2）主要功能

1）应急信息公开

主要包括应急机构设置、应急新闻动态、应急预警预测、突发事件、应急法律法规、应急预案、应急演练、应急典型案例和应急科普宣教等 9 个模块的内容。

2）应急宣传教育

主要提供应急手册、应急预案、应急演练、应急文化宣传、危机意识等基础应急知识，用户只要登录该网站就可以找到这些资料。

3）应急预警监测

预警监测是网站应急管理服务的基本功能，通过网站对公共突发事件进行监测和预警，尤其是面对网络危机事件，同处于网络环境下的应急综合网站系统具有先天的优势。

4）应急舆论引导

现实世界中的潜在危机事件比较容易在网络上引起剧烈反响，并逐渐形成网络危机事件。利用应急综合网站系统可以依靠自身优势及时监测网络舆情，并对舆情进行干预和引导，驱散潜在的危机事件。

5）应急社会动员

由于政府在资源、人员、组织等方面存在着局限，因此政府需要动用社会的力量来抗击突发事件。应急综合网站系统是政府社会动员的重要渠道，网络优势也赋予它更多的应急社会动员价值。

6）应急公众参与

公众参与代表着公众以主人公的身份进入应急管理，对危机的了解更深刻，可以理性对待危机，防止谣言及社会恐慌。同时，公众参与也是政府应急管理走向透明的表现。

10.8.6　综合门户系统

（1）基本概念

应急综合门户系统给用户提供一个统一的各类应急信息系统功能入口，将不同的应急信息系统整合起来，实现应急信息数据的结构化和资源的充分共享，最大化地减少信息孤岛的存在。因此,应急综合门户系统是一个应用程序,它主要提供个性化、单点登录、不同来源的内容整合,并以统一的方式提供给用户。统一的内容包括流程的统一,如登录、定制,浏览界面的统一。

(2)主要功能

1)统一账号与组织管理

●组织信息基准。

●统一账号信息。

●统一组织信息。

●统一账号与组织管理。

2)认证授权管理

●统一认证平台。

●权限控制。

3)内容管理

●信息发布。

●文档管理。

●信息搜索。

4)统一界面展现

●统一界面。

●实用性和美观性。

●多样性。

5)个性化定制

系统管理员根据应急管理者自身角色和安全级别的不同,预先分配不同的信息,以及对内容和布局进行个性化定制,不同角色的使用者看到不同的内容,改善访问者的体验。

6)协作工具

通过提供协作工具邮件、短信以及即时通信工具,方便应急单位各部门员工的沟通与交流,建立单位内部横向与纵向信息沟通渠道。

7)用户管理

●用户输入身份证号和姓名,系统通过用户注册接口提取相应的应急在册人员,如果不存在,则返回错误;如果存在,则进入系统。

●用户输入用户名、手机号、密码,系统判断用户名、手机号是否重复,如果不重复,则通过用户注册接口写入用户注册信息;如果重复,则返回,让用户修改注册信息。

8）身份验证管理

●用户通过浏览器访问系统,系统首先通过安全技术验证用户合法性,判断用户是否属于免登录用户,如果合法则进入系统;如果不合法,则要求输入用户登录信息和密码,并通过登录信息进行用户合法性验证。

●根据用户信息调用模块树、用户权限接口,查询当前用户对应的模块树分布、用户组信息、页面控制权限信息,然后根据模块树和用户组生成用户对应框架界面。

9）接口管理

接口模块分为两类接口:外部访问接口,提供用户注册、用户验证、读取用户信息等;访问参数接口,用于门户调用接入的各类应急信息系统时,通过统一资源定位符(URL)参数的方式传递用户信息、控制权限等。

10）待办工作

●待办事项列表。

●待办事项提醒。

●待办工作监控。

10.8.7　公众服务系统

（1）基本概念

面向社会公众,打造集"信息门户、应用门户、知识门户、交流门户"四位一体的应急公众服务系统,按照统一组织用户、统一待办工作原则,提供一体化的网上办事大厅、掌上办事、数据共享服务、数据增值服务、数据开放服务、展览馆服务、灾害预警预报、政务信息公开、公众互动交流等社会公众服务。

（2）主要功能

1）网上办事大厅

建设统一的应急事务网上办事大厅,不断拓展网上办理事项,积极探索"外网申请、内网审核"等业务新模式。推动实体大厅向网上大厅延伸,推进网上咨询、预约、申请、查询、反馈等,服务事项"能上尽上"。打造全天候不打烊的应急业务网上办事大厅,把实体大厅、网上平台、移动客户端、自助终端、服务热线等结合起来,做到线上线下互补、融合发展,推进"审批不见面,办事零跑腿",实现"最多跑一次"。

2）掌上办事

●政务版建设。开发应急"掌上查"(政务版)系统,为政务办公提供应急各类规划、现状和空间管理等领域内容丰富、准确权威、动态鲜活的掌上应急空间信息。

●公众版建设。通过 APP、微信公众服务号或小程序为社会公众和相关单位提供更为便捷的掌上服务,将应急业务办理进度查询、在线预约、在线缴费、信息公示等功能纳入手机端,群众可通过手机随时随地享受"掌上服务"。

3)数据共享服务

●开展应急数据共享服务。

●开展应急地理信息公共服务。

4)数据增值服务

●为政府提供增值服务:为各政府部门提供定制化的应急数据服务,一是提供各类应急专题基础数据服务,进行数据和业务协同共享;二是提供各类应急数据分析成果,提供专项分析服务。

●为单位提供增值服务:根据单位的实际需求,依托专业的应急数据分析和运营团队,为单位提供专业的应急数据服务,通过会员等方式获取相关的应急数据。

5)数据开放服务

借助互联网广泛深入应用的社会环境,持续稳妥推进应急数据开放。通过数据开放引导市场主体,开展应急数据的深度挖掘、知识发现与信息产品的定制、供给应用。

6)展览馆服务

基于三维、AR、VR 等技术建设数字化多媒体应急展览馆,以艺术设计为基础融合多媒体和数字技术,实现应急管理对象的数字化展示与客户之间的互动,搭建政府应急决策与社会各界沟通的桥梁,为普通市民了解、参与、监督应急管理的发展提供最系统、直观、生动、快速的途径。

7)灾害预警预报

完善应急信息共享和相互通报机制,及时通报灾害发生发展预报预警等信息;加强灾害风险预警长效机制建设,探索开展多部门联动联防机制。

8)政务信息公开

积极主动对应急重大会议、重要活动进行报道,开展直播访谈和专题工作。广泛传播应急文化、应急管理理念。畅通社会公众表达和建言献策的网络渠道,密切跟踪应急舆情,及时解疑释惑,回应公众关切。

9)公众互动交流

通过政府部门与公众之间双向交流,使公民们能参加应急管理决策过程,并且防止和化解公民和政府机构之间、公民与公民之间的冲突。

第 11 章　应急成果展现层技术方案及实现

11.1　功能层次架构

基于智慧应急平台总体技术架构,设计出应急成果展现层的功能层次架构,如图 11-1 所示。

应急业务应用层中的应急准备智慧化、应急响应智慧化、应急处置智慧化、应急保障智慧化、应急善后智慧化、应急决策智慧化、应急政务智慧化等智慧应急平台得出的结果,都能以应急电子地图、应急数字影像、应急统计图形、应急专

应急VR/AR/MR 展现层	虚拟现实VR		增强现实AR		混合现实MR
应急社交媒体 展现层	社交媒体文本图		社交媒体网络图		用户画像

应急专题地图 展现层	等值线专题图	质底专题图	范围专题图	点值专题图	动线专题图
	点状符号专题图	线状符号专题图	特殊符号专题图	分级统计图专题图	分区统计图专题图

应急统计图形 展现层	直方统计图	条形统计图	柱状统计图	扇形统计图	饼状统计图
	折线统计图	散点统计图	气泡统计图	雷达统计图	玫瑰统计图
	树形统计图	网状统计图	漏斗统计图	环形统计图	堆积统计图
	词云统计图	旭日统计图	瀑布统计图	箱线统计图	面积统计图
	K线统计图	关系类统计图	组合统计图	堆积条形统计图	组织结构统计图

应急数字影像 展现层	二维遥感影像		三维遥感影像		三维实景影像

应急电子地图 展现层	二维矢量地图	二维栅格地图	二维影像地图	三维仿真地图	三维BIM地图	数字高程地图

图 11-1　平台应急成果展现层功能层次架构

题地图、应急社交媒体、应急 VR/AR/MR 等方式可视化展现出来。

11.2　应急电子地图展现

智慧应急平台得出的各种电子地图结果,都能以应急实体二维矢量地图、二维栅格地图、二维影像地图、三维仿真地图、三维 BIM 地图、数字高程地图的形式可视化展现出来。

11.3　应急数字影像展现

智慧应急平台得出的各种数字影像结果,都能以应急实体二维遥感影像、三维遥感影像、三维实景影像的形式可视化展现出来。

11.4　应急统计图形展现

智慧应急平台得出的各种统计图形结果,都能以应急实体直方统计图、条形统计图、柱状统计图等的形式可视化展现出来。

11.5　应急专题地图展现

智慧应急平台得出的各种专题地图结果,都能以应急实体等值线专题图、质底专题图、范围专题图等的形式可视化展现出来。

11.6　应急社交媒体展现

智慧应急平台得出的各种社交媒体结果,都能以应急实体社交媒体文本图、社交媒体网络图、用户画像的形式可视化展现出来。

11.7　应急 VR/AR/MR 展现

智慧应急平台得出的各种 VR/AR/MR 结果,都能以应急实体虚拟现实VR、增强现实 AR、混合现实 AR 的形式可视化展现出来。

第 12 章　应急操作终端层技术方案及实现

12.1　功能层次架构

基于智慧应急平台总体技术架构,设计出应急操作终端层的功能层次架构,如图 12-1 所示。

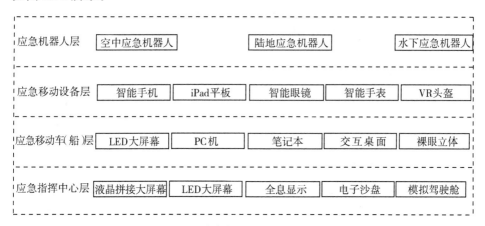

| 应急机器人层 | 空中应急机器人 | 陆地应急机器人 | 水下应急机器人 |

图 12-1　平台应急操作终端层功能层次架构

12.2　应急指挥中心终端

12.2.1　液晶拼接大屏幕

(1)DLP 拼接大屏幕

DLP 拼接大屏是采用 DLP 显示单元拼接的方式,通过大屏幕拼接软件系统,来实现大屏幕显示效果的一种方法。

(2)LCD 拼接大屏幕

LCD 大屏拼接是采用 LCD 显示单元拼接的方式,通过拼接控制软件系统,来实现大屏幕显示效果的一种方法。

（3）OLED 拼接大屏幕

OLED 大屏拼接是采用 OLED 显示单元拼接的方式，通过大屏幕拼接软件系统，来实现大屏幕显示效果的一种方法。

（4）PDP 拼接大屏幕

PDP 大屏拼接是采用 PDP 显示单元拼接的方式，通过大屏幕拼接软件系统，来实现大屏幕显示效果的一种方法。

12.2.2　LED 大屏幕

LED 就是发光二极管，靠灯的亮灭来显示文字、图形、图像、动画等。

12.2.3　全息显示

（1）全息投影

全息投影技术是利用干涉和衍射原理，再现物体真实三维图像记录和再现全息图的技术。它再现的物体图像立体感强，具有真实的视觉效应。

（2）全息桌

基于全息现实技术的桌面交互系统简称"全息桌"，是利用计算机图形图像和视觉追踪处理能力对虚拟图像进行三维全息重建，提供了一种逼真的体验，演示了虚拟和现实的完美结合，具有"上帝视角"、360°无死角观看、空间利用率高等特点。

12.2.4　电子沙盘

电子沙盘是由计算机、逻辑控制器、驱动器、舞台灯光控制器等设备组成，与模型沙盘、投影以及多媒体展示软件等配合，实现对模型灯光、舞台灯光动作进行自动、手动、遥控控制，以语音、文字、图片、图形图像和视频等多媒体形式配合同步展示模型沙盘中的各类相关信息，达到全方位互动式的多媒体展示效果。

12.2.5　模拟驾驶舱

模拟驾驶舱也称为沉浸式虚拟现实显示系统 CAVE，驾驶舱的 70% 的信息来自视觉，它能提供全飞行过程所能看到舱外景象，如树林、地形、地貌、海洋等自然景象，建筑物、跑道、机场等人造景象，以及能见度、雨、雪、云层等不同能见度的天气状态效果，还能提供突发事件起火、烟、尾迹、尘土、水花、爆炸等特效效果。

12.3　应急移动车(船)终端

应急移动车(船)终端包括：LED 大屏幕、PC 机、笔记本、交互桌面、裸眼立体等。

12.4　应急移动设备终端

应急移动设备终端包括智能手机、iPad 平板、智能眼镜、智能手表、VR 头盔等。

12.5　应急机器人终端

12.5.1　空中应急机器人

空中应急机器人也就是无人机,无人机的种类繁多,常用的主要有固定翼无人机、无人直升机、多旋翼式无人机、飞艇等。它们通常搭载光电探测吊舱、合成孔径雷达、航拍 CCD 相机、红外传感器、气体传感器探测、通信保障吊舱、投送吊舱、抛投装置等设备,通过采取公网、专网、卫星通信网等互为补充方式,实现无人机与地面视频、图像、语音等数据的上下贯通传输,构建出横向互联、可视化指挥的"空天地"一体化应急管理体系。

12.5.2　陆地应急机器人

主要用来代替救援人员进入复杂的灾害现场,完成环境监测、生命搜索、物资投送等任务,可分为应急履带式搜索机器人、应急轮式搜索机器人、应急仿生搜索机器狗、应急仿生搜索机器人等。

12.5.3　水下应急机器人

主要用来代替救援人员进入水下复杂的灾害现场完成环境监测、生命搜索、物资投送等任务。根据不同的运动形式及功能,又可分为应急载人水下机器人、应急无人水下机器人等。

第 13 章 应急服务用户层技术方案及实现

13.1 功能层次架构

基于智慧应急平台总体技术架构,设计出应急服务用户层的功能层次架构,如图 13-1 所示。

党政领导层	正职领导	常务领导	主管副职领导	副职领导	其他领导
政府部门层	应急部门	国土部门	公安部门	环保部门	交通部门
	气象部门	发改部门	科技部门	教育部门	经信部门
	卫健部门	商务部门	安监部门	地震部门	水利部门
	消防部门	民航部门	海事部门	人防部门	规划部门
	住建部门	人力部门	旅游部门	统计部门	民政部门
建制单位层	军队建制	武警建制	公安建制	消防建制	预备役建制
专业单位层	地震专业	防汛抗旱专业	气象专业	地质专业	海洋专业
	林业专业	环境污染专业	危化品专业	水上专业	轨交专业
	核事故专业	防暴反恐专业	疫情专业	生物专业	卫生专业
	市政设施专业	道路桥隧专业	通信专业	特种设备专业	运输专业
	物价专业	食品专业	治安专业	油气专业	工矿商贸专业
	测绘专业	石化专业	航空专业	无人机专业	野外专业
事业单位层	行政职能事业	教育科技事业	医疗医治事业	公益服务事业	生产经营事业
企业单位层	国营企业	民营企业	私营企业	股份企业	外资企业	中外企业
社区组织层	社区居民	社区办公室		社区委员会	社区物业
非营利组织层	红十字	志愿团队	慈善机构	基金会	权益保护协会
	环保协会	行业协会	民办非企业单位	宗教组织	其他
社会公众层	临时性社会公众		周期性社会公众		稳定性社会公众

图 13-1 平台应急服务用户层功能层次架构

13.2　社会公众

指智慧应急平台服务于灾害发生所在省、市、区（县）、街道（镇）等地区的，由临时性社会公众、周期性社会公众、稳定性社会公众等组成的社会公众。临时性社会公众是因为某一临时的因素、偶发事件或特别活动而形成的公众对象；周期性社会公众是指有规律性聚集起来的公众，这通常同季节性、重大节日、纪念日相联系；稳定性社会公众是具有稳定结构和稳定关系的公众，如老主顾、常客、社区居民等。

13.3　非营利组织

指智慧应急平台服务于灾害发生所在省、市、区（县）、街道（镇）等地区的，由红十字、志愿团队、慈善机构、基金会、权益保护协会、环保协会、行业协会、民办非企业单位、宗教组织、其他等组成的非营利组织。它们在应对突发事件中，具有超强的资源动员优势、效率优势、专业性优势、维护社会公平的优势。

13.4　社区组织

指智慧应急平台服务于灾害发生所在省、市、区（县）、街道（镇）等地区的，由社区居民、社区办公室、社区委员会、社区物业等组成的社区组织。社区作为城市基层群众自治性组织，因其直接、长期、稳定的与人民群众保持密切联系这一显著优势，在突发公共事件应急管理中发挥出了巨大作用。

13.5　企业单位

指智慧应急平台服务于灾害发生所在省、市、区（县）、街道（镇）等地区的，由国有企业、民营企业、私营企业、股份企业、外资企业、中外企业等组成的企业单位。他们通过公益基金平台进行捐助，企业捐赠开始走向规范化。企业利用自身所长，积极加入抗灾队伍中，以其基础设施、业务优势、响应能力和运转效率，充分显现出其独特价值。

13.6　事业单位

指智慧应急平台服务于灾害发生所在省、市、区(县)、街道(镇)等地区的,由行政职能事业单位、教育科技事业单位、医疗医治事业单位、公益服务事业单位、生产经营事业单位等组成的公共事业单位。他们利用自身的专业和职业优势,开始以各种方式参与灾害的应对工作:在突发事件爆发之前,不断提升公民的危机意识和自我保护能力;在突发事件处理过程中,将更好的服务、公共设施及产品等提供给人民,同时及时实施公共危机管理工作,促使突发事件产生以后能够产生较小的损失。

13.7　专业单位

就是指智慧应急平台服务于灾害发生所在省、市、区(县)、街道(镇)等地区的,由地震专业、防汛抗旱专业、气象专业、地质专业、海洋专业、林业专业、环境污染专业、危化品专业、水上专业、轨交专业、核事故专业、防暴反恐专业、生物专业、卫生专业、市政设施专业、道路桥隧专业、通信专业、特种设备专业、运输专业、物价专业、食品专业、治安专业、油气专业、工矿商贸专业、测绘专业、石化专业、航空专业、无人机专业、野外专业等组成的专业单位。专业单位作为一个独立、自主的社会自治组织,其参与突发事件应急管理具有先天优势,他们在处理突发事件中的及时性、专业性、广泛性、多元性是政府部门不能比拟的。

13.8　建制单位

指智慧应急平台服务于灾害发生所在省、市、区(县)、街道(镇)等地区的,由在驻军队、武警、公安、消防、预备役等组成的建制单位,他们在应对突发事件时具有无可比拟的优势:
- 具有独特的体制优势。
- 具有较好的装备优势。
- 具有应急预案体系建设和战技术优势。
- 具有智力支持优势。

13.9 政府部门

指智慧应急平台服务于灾害发生所在省、市、区(县)、街道(镇)等地区的,由应急、国土、公安、环保、交通、气象、发改、科技、教育、经信、卫健、商务、安监、地震、水利、民航、海事、人防、规划、住建、人力、旅游、统计、民政等组成的政府部门。应急管理的主体仍然是政府部门,他们除了常规社会管理外,还需要应对可能发生的各种突发事件,应急管理已经成为政政府部门工作的重要组成部分。

13.10 党政领导

指智慧应急平台服务于灾害发生所在省、市、区(县)、街道(镇)等地区的,由正职领导、常务领导、主管副职领导、副职领导、其他领导等组成的党政领导,他们在应急管理发挥重大作用。

● 领导前瞻力。
● 领导感召力和影响力。
● 领导控制力和协同力。
● 领导决断力。
● 领导创新力。

第14章 应急统一门户层技术方案及实现

统一门户层就是以门户（Portal）概念为核心，将不同的业务系统整合起来，给用户提供一个统一的信息服务功能入口，实现资源的充分共享，最大化地减少信息孤岛的存在，实现了资源的整合，减少了重复投资，提供了相关增值服务内容。

14.1 功能层次架构

基于智慧应急平台总体技术架构，设计出应急统一门户层的功能层次架构，如图 14-1 所示。

政府应急平台门户层	国家级应急平台	省级应急平台	市级应急平台	县级应急平台	
建制应急平台门户层	军队应急平台	武警应急平台	公安应急平台	消防应急平台	预备役应急平台
专业应急平台门户层	危化品应急平台	交通应急平台	国土应急平台	城管应急平台	卫生应急平台
	安监应急平台	水利应急平台	环保应急平台	气象应急平台	人防应急平台
智慧城市平台门户层	智慧公安平台	智慧消防平台	智慧规划平台	智慧国土平台	智慧气象平台
	智慧环保平台	智慧生态平台	智慧卫生平台	智慧安监平台	智慧住建平台
	智慧交通平台	智慧民航平台	智慧海事平台	智慧农业平台	智慧水利平台
	智慧城管平台	智慧人防平台	智慧民政平台	智慧人力平台	智慧发改平台
	智慧物流平台	智慧旅游平台	智慧教育平台	智慧民宗平台	智慧统计平台
政务业务系统门户层	应急业务系统	国土业务系统	公安业务系统	环保业务系统	交通业务系统
	气象业务系统	发改业务系统	科技业务系统	教育业务系统	经信业务系统
	卫健业务系统	商务业务系统	安监业务系统	地震业务系统	水利业务系统
	消防业务系统	民航业务系统	海事业务系统	人防业务系统	规划业务系统
	住建业务系统	人力业务系统	旅游业务系统	统计业务系统	民政业务系统
专业应用系统门户层	地震应用系统	防灾应用系统	气象应用系统	地质应用系统	海洋应用系统
	林业应用系统	污染应用系统	石化应用系统	水面应用系统	轨交应用系统
	核应用系统	反恐应用系统	疫情应用系统	生物应用系统	卫生应用系统
	市政应用系统	道隧应用系统	通信应用系统	特设应用系统	运输应用系统
	物价应用系统	食品应用系统	治安应用系统	油气应用系统	工商贸应用系统
	测绘应用系统	海事应用系统	航空应用系统	无人机应用系统	物流应用系统

图 14-1 平台应急统一门户功能层次架构

14.2　政府应急平台门户

整合智慧应急平台所需的政府应急平台,主要包括国家级、省级、市级、县级等智慧应急平台,提供这些政府应急平台的统一门户,实现用户统一登录。

14.3　建制应急平台门户

整合智慧应急平台所需的建制应急平台,主要包括军队、武警、公安、消防、预备役等智慧应急平台,提供这些建制应急平台的统一门户,实现用户统一登录。

14.4　专业应用系统门户

整合智慧应急平台所需的专业应用系统,主要包括地震、防灾、气象、地质、海洋、林业、环保、石化、水利、轨交、核、反恐、疫情、生物、卫健、市政、道隧、通信、特设、运输、物价、食品、治安、油气、工商贸、测绘、海事、航空、无人机统、物流等专业应用系统。提供这些专业应用系统的统一门户,实现用户统一登录。

14.5　智慧城市平台门户

整合智慧应急平台所需的智慧城市平台,主要包括智慧公安、智慧消防、智慧规划、智慧国土、智慧气象、智慧环保、智慧生态、智慧卫生、智慧安监、智慧住建、智慧交通、智慧民航、智慧海事、智慧农业、智慧水利、智慧城管、智慧人防、智慧民政、智慧人力、智慧发改、智慧物流、智慧旅游、智慧教育、智慧民宗、智慧统计等智慧城市平台。提供这些智慧城市平台的统一门户,实现用户统一登录。

14.6　政务业务系统门户

整合智慧应急平台所需的政务业务系统,主要包括应急、国土、公安、环保、交通、气象、发改、科技、教育、经信、卫健、商务、安监、地震、水利、消防、民航、海事、人防、规划、住建、人力、旅游、统计、民政等政务业务系统。提供这些政务业务系统的统一门户,实现用户统一登录。

14.7　专业应急平台门户

整合智慧应急平台所需的专业应急平台,主要包括危化品、交通、国土、城管、卫生、安监、水利、环保、气象、人防等专业应急平台,提供这些专业应急平台的统一门户,实现用户统一登录。

第15章 应急对外统一接口技术方案及实现

15.1 功能层次架构

纵向上,实现国家级、省级、市级、县级等各级智慧应急平台相互之间的接口;横向上,一是实现各级智慧应急平台与各种建制智慧应急平台、各种专业智慧应急平台、各种智慧城市平台、各级政务业务系统以及专业应用系统相互之间的接口。基于智慧应急平台总体技术架构,设计出应急对外统一接口的功能层次架构,如图 15-1 所示。

15.2 与政府应急平台接口

采用上述表或视图方式、应用程序接口方式、中间表方式、消息方式、中间载体方式等中的一种或若干种方法,实现政府各级智慧应急平台相互之间的接口,包括国家级智慧应急平台、省级智慧应急平台、市级智慧应急平台、县级智慧应急平台等,达到这些平台相互之间数据互通、业务联动的目的。

15.3 与建制应急平台接口

采用上述表或视图方式、应用程序接口方式、中间表方式、消息方式、中间载体方式等中的一种或若干种方法,实现国家级、省级、市级、县级等智慧应急平台与各种建制智慧应急平台的接口,包括军队智慧应急平台、武警智慧应急平台、公安智慧应急平台、消防智慧应急平台、预备役智慧应急平台等,达到这些平台相互之间数据互通、业务联动的目的。

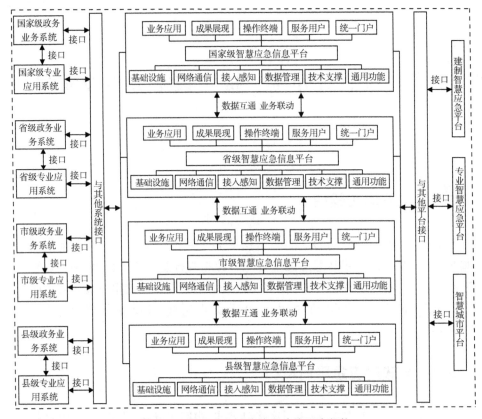

图 15-1 平台应急对外接口功能层次架构

15.4 与专业应急平台接口

采用上述表或视图方式、应用程序接口方式、中间表方式、消息方式、中间载体方式等中的一种或若干种方法,实现国家级、省级、市级、县级等智慧应急平台与各种专业智慧应急平台的接口,包括危化品智慧应急平台、交通智慧应急平台、国土智慧应急平台、城管智慧应急平台、卫生智慧应急平台、安监智慧应急平台、水利智慧应急平台、环保智慧应急平台、气象智慧应急平台、人防智慧应急平台等,达到这些平台相互之间数据互通、业务联动的目的。

15.5 与智慧城市平台接口

采用上述表或视图方式、应用程序接口方式、中间表方式、消息方式、中间载体方式等中的一种或若干种方法,实现国家级、省级、市级、县级等智慧应急平台与各种智慧城市平台的接口,包括智慧公安平台、智慧消防平台、智慧规划平台、智慧国土平台、智慧气象平台、智慧环保平台、智慧生态平台、智慧卫生平台、智慧安监平台、智慧住建平台、智慧交通平台、智慧民航平台、智慧海事平台、智慧农业平台、智慧水利平台、智慧城管平台、智慧人防平台、智慧民政平台、智慧人力平台、智慧发改平台、智慧物流平台、智慧旅游平台、智慧教育平台、智慧民宗平台、智慧统计平台等,达到这些平台相互之间数据互通、业务联动的目的。

15.6　与政务业务系统接口

采用上述表或视图方式、应用程序接口方式、中间表方式、消息方式、中间载体方式等中的一种或若干种方法,实现国家级、省级、市级、县级等智慧应急平台分别与国家级、省级、市级、县级等政务业务系统的接口,包括国土业务系统、公安业务系统、环保业务系统、交通业务系统、气象业务系统、发改业务系统、科技业务系统、教育业务系统、经信业务系统、卫健业务系统、商务业务系统、安监业务系统、地震业务系统、水利业务系统、消防业务系统、民航业务系统、海事业务系统、人防业务系统、规划业务系统、住建业务系统、人力业务系统、旅游业务系统、统计业务系统、民政业务系统等,达到这些平台与政务业务系统相互之间数据互通、业务联动的目的。

15.7　与专业应用系统接口

采用上述表或视图方式、应用程序接口方式、中间表方式、消息方式、中间载体方式等中的一种或若干种方法,实现国家级、省级、市级、县级等智慧应急平台分别与国家级、省级、市级、县级等专业应用系统的接口,包括地震应用系统、防灾应用系统、气象应用系统、地质应用系统、海洋应用系统、林业应用系统、环保应用系统、石化应用系统、水利应用系统、轨交应用系统、核应用系统、反恐应用系统、疫情应用系统、生物应用系统、卫健应用系统、市政应用系统、道隧应用系统、通信应用系统、特设应用系统、运输应用系统、物价应用系统、食品应用系统、治安应用系统、油气应用系统、工商贸应用系统、测绘应用系统、海事应用系统、航空应用系统、无人机应用系统、物流应用系统等,达到这些平台与专业应用系统相互之间数据互通、业务联动的目的。

第16章 应急标准规范体系技术方案及实现

16.1 功能层次架构

基于智慧应急平台总体技术架构,设计出应急标准规范体系的功能层次架构,如图 16-1 所示。

16.2 总体标准

总体标准是智慧应急平台建设所需的总体通用的标准和规范,包括术语与标志、标准化指南、分类与编码、总体技术要求、总体框架等方面的标准。

16.3 基础设施标准

基础设施标准是智慧应急平台建设中涉及的各种基础设施方面的标准,包括计算机设施、存储设施、输入设施、输出设施、软件设施、网络设施、通信设施、容错设施、安全设施、机房设施等标准内容。

16.4 网络通信标准

网络通信标准是智慧应急平台建设中涉及的各种网络通信方面的标准,包括互联网、有线通信网、无线通信网、移动通信网、政务网、卫星通信网、紧急通信网等标准内容。

16.5 接入感知标准

接入感知标准是智慧应急平台建设中涉及的各种接入感知方面的标准,包

运行管理标准层	组织机构管理		风险控制管理		质量控制管理		运维工作管理
安全保障标准层	物理安全	主机安全	网络安全		数据安全		应用安全

对外接口标准层	与政府级应急平台	与建制级应急平台	
	与专业级应急平台	与智慧城市平台	与政务业务系统	与专业应用系统

统一门户标准层	政府级应急平台	建制级应急平台	
	专业级应急平台	智慧城市平台	政务业务系统	专业应用系统

服务用户标准层	党政领导	政府部门	建制单位	专业单位
	事业单位	企业单位	社区组织	非营利组织	社会公众

终端操作标准层	指挥中心终端	移动指挥车终端	移动设备终端	机器人终端

成果展现标准层	VR/AR/MR 展现		
	电子地图展现	数字影像展现	统计图形展现	专题地图展现	社交媒体展现

业务应用标准层	应急决策信息化	应急政务信息化	
	应急准备智慧化	应急响应智慧化	应急处置智慧化	应急保障智慧化	应急善后智慧化

通用功能标准层	应急实体操作	应急实体量算			
	应急实体查询	应急实体分析	应急实体统计	应急知识挖掘	应急大数据分析
	应急辅助决策	应急实体制图	应急实体展现	应急态势标绘	应急态势推演
	应急服务接口	应急视频共享	应急视频分析	应急语言理解	应急机器人

技术支撑标准层	微服务技术	云计算技术	物联网技术	大数据技术	移动测量技术
	时空地理技术	人工智能技术	数据挖掘技术	决策支持技术	VR/AR/MR 技术

数据管理标准层	地理 数据库	地理实体数据库	地名地址数据库	应急感知数据库
	四大基础数据库	多源专业数据库	多源应急数据库	应急实体数据库

接入感知标准层	社交感知		群智感知	
	视频感知	传感器感知	车(船)载感知	航空感知	航天感知

网络通信标准层	互联网	有线通信网	无线通信网	移动通信网	政务网	卫星通信网	紧急通信网

基础设施标准层	计算机设施	存储设施	输入设施	输出设施	软件设施
	网络设施	通信设施	容错设施	安全设施	机房设施

总体标准层	术语与标志	标准化指南	分类与编码	总体技术要求	总体框架

图 16-1 平台应急标准规范体系功能层次架构

括社交感知、群智感知、视频感知、传感器感知、车（船）载感知、航空感知等标准内容。

16.6　数据管理标准

数据管理标准是智慧应急平台建设中涉及的各种数据管理方面的标准，包括地理数据库、地理实体数据库、地名地址数据库、应急感知数据库、四大基础数据库、多源专业数据库、多源应急数据库、应急实体数据库等标准内容。

16.7　技术支撑标准

技术支撑标准是智慧应急平台建设中涉及的各种技术支撑方面的标准，包括微服务技术、云计算技术、物联网技术、大数据技术、移动测量技术、时空地理技术、人工智能技术、数据挖掘技术、决策支持技术、VR/AR/MR 技术等标准内容。

16.8　通用功能标准

通用功能标准是智慧应急平台建设中涉及的各种通用功能方面的标准，包括应急实体操作、应急实体量算、应急实体查询、应急实体分析、应急实体统计、应急知识挖掘、应急大数据分析、应急辅助决策、应急实体制图、应急实体展现、应急态势标绘、应急态势推演、应急服务接口、应急视频共享、应急视频分析、应急语言理解、应急机器人等标准内容。

16.9　业务应用标准

业务应用标准是智慧应急平台建设中涉及的各种业务应用方面的标准，包括业务应用标准包括应急准备智慧化、应急响应智慧化、应急处置智慧化、应急保障智慧化、应急善后智慧化、应急决策智慧化、应急政务智慧化等标准内容。

16.10　成果展现标准

成果展现标准是智慧应急平台建设中涉及的各种成果展现方面的标准，包括电子地图展现、数字影像展现、统计图形展现、专题地图展现、社交媒体展现、VR/AR/MR 展现等标准内容。

16.11 终端操作标准

终端操作标准是智慧应急平台建设中涉及的各种终端操作方面的标准,包括指挥中心终端、移动指挥车终端、移动设备终端、机器人终端等标准内容。

16.12 服务用户标准

服务用户标准是智慧应急平台建设中涉及的各种服务用户方面的标准,包括党政领导、政府部门、建制单位、专业单位、事业单位、企业单位、社区组织、非营利组织、社会公众等标准内容。

16.13 统一门户标准

统一门户标准是智慧应急平台建设中涉及的各种统一门户方面的标准,包括政府级应急平台门户、建制级应急平台门户、专业级应急平台门户、智慧城市平台门户、政务业务系统门户、专业应用系统门户等标准内容。

16.14 对外接口标准

对外接口标准是智慧应急平台建设中涉及的各种对外接口方面的标准,包括与政府级应急平台接口、与建制级应急平台接口、与专业级应急平台接口、与智慧城市平台接口、与政务业务系统接口、与专业应用系统接口等标准内容。

16.15 安全保障标准

安全保障标准是智慧应急平台建设中涉及的各种安全保障方面的标准,包括物理安全、主机安全、网络安全、数据安全、应用安全等标准内容。

16.16 运行管理标准

运行管理标准是智慧应急平台建设中涉及的各种运行管理方面的标准,包括组织机构管理、风险控制管理、质量控制管理、运维工作管理等标准内容。

第 17 章　应急安全保障体系技术方案及实现

    智慧应急平台安全保障体系技术架构包含技术和管理两个层面:一是技术层面,包括物理安全、主机安全、网络安全、数据安全、应用安全等方面;二是安全管理措施,包括硬件、软件、网络、数据库、介质、变更、备份恢复、值班、机房等管理措施,总体上都满足国家安全等保 2.0 要求。基于智慧应急平台总体技术架构,设计出应急安全保障体系的功能层次架构,如图 17-1 所示。

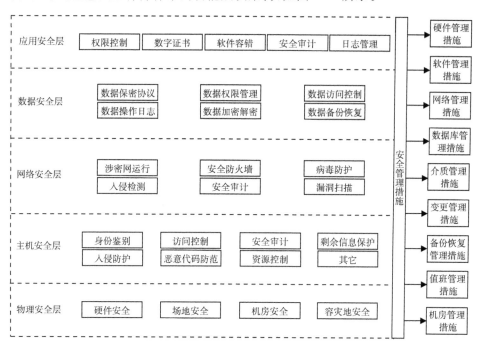

图 17-1　平台应急安全保障体系功能层次架构

上述具体内容描述请参考相关资料文献,在此不再一一叙述。

参考文献

陈海燕,徐峥.基于社交网络群智感知信息的非常规突发事件描述方法研究[J].计算机科学,2016,43(5):209-213.

陈玉梅.应急管理信息平台建设及成功实施的实证研究[M].广州:暨南大学出版社,2012.

承敏钢,江冰,李丽芳.基于兵棋推演理论的城市危机应急管理体系设计[J].环境与发展,2014a,26(5):103-106.

承敏钢,江冰,李丽芳.基于兵棋推演理论的城市危机应急管理体系设计[J].中国环境管理,2014b,6(3):38-42.

程铁军.突发事件应急决策方法研究[M].南京:东南大学出版社,2018.

杜学美,赵文林.社交网络感知服务质量测评研究——以新浪微博为例[J].上海质量,2018(9):53-59.

范维澄,闪淳昌,等.公共安全与应急管理[M].北京:科学出版社出版,2017.

高钰枢,高雪琦.人工智能技术在突发事件中的应用[J].电子元器件与信息技术,2022,6(3):114-115.

耿伟,眭小红,周起如,等.基于微服务架构的灾害应急管控平台设计[J].电脑编程技巧与维护,2022(8):75-77.

巩宜萱,米硕,刘长杰.政企合作下的智慧应急系统建设——以深圳市为例[J].行政论坛,2022,29(5):154-160.

郭春侠,杜秀秀,储节旺.大数据应急决策研究评述与发展思考[J].情报理论与实践,2018,42(1):153-160.

郭世刚,张鹏,吴立志,等.突发事件应急决策方法演变研究[J].中国公共安全(学术版),2018(3):40-43.

韩万江,陈淑文,韩卓言,等.基于微服务架构的分布式灾情管理系统设计[J].中国地震,2021,37(4):806-818.

何宏,向朝参,肖书成,等.群智感知网络研究现状与发展[J].吉林大学学报(信息科学版),2016,34(3):374-383.

271

郇凯,黄佳为,王鑫,等.基于微服务架构的管道地质灾害监测预警系统[J].计算机系统应用,2022,31(3):65-74.

黄宏纯.应急管理科技支撑体系研究[D].武汉:武汉理工大学,2013.

黄卫东,曹杰,盛昭瀚.数字化应急预案情景表示与动态生成机制研究[M].北京:科学出版社,2022.

兰韵.智慧城市中的应急避难场所规划设计研究[D].西安:西安建筑科技大学,2019.

兰韵,李晓盈.智慧型应急避难场所建设模式探索[J].智库时代,2019(9):204,214.

雷霆,孙骞,王孟轩.基于5G的智慧应急指挥平台[J].指挥与控制学报,2020,6(4):319-323.

李春娟.突发事件应急管理知识系统演化研究[D].秦皇岛:燕山大学,2015.

李纲,李阳.智慧城市应急决策情报体系构建研究[J].中国图书馆学报,2016,42(3):39-54.

李纲,叶光辉.智慧应急决策情报支持[M].北京:科学出版社,2022.

李贺,蒋长帅,白晓波,等.基于大数据的城市综合应急指挥决策平台设计与研究[J].电子测试,2022a,(15):66-69.

李贺,张锐,蒋长帅,等.基于大数据的突发公共事件应急辅助决策平台设计与研究[J].电子技术与软件工程,2022b,(4):202-205.

李群.突发事件应急推演系统平台分析与设计[J].中国安全生产科学技术,2012,8(3):120-123.

李雪峰,等.应急管理通论[M].北京:中国人民大学出版社出版,2018.

李阳.智慧城市应急管理情报能力研究[D].武汉:武汉大学,2017.

李阳.面向应急管理的情报支持研究[M].南京:南京大学出版社,2019.

李耀东.城市智慧应急建设探索与研究[J].物联网技术,2021,11(10):45-47.

李沂蔓,程根银,王永建.社交媒体数据挖掘在城市应急管理中的应用[J].华北科技学院学报,2021,18(4):61-66.

李贻文,邹树梁,张德,等.基于ROS的应急监测机器人导航系统设计与实现[J].自动化与仪表,2021,36(6):33-37.

李忠,李海君,赵楠,等.智能应急技术[M].北京:清华大学出版社,2022.

廖佳豪,於志文,刘一萌,等.移动群智感知平台设计与实现[J].浙江大学学报(工学版),2020,54(10):1915-1922.

刘冠杰,周茂伦,李国玉.基于车载移动测量系统的立面测量方法[J].北京测绘,2021,35(2):241-244.

刘明.应急指挥智能信息化平台的研究[J].电脑知识与技术,2021(32):84-86.

刘译璟,李霖枫.智慧应急平台及其关键技术[J].中国安防,2022(6):76-82.

刘奕,张宇栋,张辉,等.面向2035年的灾害事故智慧应急科技发展战略研究[J].中国工程科学,2021,23(4):117-125.

刘振.空天地一体化应急通信研究[J].移动通信,2022,46(10):47-52.

龙川,苟永刚,明镜,等.车载移动测量系统研制与应用实践[J].测绘通报,2021(4):120-125.

罗学刚.面向灾害应急响应的无人机影像快速处理技术研究[D].成都:成都理工大学,2015.

马英涛,张小平,马跃,等.应急演练方案动态推演系统[J].计算机系统应用,2013,22(2):64-67.

南京东大智能化系统有限公司.智慧应急安全大脑综合管理平台[J].自动化博览,2022,39(9):46-49.

彭凌,谭彦秋,许文浩,等.应急管理信息化"五大主攻方向"探索与研究[J].中国应急管理科学,2021(4):75-82.

宋志强.多无人平台在突发事件应急管理中的应用研究[D].南京:南京大学,2015.

宋志强.多无人平台在突发事件应急管理中的应用[M].苏州:苏州大学出版社,2017.

孙建平,尹小贝.超大城市智慧应急[M].上海:人民出版社,2022.

汤华清.基于虚拟现实的应急救援指挥训练系统设计[J].消防科学与技术,2020,39(12):1758-1761.

唐钧.新媒体时代的应急管理与危机公关[M].北京:中国人民大学出版社,2018.

唐钧.公共危机管理[M].北京:中国人民大学出版社出版,2019.

滕召旭.浅谈智慧应急[J].湖南安全与防灾,2021(11):58-60.

万素萍,钱洪伟.突发事件应急桌面推演基本操作程序与方法[J].中国应急救援,2020(4):34-40.

王国栋,任钢.基于虚拟现实技术的应急推演沙盘系统的设计和实现[J].软件,2012,33(8):23-27.

王健,黄凯,李振.虚拟现实技术在应急演练中的应用[J].现代职业安全,2020(10):78-80.

王堃昊.应急制图数据库的设计与实现——以辽宁省为例[J].测绘通报,2016(5):123-125.

王莉,周凯.构建面向应急任务的三维实景沙盘标绘及分析系统[J].信息技术与信息化,2016(5):35-37.

王亮,於志文,郭斌,等.基于移动社交网络的群智感知社群化任务分发[J].浙江大学学报(工学版),2018,52(9):1709-1716.

王伟.航空应急救援关键技术研究[D].长春:吉林大学,2022.

王艳东,李昊,王腾,等.基于社交媒体的突发事件应急信息挖掘与分析[J].武汉大学学报(信息科学版),2016,41(3):290-297.

王智阳,谢中朋.关于构建应急大数据体系的探讨[J].中国应急管理,2019(6):40-41.

温志强,于文婧.基于大数据的应急决策情报信息效能研究[J].防灾科技学院学报,2021,23(3):73-82.

翁伟.基于 Internet 的远程控制应急救援机器人系统设计[J].机电技术,2016(5):61-63.

吴建其.基于三维虚拟现实技术的重特大事故情景构建仿真[J].电子技术与软件工程,2019(21):134-135.

吴维军.辽宁公共安全大数据平台架构设计研究——基于"平战融合"的智慧应急管理模式[J].电大理工,2021(3):9-11.

吴险峰.应急桌面推演的信息化及异化[J].价值工程,2020,39(27):212-213.

吴余龙,蔡家林.智脑助力打造智慧应急指挥中心——基于数字应急网罩的城市应急智脑研究[J].中国应急管理,2020(2):66-67.

向红梅,郭明武.城市地理时空大数据管理与应用平台建设技术方法研究[J].城市勘测,2017(5):57-61.

萧海东,陈宁.移动社交信息智能态势感知分析[J].中国科学:信息科学,2015,45(6):783-795.

肖剑平,刘晓华,刘美春.应急保障类专题地图的现状及应用[J].测绘与空间地理信息,2016,39(2):207-209.

谢梦瑶,黄利玲.基于大数据的应急物流信息系统研究[J].中国储运,2022(6):164-165.

谢宗谱.大数据环境下应急联动指挥信息系统建设研究[J].中国新通信,2022,24(10):13-15.

徐敬海,徐徐,聂高众,等.基于 GIS 的地震应急态势标绘技术研究[J].武汉大学学报(信息科学版),2011,36(1):66-70.

徐小龙,徐佳,梁吴艳,等.灾害大数据与智慧城市应急处理[M].北京:电子工业出版社,2021.

许文浩,苏耀墀,郑睿等."新基建"与智慧应急[J].中国应急管理科学,2020(9):39-47.

杨月江,田立勤,张志远.基于云计算技术的应急管理研究[J].华北科技学院学报,2020,17(6):101-106.

杨月巧.应急管理概论[M].北京:清华大学出版社,2016.

伊长新.智慧应急系统的研究及应用[J].科技创新与应用,2021(7):172-174.

应胜男.大数据智能分析技术在应急管理中的应用[J].电子技术,2022,51(7):190-191.

岳鹏,曹雅春,扈岩,等.空天地一体化技术在应急通信领域的应用与展望[J].通信世界,2022(11):37-40.

曾俊伟,钱勇生,张锦龙,等.基于"云计算"架构的应急管理云服务平台研究[J].中国物流与采购,2013(14):68-69.

翟书颖,李茹,李波,等.视觉群智感知应用综述[J].计算机科学,2019,46(S1):11-15.

张标,陈楠.应急专题符号库的设计与实现[J].测绘地理信息,2020,45(6):124-128.

张改英,刘海超.基于地理信息系统的应急指挥设计与实现[J].科技传播,2017,9(17):74-75.

张辉,王耀南,易俊飞,等.面向重大疫情应急防控的智能机器人系统研究[J].中国科学:信息科学,2020,50(7):1069-1090.

张书华.基于协同标绘技术的应急会商系统设计与实现[J].山东工业技术,2017(21):274-275.

张艳琼.面向突发事件应急响应知识库模型研究[D].南京:南京大学,2017.

张懿,黄江兰,田立勤,等.人工智能在应急管理领域的技术应用研究[J].现代计算机,2021(17):87-91.

张竹欣,郭怡帆,李亚荣,等.大数据背景下应急指挥决策系统构建[J].电子技术与软件工程,2019(19):160-161.

赵春红,倪文辉,余跃平,等.移动终端应急救灾地理信息采集和应急专题地图快速发布系统设计与实现[J].测绘,2015,38(4):178-180.

郑锐艺.智慧应急综合管理服务系统的研究与设计[J].消防界(电子版),2022,8(3):21-24.

周洁,石玉恒,杨未东.边缘计算在智慧应急中的应用[J].中国应急管理,2021(11):60-62.

周洋.应急通信技术现状及趋势[J].电子世界,2021(6):87-89.

朱建奇,王艳东,叶信岳等.基于社交媒体的应急信息系统设计与实现[J].测绘与空间地理信息,2015,38(1):73-76.

朱伟,刘星,刘奕.面向应急决策的突发事件情景模型[J].清华大学学报(自然科学版),2018,58(9):858-864.

朱文娟,路文娟,李英,等.基于SVG在线应急标绘符号的设计与实现[J].测绘地理信息,2018,43(5):96-99.

邹逸江.综合应急救援能力提升建设的建议[J].中国应急管理科学,2022a,(2):58-60.

邹逸江.综合应急救援能力提升理论架构描述及技术实现途径[M].杭州:浙江大学出版社,2022b.

邹逸江,孔家辉.综合应急救援全生命周期的能力提升内容研究[J].中国应急管理科学,2021(1):17-20.

邹逸江,斯港杰.基于评价成绩的综合应急救援能力提升内容溯源修改[J].灾害学,2022,37(3):162-166.

邹逸江,孔佳辉,斯港杰.综合应急救援能力评价指标体系架构及内容表示研究[J].中国应急救援,2021a,(1):18-22.

邹逸江,孔家辉,斯港杰.综合应急救援能力描述理论架构及提升内容研究[J].灾害学,2021b,36(2):145-150.

邹逸江,孔家辉,斯港杰.综合应急救援能力提升评价专题统计地图表达[J].灾害学,2022,37(2):167-173.